中南财经政法大学出版基金资助出版

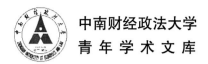

中南财经政法大学
青 年 学 术 文 库

全球价值链理论演化、实践测度和嵌入影响机制研究

曹丽莉 著

武汉大学出版社

图书在版编目(CIP)数据

全球价值链理论演化、实践测度和嵌入影响机制研究 / 曹丽莉著. -- 武汉：武汉大学出版社，2024. 12. -- 中南财经政法大学青年学术文库. -- ISBN 978-7-307-24688-1

Ⅰ. F113

中国国家版本馆 CIP 数据核字第 2024AT3890 号

责任编辑:唐 伟　　　责任校对:汪欣怡　　　版式设计:马 佳

出版发行:**武汉大学出版社** （430072　武昌　珞珈山）
（电子邮箱:cbs22@ whu.edu.cn　网址:www.wdp.com.cn）
印刷:武汉邮科印务有限公司
开本:720×1000　1/16　印张:19.25　字数:273 千字　插页:2
版次:2024 年 12 月第 1 版　　2024 年 12 月第 1 次印刷
ISBN 978-7-307-24688-1　　定价:88.00 元

前　言

自波特提出企业价值链的概念以来，微观层面的价值创造过程便引起实践界和学术界的普遍关注。自 20 世纪 90 年代经济全球化获得蓬勃发展，不同国家的企业在全球范围内进行紧密合作，形成跨国生产联盟，共同参与产品的生产和价值创造过程，全球价值链（Global Value Chain，GVC）的概念应运而生。产品的生产加工过程不再局限在一个企业、一个区域、一个国家内部，而是涉及多个国家的不同生产环节和阶段，形成一个全球性的、相互依赖的生产网络，这就是全球价值链的组织和运作模式。在这种模式下，不同国家的企业专注于生产和提供特定产品或服务的特定环节，通过跨国贸易，与诸多其他国家或区域的企业协同合作，将这些产品或服务整合到最终的产成品中。这种全球化的生产方式使得产品的价值不再由单一国家的企业创造，而是由全球各地的多个环节和参与者合作创造。

全球价值链的产生有着极其鲜明的时代特征。先进的通信技术和运输技术的发展使得跨国合作更加便捷，促进了全球化生产；在不同国家进行分工合作，企业可以利用各国的成本优势，实现生产成本的最小化；贸易自由化政策的推动降低了国际贸易的壁垒，使得企业更容易在全球范围内进行合作；全球供应链管理理念的兴起和信息技术进步使得企业更好地协调和管理跨国供应链；产品和服务在全球市场上的需求促使企业更多地关注全球市场，通过全球化生产满足多元化的市场需求。全球价值链的发展的确使得国际经济更加紧密地联系在一起，推动了全球产业结构的变革和全球贸易的增长。低廉的劳动力成本和资源禀赋优势帮助"中国制造"积极参与到全球价值链中，诸多跨国公司将其生产加工组装基地选在了中国。随着在全球价值链中参与程度的增强和分工地位的提升，中国也逐步成长为全球第二大经济体。2015 年世界银行的数据表明，中间产品贸易快速增长，贸易规模甚至超过了成品贸易规模，这也是全球价值链贸易发展的顶峰时刻。从那时起，全球价值链不仅被定义为一个与企业相关的话题，还扩展到产业和区域的投入产出联系，并且进一步发展成从经济、环境和社会等多角度展开的多样化的研究。本书正是基于以上背景，围绕全球价值链理论演变、实践测度和现实影响展开分析，基于国家、区域、产业、企业多维度来研究全球价值链领域。

　　嵌入全球价值链，沿着价值链攀升到高附加值位置已被公认为企业保持并提升自身竞争力的关键途径。但"嵌入"并不等同于自然而然的竞争优势，全球价值链伴随着经济环境的不确定性也逐步发生演变，对我国经济发展带来诸多挑战。发达国家利用全球价值链治理权对我国制造业不仅"低端锁定"，而且"高端封锁"。以中间品贸易为主的 GVC 贸易近年来已出现停滞和减速，中美贸易摩擦和全球疫情加剧了"逆全球化"，依靠 GVC 外循环为中国制造业"赋能"已达不到期待的效果。纵观全球，全球价值链的动态演化也日趋复杂。制造业向东南亚转移和向发达国家的"回流"带来了 GVC 的多级化，进而带动了 GVC 的重构。一系列区域性贸易协定（如 RCEP、CPTPP、EPA）的签订，带来了 GVC 的区域化。数字技术的崛起促进了产业深度融合与 GVC 的数字化。对需求更快速的响应，更智能、更快捷的生产要素组合模式带来了 GVC 的本地化。互联网巨头利用开放性和规模性的平台，协同带动上下游企业向专业化、轻资产转型，推动了 GVC 的平台化。在过去的二十年里，人们对全球价值链的研究给予了足够的关注度，相关理论和实践研究成果颇为丰硕。GVC 已经成为社会科学里一个独立并颇具热度的研究领域。本书将对这些研究成果进行全面的定量和定性分析，梳理其理论演变和实践发展。

　　全球价值链理论体系的逐步完善也推动了其基于嵌入水平测度的实证研究的发展。全球价值链嵌入测度方法通过一系列的演变，逐步形成了较为成熟的分析框架。Koopman 等（2010）将全球价值链的测度区分为参与程度与分工地位两个指标，这在理论与实践层面都有很强的指导意义。本书在借鉴这一思路的基础上进一步研究发现，在全球价值链参与程度高的国家、产业、企业，其在全球价值链上的分工地位并不一定高。本书提出，参与程度是基于嵌入的"量"进行的测度，而分工地位则是基于嵌入的"质"进行的测度。本书运用参与程度和分工地位两个指标来全面测度全球价值链嵌入水平，并展开后续的影响动因和作用效果的检验。本书提出参与程度指标主要通过垂直专业化比重（VSS）、GVC_Participation 来测量，分工地位指标则通过出口技术复杂度（EXPY）、中间品出口的国内增加值率（DVAS）和 GVC_Position 指数来测量。本书基于投入产出表的数据可得性，也提出基于国家层面、区域层面、产业层面和企业层面的具体的测度方法，为后文的影响机制的分析奠定基础。

　　本书围绕国家、区域、产业和企业嵌入全球价值链的相关影响机制展开实证分析。首先，本书选取了 61 个 OECD 国家（地区）的样本，基于国家层面的全球价值链嵌入水平的测度，提取贸易便利化这一变量，分析其对各国全球价值链嵌入水平的影响。在全球价值链上，位于世界各地的企业通过原材料、零部件、组件和模块化半成品等中间产品的形式进行国际贸易，最终在一些发展中国家进行加工组装形成产成品。贸易便利化（Trade Facilitation）是通过技术的应用，通过简化货物流转过程中烦琐的手续和不必要的流程，从而达到降低贸易成本、提高政策透明度并提升货物的周转效率的目的。各国越来越重视贸易便利化的改善，RCEP、CPTPP、EPA、USMCA、"一带一路"、中国-东盟自贸区，这些都明确应促进各国贸易便利化、寻求贸易增长。贸易便利化如何影响各国全球价值链的嵌入将成为本书首先着力研究的第一个影响机制。

　　其次，本书选取了我国除西藏外的 30 个省市区域作为样本，基于区域层面全球价值链嵌入水平的测度，围绕新基建能力这一核心变量，分析其对区域嵌入全球价值链水平的影响。《2019 年政府工作报告》中指出要促进新旧动能接续转换。随着"旧动能"的弱化，新形势下区域经济发展必须被注入持续不断的"新动能"，也就是新动力作用于区域经济运行而产生的前进能量。新基建正越来越成为这一重要的"新动能"。与俗称"铁公基"的传统基建不同，新基建的重心包含了 5G、特高压、人工智能、工业互联网、智慧城市、城际高速铁路和城际轨道交通、大数据中心、新能源汽车充电桩等新型智慧基建。本书对新基建这一新动能对区域嵌入全球价值链水平的影响机制展开了分析，并从新基建视角为区域参与全球价值链发展提供了对策建议。

再次，本书选取了我国制造企业 7827 个样本，基于企业层面全球价值链嵌入水平的测度，围绕服务投入这一核心变量，分析服务投入对各制造企业全球价值链嵌入水平的影响。随着全球经济逐步向"服务型经济"转变，服务投入在制造业的生产活动中承担着越来越重要的角色，全球制造业呈现出服务化的新趋势，制造业服务化是一条通往价值链更优位置的可行选择。我国企业嵌入外循环全球价值链时，获得源自外循环的服务投入；企业具有国内属性，必然嵌入内循环国内价值链，获得源自内循环的服务投入。双循环背景下，企业需要同时嵌入内外双循环，同时嵌入全球和国内双价值链，吸收源自不同循环体系的服务投入，占领价值链高端，才能实现企业沿着价值链的攀升。基于此，本书将围绕内外循环服务投入与企业价值链攀升的关系展开研究，探讨其中的影响机制。

最后，本书选取了我国 17 个制造业行业的面板数据，基于产业层面全球价值链嵌入水平的测度，围绕产业结构优化这一核心变量，分析各细分行业全球价值链嵌入水平对该产业结构优化的影响。全球价值链嵌入可能会使中国等发展中国家面临"结构封锁"效应，从而抑制其技术创新和制造业升级。嵌入全球价值链会带来技术外溢和技术创新等积极效应，但同时也会带来对技术外溢的过度依赖、技术吸收能力的不足以及发达国家的俘获等抑制效应。本书将通过实证分析，检验积极效应和抑制效应在我国各个细分制造业的作用效果。制造业服务化是基于制造业的服务和面向服务的制造的融合，制造业升级的重要路径之一是将服务要素融入制造业生产过程中。本书也将制造业服务投入纳入变量体系，分析其在全球价值链嵌入中的调节作用。

全球价值链理论提供了一个全面系统分析国家、产业、区域、企业不断升级发展的研究框架。本书主要运用文献研究和计量实证研究方法。在文献研究过程中，对近二十年来的全球价值链中英文核心文献进行了全面梳理，并展开文献定量研究。运用描述性统计分析，确定了文献发表核心国家（地区）、核心期刊和核心研究机构，描述全球价值链文献的研究趋势。通过 LDA 主题建模，揭示关键研究主题及其时间演化过程。通过文献引用以及网络分析，挖掘 GVC 研究领域具有影响力的学者、国家（地区）和期刊，研究 GVC 知识扩散的主要途径和网络关键节点。通过系统性文献分析，对全球价值链成熟的研究话题进行总结，揭示近年来新兴的研究话题，提出该领域未来的发展趋势。在实证研究中，本书确定了全球价值链嵌入水平的测度思路，从两个方面入手，即基于参与程度的"量"的测度和基于分工地位的"质"的测度。在复杂的嵌入体系中，本书梳理出国家、产业、区域和企业不同层面全球价值链嵌入水平的测度方法和数据来源，并结合各层次的投入产出表数据库，阐明了测度的可行性。在之后的影响机制分析中，本书选择了当前的热点——贸易便利性、新基建、服务投入作为解释变量，分析其对国家、区域、企业层面的全球价值链嵌入水平的影响。本书还将细分产业嵌入作为解释变量，将产业优化作为被解释变量，分析我国制造业嵌入全球价值链是否真正带来制造业的升级和发展。

本书围绕全球价值链的演变、测度和影响机制展开研究，在以下方面有一定的创新：（1）本书全面梳理了近二十年来全球价值链的中英文核心文献，运用文献定量研究和系统性文献阅读方法，揭示了全球价值链理论发展脉络、成熟话题和新兴话题内容、未来演变趋势等，构建了该研究领域的知识框架。（2）本书从"量"和"质"两个维度构建全球价值链嵌入水平的测度思路，基于国家、区域、产业、企业层面提出具体的测度方法，并结合各层面投入产出数据使全球价值链参与程度和分工地位的测度落到实处，为影响机制的实证分析奠定基础。（3）本书结合当前的热点——贸易便利性、新基建、服务投入变量，分析其对全球价值链嵌入的影响机制；选取产业结构优化作为制造业升级的核心变量，来分析我国嵌入全球价值链的积极效应和抑制效应作用的最终效果。实证分析揭示了在国家、区域、产业、企业各层面，我们嵌入全球价值链的现状，以及其发展的动因和作用的效果，立体呈现了全球价值链的实践，进一步丰富了该领域的理论研究。

本书在研究过程中得到了诸多研究生的帮助，他们在文献搜集整理、作用机理分析、实证数据搜集和回归软件操作等方面做了大量工作。石家铨和吴嘉妮同学协助梳理了第一章两千多篇文献，承担了部分LDA 和 SNA 定量分析工作，并在第三章全球价值链参与程度的测度研究中做了大量工作。王泽宇同学对第二章涉猎的核心中英文文献进行了系统性文献阅读，协助提炼出大量话题观点。田依玲同学在第三章全球价值链分工地位测度的研究中做了大量工作。邓劲博同学协助完成了国家层面的全球价值链嵌入的测度和围绕贸易便利性的实证分析，杨雪艳同学协助完成了区域层面的全球价值链嵌入的测度和围绕新基建的实证分析，刘莉同学协助完成了企业层面的全球价值链嵌入的测度和围绕服务投入的实证分析，周茹媛同学协助完成了产业层面的全球价值链嵌入的测度和围绕产业结构优化的实证分析。王泽宇和田依玲同学还协助进行了大量文字和校对工作。

本书在撰写过程中，参考汲取了大量国内外全球价值链领域的文献资料，我们在参考文献中也都加以引注。在此，对有关专家、学者一并表示感谢，同时也对武大出版社的大力支持表示感谢。由于作者水平有限，书中难免存在疏漏或不足之处，恳请读者给予批评指正。

曹丽莉

2024 年 10 月于中南财经政法大学

目　　录

1

第1章 全球价值链理论的发展演变

积极参与全球分工和追求经济长期增长是大多数国家和行业发展的目标。全球价值链(Global Value Chain, GVC)理论提供了一个全面系统分析国家、产业、区域、企业不断升级发展的研究框架。嵌入和积极参与全球价值链,沿着 GVC 攀升到高附加值位置已被公认为是企业应对竞争者挑战、保持并提升自身竞争力的关键途径。在过去的二十年里,人们对全球价值链的研究给予了足够的关注度,相关理论和实践研究成果颇为丰硕。GVC 已经成为社会科学里一个独立并颇具热度的研究领域。然而,目前还缺乏系统地通过定量方法来研究这一领域的发展演变趋势的相关成果。本章的主要目的是通过对 2004—2020 年 SSCI 文献的定量研究,总结评价 GVC 的学术研究成果以及该领域研究的演化过程。通过文献计量分析,本章描述了全球价值链文献的研究趋势,确定了核心国家(地区)、核心期刊和核心研究机构。通过 LDA 主题建模,本章揭示了关键研究主题及其时间演化过程。通过文献引用以及网络分析,本章挖掘了 GVC 研究领域具有影响力的学者、国家(地区)和期刊,研究了 GVC 知识扩散的主要途径和网络关键节点。研究结果表明,全球价值链的研究一直都保持着在人文社科领域的较高热度,英国和美国在该领域具有较为突出的研究成果和优势。

1.1 GVC 研究的兴起与成熟

20 世纪 90 年代初以来,全球化进程改变了不同国家和地区的竞争格局。全球价值链是国际分工格局的重大转变,已成为所有从业者、学者和管理者共同关注的新课题。随着全球价值链的兴起，世界各地的生产越来越分散。目前，高达 2/3 的国际业务是通过全球价值链进行的，全球价值链塑造了一个国家/地区的竞争优势、经济发展、劳动力市场和贸易成本格局（世界银行，2019）。参与全球价值链并占据高附加值地位已成为国家经济政策和企业战略的关键目标（Sampath & Vallejo，2018；Behuria，2020；Chen，2020）。

跨国公司，通常来自发达国家，是全球价值链的发起者、购买者和治理者。它们在全球范围内组织生产网络、选择合适的供应商，并将最终产品交付给价值链的最终用户。它们的首要目标是保持高附加值的核心竞争力，引领价值链升级。升级意味着企业转移到全球价值链中具有更高附加值的环节，以增加参与全球生产网络的产出（Gereffi & Stark，2011）。Humphrey 和 Schmitz（2002）提出了四种类型的经济升级，包括流程升级、产品升级、功能升级和产业链或跨部门升级。

相比之下，大多数来自新兴市场的公司基于比较优势，以供应商、装配商或加工者的身份参与到全球价值链中。它们普遍处于低附加值地位，被锁定在由跨国公司治理和主导的价值链上。作为世界工厂，中国受益于在全球价值链中的这种参与方式，实现了经济的飞速发展，但同时也被锁定在这种低端经济发展模式中。如今，中国不仅面临着与其他发展中国家争夺制造业中心地位的竞争，同时也面临着由于缺乏向更高价值链地位升级的可持续发展动力而带来的挑战。中国更加迫切地需要转变基于廉价劳动力和自然资源支撑的竞争优势，获得可持续的高质量的竞争优势。全球价值链研究起源于世界范围内的劳动分工，并以蓬勃发展的中间品贸易为重点。不同的国家（地区）处于不同的发展阶段，在全球价值链上所处的位置也不同，所以学术研究的焦点也不同。发达国家的企业往往是供应链中的买方，从事品牌、服务、研发等高附加值环节，因此学术研究更多围绕供应链的组织和治理层面。近年来，全球学者对中国这一最大的经济体融入全球价值链的研究显示出越来越多的关注，来自中国学者的全球价值链的研究也越来越丰富，中国沿着全球价值链升级的路径成为学者们研究的焦点。本章也将讨论不同国家的研究焦点上的差异。此外，全球价值链的概念起源于发达国家，但在发展中国家的经济和管理研究领域也得到了广泛应用。本章还将探讨全球价值链知识如何在全球范围内传播，以及不同来源的 GVC 知识之间如何相互作用。

在过去的二十年里，我们看到关于全球价值链的学术成果显著增加。在谷歌学术上，通过"Global Value Chain"的关键词搜索结果超过440 万条；在百度学术上，通过"全球价值链"的关键词搜索结果超过72000 条。此外，全球价值链研究随着时间的推移而演变，并通过不同的理论视角进一步丰富和拓展，如社会学、经济地理学、区域和产业经济学、供应链和战略管理等学科，都围绕全球价值链展开了深入研究。因此，全球价值链研究已达到较高的成熟度，进行系统的文献综述的时机已经到来。

1.2 文献定量分析的发展趋势

学者们的研究都是"站在巨人的肩膀上"，所以文献综述是学术研究中的重要一环。每篇学术论文在结构上或者篇幅上都会留给文献述评一定的位置。一定的文献积累和储备有利于学者们构建该领域研究基础，并挖掘自身的研究特色和价值。学者们常用的文献综述方法是通过人工阅读展开定性分析。这种方法只关注与研究目标相关的、有限的文献，并且通过逐个人工阅读的方式来进行文献评述。这种方法通过人工筛选相关文献，主观判断与自身研究的相关性，不能综合现有的足够多的文献来窥见全球价值链领域研究的全貌。这种传统的文献综述方式会因为人工的局限性，而遗漏一些关键作者所著的核心文献，进而影响后续研究的价值和质量。全球价值链理论和实践在近 20 年获得了蓬勃的发展，其相关文献的数量已经数以千计，并且延伸到了各种不同的学科和主题，因此有必要对其进行系统而全面的文献综述，以揭露这一研究领域的全貌。现有的 GVC 综述论文大多通过这种传统方式来进行分析，其能够涉猎的最大数量的文献数目是 150 篇（Parrilli et al., 2013;

Hernández & Pedersen, 2017; Pipkin & Fuentus, 2017; Qiao et al., 2017)。人为地对文献进行筛选和删除，由此得出的文献综述往往是特定子领域专家的主观"反映"或"批判性判断"(Garcia-Lillo et al., 2018)，不可避免地缺乏科学严谨性(Tranfield et al., 2003)。系统文献综述(Systematic Literature Review, SLR)被认为是一种进行文献综述的严格方法(Queiroz et al., 2020)，并在许多社会科学研究领域扩展和使用(Cochrane Library, 2018)。然而，系统文献综述方法在数据收集和客观判断方面仍然需要付出大量的人力，这也令不少学者望而却步。如今，机器学习和文本处理技术已经出现并迅速成熟，具备了对文献数据进行大数据分析的条件。强大的数据分析模型可以帮助我们更系统、更全面地进行社科领域的文献综述。

大数据分析技术已经广泛应用于文献计量和定量分析文献数据中，用于了解特定科学领域的发展演变历程，如纳米技术和新能源技术(Liu et al., 2009; Chen et al., 2008, 2013)。这些研究使用大规模的文献数据作为可靠的数据来源，来进行客观、数据驱动的文献计量分析。文献定量分析方法适用于社会科学领域，如健康经济学(Schilling et al., 2015; Bjarnadottir et al., 2015; Onukwugha, 2016)、供应链管理(Xu et al., 2020; Musigmann et al., 2020; Garcia-Buendia et al., 2021)、循环经济(Lozano et al., 2021; Goyal et al., 2021)、共享经济(De las Heras et al., 2021; Mody et al., 2021)、工业 4.0(Echchakoui et al., 2020; Sharma et al., 2021)、演化经济地理学(Evolutionary Economic Geography, EEG)(Zhu et al., 2019)、冒险旅游(Cheng et al., 2018)和产业园区(Garcia-Lillo et al., 2018)。使用的分析软件包括 Ucinet、VOSviewer、SATI、CiteSpace、HistSite、BibExcel、Publish、Perish、Pajek、SciMAT、HistCite 等。

通过对相关文献的梳理，有四位学者对 GVC 文献展开了计量分析(Liu & Mei, 2016; Jurowetzki et al., 2018; González-Torres et al., 2020; Kano et al., 2020)，但其研究重点、方法、数据量和样本时间范围与我们的研究有诸多不同。Liu 和 Mei(2016)通过对 1995 年至 2014 年的文献进行共现网络分析，发现了主题和关键词的时间演变趋势，并确定了 GVC 的知识基础和学术范围。Jurowetzki 等(2018)分析了以国家创新体系和全球价值链为主题的 250 篇论文，研究了相关全球经济政策的演变规律。González-Torres 等（2020）研究了以产业集群和全球价值链为研究重点的 155 篇文献，分析了该研究领域下多个话题的演变趋势。Kano 等（2020）基于比较制度视角对 87 篇多学科文献进行了回顾，从影响力、治理和绩效/结果等方面揭示了 GVC 研究框架，并提出了几个未来的研究方向。在社会研究学科和新的分析方法尚未开展的情况下，我们认为使用最新数据对 GVC 文献进行系统分析是有必要的。为了全面了解来自不同作者、期刊、研究所和国家的 GVC 研究流，我们对 GVC 文献进行了文献计量统计、主题建模和引文网络分析。首先，我们对 GVC 出版物进行计量分析以了解出版趋势。其次，我们使用最先进的主题建模技术（Latent Dirichlet Allocation，LDA）来识别不同国家的 GVC 话题热点以及重点发展和关键主题的演变趋势。社会网络分析是一种可以表征不同国家之间知识传播的工具。最后，我们将分析 GVC 文献的引文和合著者网络的网络结构、主要节点和重要边缘，以了解这些学者如何相互影响、互动和协作。基于以上分析，我们将对 GVC 领域的知识结构有一个清晰的洞察。

本章的安排如下。首先将重点介绍数据收集、数据清洗和方法选择。其次我们将对上述选定的文献进行文献统计分析，包括论文发表趋势、顶级机构/期刊和影响分析。再次，我们将使用主题建模分析来了解不同国家之间的总体主题趋势和主题差异。最后，我们将通过引文网络挖掘出最有影响力的作者/国家/期刊，从而分析知识如何在这些学者之间传播，以及这些学者如何受到影响和互动。

1.3 GVC 文献数据定量研究方法

1.3.1 文献数据的筛选

首先，设计一个研究方案来保证数据收集的客观性和可靠性（Tranfield，2003）。其次，选择"Web of Science（WoS）核心合集"数据库作为数据的唯一来源，确保数据内部的有效性。再次，定义范围和界定主题，考虑 GVC 研究的跨学科性。然后，统计学术期刊出版物，排除书籍、博士论文、评论和会议论文以保障文献的严谨性。同时，只选择SSCI 来源的期刊来保证文献的高质量性。为进一步分析，每条文献记录都包含关键信息，例如作者、标题、摘要、关键词、参考文献、出版商、年份和作者所属机构。最后，通过人工进行数据清理和删除不完整记录，共收集了 2959 篇与 GVC 相关的期刊论文。

图 1-1 显示了 WoS 数据集中 GVC 文献的发表趋势。从收集的初步数据可以看到，1994 年 WoS 出现了第一篇 GVC 领域的发表论文。在2004 年前，GVC 领域的论文数呈缓慢增长的趋势，但 2004 年后呈快速增长趋势。SSCI 认证从 2004 年开始，因此我们重点分析 2004—2020 年的文献。通过比较 SSCI 和所有期刊论文的数量，发现 SSCI 来源论文数约为总数的一半，并保持相同的增长率。

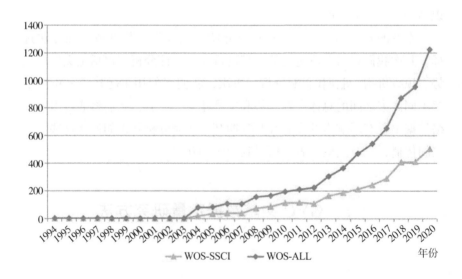

图 1-1　GVC 期刊文献发表趋势分析(1994—2020 年)

根据图 1-1 中展示的 GVC 文献发表趋势，我们观察到 GVC 文献在

2004 年前后开始正式出现，这与 GVC 的概念化时间一致。在 GVC 出现之前，一些与 GVC 相关的概念逐步酝酿和成熟。价值链的概念由 Michael Porter(1997)提出，并在 20 世纪 90 年代在经济学家和商业学者中获得认可。Gereffi 和 Korzeniewicz(1994)丰富了价值链的概念，将公司权力和制度背景纳入业务活动，并引入了全球商品链(GCC)的概念。Krugman(1995)提出了将生产过程分解为许多地理分离步骤的竞争优势。Feenstra(1998)将"贸易的整合"与"生产的分散化"联系起来。Arndt 和 Kierzkowski(2001)首次提出了"分散化"这个术语，用来描述生产过程的物理分离。一些学者将 GCC 研究扩展到全球产业组织(Gereffi，1994；Gereffi，1999；Kaplinsky，2000；Gereffi 和 Kaplinsky，2001)。在实践中，跨国公司的分解导致了以零部件和中间产品形式进行的国际贸易的崛起(Ng & Yeats，2001)。随着生产的多维层面的崛起，Coe 等(2004)将 GCC 方法扩展到国际生产过程，并结合各种网络配置，提出了全球生产网络(GPN)的概念。Gereffi 随后在 2004 年提出了"全球价值链"(GVC)框架，取代了 GPN 和 GCC 框架。如果我们将这些研究视为 GVC 概念化的前奏，那么 2004 年应该是 GVC 研究的开始年份。

确定 2004 年作为 GVC 概念正式起点后，我们缩小范围以识别最相关的论文。第一轮数据清洗确保了 SSCI 文献来源，为了完全符合研究方案，还需要对每篇论文的"标题和摘要"进行审查，手动去除并删除明显不相关的文献，完成第二轮数据清洗。最后，我们获得了来自 1155 家机构和 2216 位独立作者的 2761 篇以 GVC 为中心的论文(见表 1-1)。

表 1-1　文献筛选过程和样本分布

Panel A：文献样本筛选	
来源于 WoS 核心合集的文献；主题：Global Value Chain	6707
减去：	
• 非 SSCI 来源期刊论文	(3668)

续表

• 文献数据缺失的文献	(80)
• 非相关文献	(198)
合计	2761

Panel B：按照国别的文献样本分布

国家	文献数量	机构来源数量	第一作者数量
USA	446	196	377
UK	358	83	280
China	260	126	225
Germany	174	71	139
Netherlands	122	36	102
Other Countries	1401	643	1093
Total	2761	1155	2216

1.3.2 GVC 文献研究方法介绍

本书计划对全球价值链（GVC）文献进行三类分析：文献统计、话题建模和引用网络（见图 1-2）。文献统计分析提供了三个主要方面的内容：文献发表趋势、国别分布和关键参与者。我们量化了 2004 年至 2020 年发表的 GVC 文献的增长情况，并描述发表数量最多的前五个国家 GVC 研究趋势的差异。我们研究了发表这些文献的主要研究机构和核心期刊，分析不同来源（国家/地区）的研究水平。我们还分析引用率，以确定一些核心国家在 GVC 研究上的影响水平差异。

话题建模可以自动识别文本中存在的主题，并提取文本语料库中展示的隐藏模式（He et al.；Cheng et al.）。话题建模已开发出计算模型，用于挖掘数据集并提取进一步分析的隐藏主题。潜在狄利克雷分配（LDA）是最受欢迎的模型之一。它假设不同的主题具有可区分的词分布。LDA 可以检查文献标题、摘要或关键词是否来自特定的词分布。

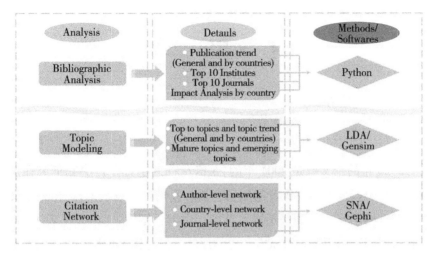

图 1-2 GVC 文献研究分析模型

因此，利用 LDA 提取文本信息并捕捉 GVC 文献中的关键话题是可行并且可靠的，最终的输出结果是描述每个潜在主题的关键词。我们为每个主题选择 3~5 个代表性关键词。根据学习到的关键词，可以自动将每篇论文分配给多个主题。在本章第三部分我们分析了 2004 年至 2020 年所确定的 GVC 关键主题的演变趋势。我们采用 Gensim 包中的 LDA 实现进行话题分析。

社交网络分析(SNA)用于理解文献之间的合作引用和知识扩散。我们首先构建引用网络，并分析其中的合作模式。引用网络由两个基本组成部分组成：节点和边。节点代表作者，节点的大小表示作者的文献计数。边表示节点之间的引用关系。仅当两个作者相互引用对方的文献时，边才存在。边的权重是两个作者之间共同引用的文献数量。边越粗，表示两个作者引用的 GVC 文献越多。每条边还根据作者的来源(国家或地区)进一步分类，通过密度、路径长度和中介中心性(入度、出度和中介数)的分析，可以测量 GVC 知识在全球交流和扩散效率。我们提取网络中最大的连接节点，并分析引用网络的一般特征，以确定最有影响力的作者、国家和期刊。在本章第四部分我们使用 Gephi9.2 软件构建、分析和可视化引用合作网络。

1.4   文献统计分析

1.4.1   文献发表趋势

2020 年的论文数是 2004 年的 25 倍左右，这说明了 GVC 研究在全球日益普及。根据第一作者的国家来源，我们得到发表 GVC 相关论文排名前五的国家，分别是美国、英国、中国、德国、荷兰（见表 1-1）。尽管这些国家的出版物数量有一定的波动，但总体上仍显示出较大的增长趋势（见图 1-3）。2018 年前，美国发表的论文数在大多数年份占据了首位，但此后几年被中国超越。与其他国家相对平稳地增长不同，中国发表的论文数在 2015 年后每年翻倍增长，并在 2019 年和 2020 年排名第一。

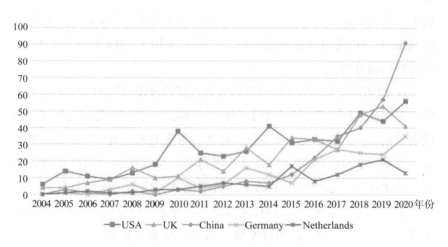

图 1-3   不同国家 GVC 文献发表趋势分析（2004—2020 年）

为了了解各国增长率的差异，我们选择 2009 年和 2019 年的数据进行比较，因为这一时期是 GVC 研究和实践的黄金时期。2009 年是金融危机后世界主要经济体经济复苏的起点。在这十年中，我们可以看到文献数量快速增加(见图 1-3)。2020 年是非常特殊的一年，有的期刊临时开设了与疫情相关的论文专刊，因此我们把 2020 年的文献分开分析。2009 年至 2019 年，有关 GVC 研究的论文以惊人的速度增长，尤其是中国和德国分别增长了 55 倍和 23 倍。通过进一步分析这两年文献的作者和机构，我们发现作者和机构的数量与所有国家的文献数量保持相同的增长率。荷兰、美国和英国分别保持 6、1.4 和 4.3 倍的平稳增长。2020 年，中国发表与 GVC 相关的论文数最多。相比于 2019 年，中国论文数增长了 60%，德国增长了 46%，美国和意大利增长了约 25%。荷兰在 2020 年的排名跌出前 5，被意大利取代。显然，在大多数年份中，美国在 GVC 研究领域处于领先地位，中国和英国紧随其后。但近两年，中国开始超过美国，这一趋势在 2020 年得到加强。

1.4.2 核心研究机构

根据文献第一作者所在的机构作为排序标准，表 1-2 列出了 2009 年和 2019 年发表 GVC 论文数排名前 10 的机构，可以看出前 10 机构均为大学。其中，八家来自欧洲，两家来自澳大利亚和加拿大。来自美国和中国的机构没有进入前十，而来自英国曼彻斯特大学发表的 GVC 论文数最多，瓦赫宁根大学、哥本哈根商学院和悉尼大学紧随其后。这四所大学发表的论文数占榜单总数的一半。大多数机构从 2009 年到 2019 年发表的论文数有所增加。我们还列出了这 10 家机构在 2020 年发表的论文数，相较于 2019 年，大多数机构的论文发表量并没有增加。

表 1-2 GVC 文献发表数量前十研究机构(2009—2019 年)

Rank	Institutions	Country	2009	2019	2009—2019	2020
1	The University of Manchester	UK	0	8	44	6

续表

Rank	Institutions	Country	2009	2019	2009—2019	2020
2	Copenhagen Business School	Denmark	1	4	27	4
3	Wageningen University	Netherlands	0	2	25	0
4	The University of Sydney	Australia	1	2	20	5
5	The University of Sussex	UK	1	6	19	0
6	University of British Columbia	Canada	0	1	15	1
7	University of Padua	Italy	2	4	15	3
8	Lund University	Sweden	0	1	14	1
9	University of Cologne	Germany	0	0	14	0
10	University of Copenhagen	Denmark	2	1	14①	1

2020 年发表 GVC 论文数排名前 10 的机构有一些变化(见表 1-3)。世界银行作为国际金融机构,位列前 10 名。中国有两所大学上榜,分别为湖南大学和北京大学,排名为第一和第六。2009 年到 2019 年发表论文最多的前 3 名机构在 2020 年继续保持优势。除这三者外,丹麦的哥本哈根商学院和意大利的帕多瓦大学也保住了"前 10"的位置。

表 1-3　GVC 文献发表数量前十研究机构(2020 年)

Rank	Institutions	Country	2020	2009	2019	2009—2019
1	Hunan University	China	6	0	1	4
2	The University of Manchester	UK	6	0	8	44
3	The University of Sydney	Australia	5	1	2	20

---

　　① 荷兰的格罗宁根大学、马来西亚的马来亚大学和英国的谢菲尔德大学在 2009 年至 2020 年的论文数量都相同。但我们通过比较 2009 年和 2019 年的论文,将它们排除在前 10 名之外。

续表

Rank	Institutions	Country	2020	2009	2019	2009—2019
4	Copenhagen Business School	Denmark	4	1	4	27
5	London Sch Econ	UK	4	0	0	4
6	Peking University	China	4	0	3	6
7	University of Calgary	Canada	4	0	1	4
8	Wageningen University	Netherlands	4	0	3	5
9	World Bank	USA	4	0	1	4
10	University of Padua	Italy	3①	2	4	15

1.4.3 核心期刊

表 1-4 显示了 2009 年至 2019 年发表 GVC 论文数排名前十的期刊。我们根据 WoS 数据库手动识别期刊的出版国家和主题类别。排名第一的期刊 *Sustainability* 来自瑞士，排名第三的期刊 *Journal of Cleaner Production* 来自美国，其余 8 种期刊均来自英国，这体现了英国在全球有关 GVC 研究方面为最高水平。一些期刊在 2009 年没有发表与 GVC 相关的论文，但在接下来的几年中它们均有所增加。这些期刊大多与环境、运营、经济和地理等领域相关，这些领域会让我们联想到与 GVC 相关的关键主题，例如产业升级、供应优化、可持续性、治理和 GVC 配置。

---

① 2020 年有 12 家机构发表了 3 篇 GVC 论文，来自中国的有 4 家，美国的 2 家，英国的 2 家，德国的 2 家，意大利的 1 家，韩国的 1 家。因此，我们将 2009 年至 2019 年的出版物数量设置为第二个排名标准。University of Padua 在此期间的出版物数量最多。

表 1-4　GVC 文献发表数量前十学术期刊（2009—2019 年）

Rank	Journal	Country	Subject Categories	2009	2019	2009—2019	2020
1	Sustainability	Switzerland	Science & Technology; Environmental Sciences & Ecology	0	25	75	55
2	Supply Chain Management-An International Journal	UK	Business & Economics	7	7	57	4
3	Journal of Cleaner Production	USA	Science & Technology; Environmental Sciences & Ecology	0	4	47	15
4	International Journal of Physical Distribution & Logistics Management	UK	Business & Economics	5	6	44	2
5	International Journal of Operations & Production Management	UK	Business & Economics	2	2	44	4
6	Geoforum	UK	Geography	1	4	41	4
7	Journal of Economic Geography	UK	Business & Economics; Geography	0	9	39	4
8	World Development	UK	Development Studies; Business & Economics	3	4	35	5

Rank	Journal	Country	Subject Categories	2009	2019	2009—2019	2020
9	*International Journal of Logistics Management*	UK	Business & Economics	0	5	33	6
10	*Review of International Political Economy*	UK	Business & Economics; International Relations; Government & Law	0	11	30	0

我们对 2020 年发表 GVC 论文数排名前十的期刊进行了单独分析
(见表 1-5)。在 2009 年至 2019 年论文发表数排名前 10 的期刊,仍有 3
篇保持在前 10 位:*Sustainability*、*Journal of Cleaner Production* 和 *World
Development*,其余均为新期刊。但前 10 期刊仍以英国和美国为主,大
多数期刊研究 GVC 以商业和经济学为视角。*Applied Energy* 是该排名中
新的主题期刊,其将 GVC 研究扩展到能源工程创新及其在 GVC 可持续
性中的作用。

表 1-5　GVC 文献发表数量前十学术期刊(2020 年)

Rank	Journal	Country	Subject Categories	2009	2019	2009—2019	2020
1	*Sustainability*	Switzerland	Science & Technology; Environmental Sciences & Ecology	0	25	75	55
2	*Journal of Cleaner Production*	USA	Science & Technology; Environmental Sciences & Ecology	0	4	47	15

续表

Rank	Journal	Country	Subject Categories	2009	2019	2009—2019	2020
3	*Review of Industrial Organization*	Netherlands	Business & Economics	0	0	0	10
4	*World Economy*	UK	Business & Economics；International Relations	1	9	22	10
5	*Global Strategy Journal*	USA	Business & Economics	0	2	6	8
6	*Journal of International Business Studies*	UK	Business & Economics	0	6	19	8
7	*Development and Change*	UK	Development Studies	0	0	10	6
8	*International Journal of Logistics Management*	UK	Business & Economics	0	5	33	6
9	*Applied Energy*	UK	Energy & Fuels；Engineering	0	1	4	5
10	*World Development*	UK	Development Studies；Business & Economics	3	4	35	5①

①　2020 年，*Energies*、*Plos One*、*Structural Change and Economic Dynamics* 和 *Technological Forecasting and Social Change* 等期刊均发表了 5 篇论文。我们通过比较 2009 年至 2019 年发表的文献数量，将它们排除出前 10 名。

1.4.4 文献影响因子分析

表 1-6 显示了前 5 个国家在 2009 年至 2019 年 GVC 文献的平均被引频次。在 GVC 的研究中，德国、英国和美国论文的被引频次排在前列，说明欧洲国家的研究质量较高。中国论文的被引频次从 2009 年的 0 开始到 2019 年排名第五，显示出中国在 GVC 领域的影响力在不断提升。表 1-6 还列出了这五个国家在 2020 年的平均被引频次，发现美国论文在疫情期间的影响力进一步加深。

表 1-6　GVC 文献平均引用量分析

Rank	Country	2009	2019	2009—2019	2020
1	Gremany	138.0	88.9	71.2	69.8
2	UK	41.8	79.4	69.2	74.5
3	USA	67.1	65.9	67.5	84.5
4	Netherlands	25.7	70.9	60.2	68.5
5	China	0.0	52.2	52.3	51.5

图 1-4 显示了前 5 个国家在 2004 年至 2020 年平均被引频次的演变趋势。总体来看，各国都存在曲折式增加趋势。在大多数年份中，美国的被引频次最多，这也证实了美国在 GVC 研究中的最高研究质量。总体而言，我们观察到平均引用次数呈下降趋势。我们注意到，在 2009 年之前，平均引用次数波动较大，这是由于每年发表的 GVC 论文数量较少。在 2009 年之后，随着每年发表的 GVC 论文数量的增加，平均引用次数趋于下降的趋势，并且没有显著的波动。美国、英国和意大利发表的论文通常受到更多的引用，表明在 GVC 领域具有更高的影响力。虽然我们看到中国的 GVC 出版物增长速度比其他国家更快（见图 1-3），但其总体影响力相对较低。

2005 年，美国出现了一个峰值，因为 Gereffi、Humphrey 和 Sturgeon 合著的名为《全球价值链治理》的论文被引用了 3375 次。这三位作者在

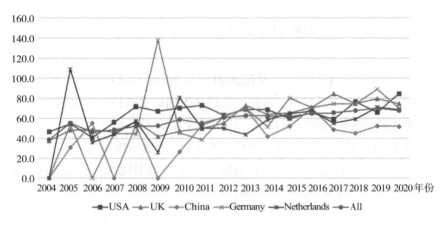

图 1-4　各国 GVC 文献引用量分析（2004—2020 年）

GVC 领域都是知名学者。这篇论文是第一篇将交易成本经济学、生产网络和技术能力与企业层面学习机制整合到 GVC 治理中的文献。五种类型的 GVC 治理模式成为后来学者在实证研究中延续的经典理论框架。

2009 年，德国出现了另一个峰值，因为 Mueller、Dos Santos 和 Seuring 合著的名为《环境和社会标准对供应链治理合法性的贡献》的论文被引用了 370 次。这项研究强调了社会和环境标准对供应链中企业社会责任（CSR）的重要性，特别是当许多发展中国家的企业或者产业成为生产制造基地时。这种全世界范围内的价值链分工合作模式开启了全球伙伴之间长期信任的社会和环境角色，为后来在更广泛的利益相关者背景下的 GVC 研究奠定了基础。

1.5　话题建模分析

1.5.1　高频词分析

我们将 GVC 文献划分为两个层次，2004—2019 年发表的文献和

2020 年发表的文献。主要原因是期待挖掘新冠疫情对 GVC 研究的影响。我们虽然并不确定疫情是否会对全球价值链学术研究有直接影响，但在现实中，我们的确已经观察到疫情带来的全球价值链的断裂、需求的不确定和供应的中断，以及价值链运作层面的巨大挑战（Kovacs & Sigala，2021；Craighead et al.，2020；Sarkis，2021）。

我们在文献数据库中选择了"标题+关键词+摘要"关键字段进行话题分析。在删除"全球、价值、链、研究、探讨、分析、基于、因素、国家、模型、方法"等学术研究中的常用词后，我们得到了 2004—2019 年 WoS 数据库中与 GVC 相关的前 50 高频词，如图 1-5 所示。这些高频词是该数据库中包含的词汇按照出现次数进行的简单排序，并不涉及主题模型。从这些频繁出现的词汇中，我们可以看到 GVC 研究与经济、贸易、产业、企业领域密切相关，主要属于经济管理类社会科学的范畴。

我们还研究了 2020 年的前 50 个常见词。最常见的词，如"供应、贸易、生产、行业、创新、风险"这些主流核心词仍然非常流行。但我们发现一些词变得不太流行，比如"治理、网络、升级、区域、国家"，而其他一些词变得更流行，并且通过词频的增加增强了它们的重要性，比如"风险、碳、可持续性、中国"，这表明了话题重要性的一些变化。"Covid19"是新出现在列表中的常见词。虽然诸如"弹性、参与、挑战、破坏、安全、消费"之类的词没有进入前 50 位，但它们的排名相比以往更靠前。这提醒我们，全球疫情对 GVC 的负面影响以及经济政策的不确定性（如贸易战、逆全球化）。"数字、在线"等词正在成为稳定 GVC 和重新配置 GVC 的一种方式，因此它们变得越来越流行。

1.5.2 核心话题

LDA 中最关键的参数是主题的数量。我们将主题的数量进行设置，从 10 个、30 个到 50 个进行逐步分析和比对。当增加主题数量时，不同主题的结果出现一定程度的重复，数量越大重复程度越多，而且出现

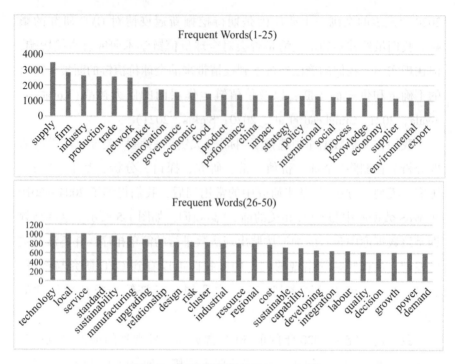

图 1-5　前 50 高频词（2004—2019 年）

主题混乱的情况，这些都使得无法捕捉到核心主流的主题。此外，更少的主题确保了研究者对全球价值链相关文献进行更直接的解释，提升了主题的清晰度。因此，我们最终设置了 10 个主题。

　　为了揭示全球价值链话题的详细演变，我们从文献中提取了前 10 个一般主题（见表 1-7）。这些主题和相关关键词通过 LDA 建模来提炼，并由三位 GVC 领域的专家进行验证。这些话题可分为两大类。话题"可持续性、网络、供应、创新、企业、战略"主要是从管理学科角度研究微观层面的价值链系统和价值链上的企业。话题"升级、贸易、治理、政策"主要是从产业经济学、区域经济学和国际贸易的角度展开的较为宏观层面的研究，涉及区域或产业沿着 GVC 的升级，相关 GVC 中间贸易网络布局和演变，以及 GVC 竞争优势和相关产业政策。"可持续性"是近年来热度较高的主题，可以从管理学（微观层面）和经济学（宏观层面）两个角度展开研究。

表1-7 全球价值链文献关注的十大核心话题

Topic ID (WOS)	Topic Description	Associated keywords
0	Upgrading	Cluster, industry, manufacturing, industrial
1	Trade	International, China, export, developing
2	Network	Social, production, regional, product
3	Governance	Relationship, risk, performance, power
4	Strategy	Labour, process, cost, demand
5	Policy	Impact, economic, growth, economy
6	Firm	Capability, quality, integration, decision
7	Supply	Supplier, local, risk, standard,
8	Innovation	Technology, service, knowledge, design
9	Sustainability	Sustainable, food, environmental, resource

根据我们的文献分析,美国、以英国为首的欧洲和中国是全球价值链研究的三个前沿地区。因此,我们选择了来自美国、欧洲(包括荷兰、英国、德国和意大利)和中国的文献,比较它们的全球价值链研究主题重点(见表1-8)。这三个地区的主题与表1-7确定的一般主题之间有70%的重叠。然而,其余的30%或者是新兴主题,或者是同一主题下具有较为显著的不同关注重点。例如,"网络"这个话题在这些国家中引起了广泛关注。但是,欧洲学者,尤其是英国学者,对网络中的"生产连接"和"社会连接"主题进行了更详细的分析。美国和中国更关注全球网络结构优化和全球资源配置。"升级"这一主题也引起了这些地区学者的兴趣,这表明各个国家(地区)为了主导整个价值链展开了激烈的竞争。"贸易"是美国和中国研究的一个焦点,但不是欧洲十大主题的一部分。贸易中的大多数买家来自美国等发达国家,而供应商则来自中国等发展中国家。这反映了美国和中国在全球价值链上的不同地位,中美贸易对GVC的影响,以及对这一话题的持续热度。"技术"和"关系"是美国出现的新话题。尽管它们与表1-7中的"创新"和"供应"这两个一般话题密切相关,但更凸显了对信息技术、数字技术、先进制

造和物联网在全球生产中的应用的关注，以及对利益相关者关系发展等问题的关注。在欧洲和中国，"政策"是一个热门话题，正确的产业政策可以为当地企业沿着全球价值链升级发挥一定作用。然而，政策的作用在美国并没有得到太多的重视。"风险"是欧洲和中国强调的一个新话题，但风险的来源是不同的。由于生产基地分散和对供应商的高度依赖，英国更关注供应风险和源自劳动力的风险，而中国更担心"锁定"在 GVC 低附加值地位的风险，以及缺乏进一步向上攀升的动力。"可持续性"是这些国家的普遍议题。中国的研究直接涉及碳排放问题，这表明了来自环境污染的忧虑和绿色供应重组的压力。"治理"这个话题在美国和欧洲很流行，但在中国并不流行。这反映出来自发达国家的跨国公司仍然主导着全球价值链，并对全球价值链运营拥有更大的议价能力和控制权。

表 1-8　美国、欧洲和中国的 GVC 文献十大关注话题

Topic ID	Topic Description（USA）	Topic Description（Europe）	Topic Description（China）
0	Network	Production	Trade
1	Trade	Social	Carbon
2	Governance	Strategy	Upgrading
3	Upgrading	Upgrading	Network
4	Technology	Supply	Supplier
5	Environmental	Governance	Strategy
6	Performance	Innovation	Innovation
7	Strategy	Risk	Risk
8	Relationships	Policy	Policy
9	China	Sustainability	Export

1.5.3　话题演变趋势

结合前文提炼的前十核心话题的每年热度，我们分析了各话题在

2004—2019 年的变化趋势。我们发现十个主题均呈现整体上升趋势。在这 15 年里，每一年最受欢迎的话题也在不断演变。主题 0（升级）在 2014 年之前一直保持稳定上升，并在 2006 年至 2008 年赢得了最多关注，这与参与到全球价值链中并承担加工组装环节的许多发展中国家产业集群寻求升级的紧迫性相匹配（Dallas，2014；Dai et al.，2020）。尽管主题 1（贸易）在 2013 年和 2019 年最受欢迎，但它在大多数年份只能是位列前三。近年来，主题 2（网络）和主题 9（可持续性）重要性逐步凸显，并且超越了许多其他主题。主题 2（网络）源于全球生产网络（GPN），并扩展到不同国家（地区）的网络结构、评估、优化和节点角色分析。主题 9（可持续性）是 2016—2018 年最受欢迎的话题，这与快速增长的全球经济背景下劳动分工碎片化进而带来的相关环境、供应持续、价值链断裂风险等问题相匹配（Esfahbodi et al.，2016；Zeng et al.，2017；Kumar et al.，2019）。主题 7（供应）在 2004 年最受欢迎，它关注全球价值链上的买家如何在全球范围内挑选和评价供应商，如何构建优化供应体系，如何将低附加值的生产加工工作外包给发展中国家，并通过对产品质量、员工资质的控制来进行供应管理。主题 6（企业）在 2009 年和 2010 年非常流行，它显示了核心公司的买方势力以及通过价值链上合作伙伴的整合实现一体化运营管理的复杂性。话题 3（治理）是全球价值链的一个传统话题，因此它保留了长期的热度，尤其是来自发达国家学者的长期关注。

根据主题演变分析，可以发现 2015 年是一个转折点。2015 年之前，全球价值链更多地从供应、创新、网络和战略等微观管理角度展开研究。在全球价值链上，位于世界各地的企业通过原材料、零部件、组件和模块化半成品等中间产品的形式进行国际贸易，最终在一些发展中国家进行加工组装形成产成品。2015 年之后，中间产品贸易快速增长，贸易规模甚至超过了成品贸易规模。从那时起，全球价值链不仅被定义为一个与企业相关的话题，还扩展到产业和区域的投入产出联系，并且进一步发展到从经济、环境和社会等多角度展开的多样化的研究。

我们对 2020 年发表的 505 篇论文进行了单独分析。从前 100 个高频词中，我们看到了一些新的关键词，包括"弹性、数据和数字"；但是因为主要集中在 2020 年，这些词的现有频率无法支持他们进入前 50 名。如果我们在 Genism 中将主题数设置为 10，也无法通过主题建模识别这些新出现的主题。但当我们将主题数量扩大到 30 个时，我们观察到了这些新主题的影子，如"风险（恢复、中断、供应）"等。这凸显了全球对价值链波动带来的供应中断和需求低迷的担忧。近年来的新冠疫情已经深刻地影响了全球价值链，相信在不久的将来，全球价值链的风险、波动和重构，信息通信、数字技术等都将成为全球价值链领域研究的热门方向。

1.6 引用网络分析

1.6.1 作者层面引用网络分析

在作者层面的引用网络中，一个节点代表一位作者，每条边代表一次文献引用关系。边是有方向的，由文献引用作者指向被引作者，而知识则沿着边的反方向流动，由文献被引作者指向引用作者。为了呈现更好的引用关系图，本书采用曲线来描述网络，但因为引用关系数量过大，曲线箭头无法在有限的关系图中通过 Gephi 软件体现出来。节点的大小代表作者的点度中心度水平，由与节点作者有引用关系的作者的数量决定。较大的节点，说明与之连线的边越多，被引用的次数越多，在全球价值链领域的研究越具有影响力。诸多边的叠加，决定了边的粗细程度。边的粗细代表了作者间的引用频率，大的节点附近的边也就自然粗一些。密度、距离和中心性是衡量引用网络的三个关键指标。密度的范围从 0 到 1，由公式：$D = L/N(N-1)$ 计算得出。D 表示密度，L 表示边的数量，N 表示节点的数量，$N(N-1)$ 表示可能存在的边的最大数量。更高的网络密度意味着网络中有更多连接形成的边，这也突显出网络中存在更多的知识流动、交流和合作。通过测度发现，全球价值链作者层面引用网络的密度为 0.003，这意味着作者之间的相互引用并不频繁，知识交流频率较低。

平均路径长度代表网络中两个节点之间的平均距离。较短的路径距离更有助于知识的传播和交流，而较长的路径距离则会不可避免地使知识在交流中失真。全球价值链作者层面引用网络的平均路径长度为 4.456，表明一位引用作者与一位被引作者间的知识交流至少需要通过四位作者。这个长度接近"六度分割"的小世界标准的边界。在这样的网络中，虽然分离程度小于 6，并且节点可以通过 4 到 5 个作者连接，但是信息在传递过程中还是比较容易被误解和扭曲，降低了知识交流的效率和质量。

中心性分析有助于识别有影响力的节点，即 GVC 领域举足轻重的学者。点度中心度和中介中心性被用来度量中心性。点度中心度测度了与某一节点有直接联系的节点的数目，是测量单个节点在网络中的影响力的重要指标，点度中心度越高的作者在知识交流中越活跃。点度中心度可分为点入度和点出度。在作者层面的引用关系中，作者的点入度指标说明了该作者被引频次，作者的点出度指标说明了该作者的施引频次。

表 1-9 列出了点入度和点出度排名在前 10 位的作者。Gereffi G、Coe N 和 Ponte S 被引用超过 200 次，在点入度中排名前 3，展现了他们在全球价值链研究中的中心地位。被同行不断引用，表明他们的研究得到了全世界学者的广泛认可，且在全球价值链知识传播中起到了主导作用。Coe N、Horner R 和 Bush S 在点出度排名中位列前 3。这三位学者引用并吸收了许多其他作者的研究成果，丰富了全球价值链的研究，并推动了该领域的知识扩散。Coe N 和 Barrientos 在点入度和点出度排名中均名列前茅，他们在此领域的研究中表现活跃，吸收和传播了大量知识。

我们进一步将作者与相应的被引频率高的文章进行匹配，得到了影响最深远的 10 篇文献(见表 1-10)。Gereffi G 和 Coe N 都有两篇论文位

表 1-9　中心性排名前十的作者(点入度、点出度和中介中心性)

Authors	In-degree Centrality	Authors	Out-degree Centrality	Authors	Betweenness Centrality
Gereffi & Gary	570	Coe & Neil M	88	Coe & Neil M	275029.51
Coe & Neil M	227	Horner & Rory	44	Gereffi & Gary	108495.66
Ponte & Stefano	207	Bush & Simon R	44	Timmer & Marcel P	68285.96
Giuliani & Elisa	143	Blazek & Jiri	36	De Marchi & Valentina	53476.42
Barrientos Stephanie	140	McGrath & Siobhan	36	Ponte & Stefano	53316.20
Nadvi & Khalid	128	Pietrobelli & Carlo	35	Bush & Simon R	52960.79
Timmer & Marcel P	124	De Marchi & Valentina	32	Blazek & Jiri	51393.53
Gibbon & Peter	112	Kissi & Evans Appiah	32	Lund-Thomsen & Peter	48175.40
Riisgaard & Lone	98	Barrientos & Stephanie	31	Barrientos & Stephanie	47705.43
Pietrobelli & Carlo	84	Curran & Louise	29	Hernandez & Virginia	41869.13

表 1-10　影响力居前十的全球价值链研究文献

Scholar	Year	Journal	Title	Citation
Gereffi & Gary（USA）	2005	*Review of International Political Economy*	*The governance of global value chains*	693
Coe & Neil M（UK）	2008	*Journal of Economic Geography*	*Global production networks: realizing the potential*	224
Coe & Neil M（UK）	2004	*Transactions of the Institute of British Geographers*	*"Globalizing" regional development: a global production networks perspective*	153
Giuliani & Elisa（UK）	2005	*World Development*	*Upgrading in global value chains: Lessons from Latin American clusters*	151
Ponte & Stefano（Denmark）	2005	*Cambridge Journal of Regions Economy and Society*	*Quality standards, conventions and the governance of global value chains*	139
Gibbon & Peter（Denmark）	2008	*Cambridge Journal of Regions Economy and Society*	*Governing global value chains: an introduction*	135
Barrientos & Stephanie（UK）	2011	*International Labor Review*	*Economic and social upgrading in global production networks: A new paradigm for a changing world*	124
Gereffi & Gary（USA）	2014	*Review of International Political Economy*	*Global value chains in a post-Washington Consensus world*	122
Sturgeon & Timothy J（USA）	2008	*Journal of Economic Geography*	*Value chains, networks and clusters: reframing the global automotive industry*	101
Nadvi & Khalid（UK）	2008	*Journal of Economic Geography*	*Global standards, global governance and the organization of global value chains*	100

居前十。Gereffi 的 *The governance of global value chains* 被引用次数最多，是第二名论文被引用次数的三倍。

Gereffi 是第一个提出 GVC 概念并在 GVC 治理研究方面作出巨大贡献的学者。他将 GVC 治理分为五种类型：等级制、捕获制、关系制、模块制和市场制，为 GVC 治理理论奠定了基础（Gereffi et al., 2005）。Gereffi 等（2014）提出了 GVC 治理权从 GVC 的主导企业转向发展中经济体的大型供应商的转变，为重新塑造投资和贸易的区域地理提供了理论框架。Coe 是第一个将 GPN（Global Production Netwotk）概念化并描述了 GPN 上的企业与地区经济发展之间的"战略耦合"的学者（Coe et al., 2004）。他的研究强调了支撑地区发展的力量和过程的多维度性，并揭示了发展中国家通过 GPN 发展的潜力（Coe et al., 2008），为 GVC 领域下的地区发展奠定了理论基础，并为将 GPN 嵌入发展中国家经济体开辟了一种新途径。Giuliani 等（2005）将集群、创新的部门模式与 GVC 机制和地方集群升级相结合，对买方驱动的 GVC 参与对地区发展的影响进行了讨论。他们的研究激发了对 GVC 参与的更深层次的思考。Ponte 等（2005）强调了"质量"的重要性，这种质量可以转化为广泛接受的标准以及 GVC 治理中的编码和认证程序。他们的研究揭示了跨国公司如何通过质量控制来治理 GVC 并协调遍布全球的生产网络。Timmer 等（2014）应用了 WIOD（World Input-Output Database，世界输入输出数据库）研究了 GVC 中不同参与者增加的价值，并开辟了 GVC 的定量分析思路。Gibbon 等（2008）对 GVC 治理及其在经济全球化中的作用进行了前瞻性分析，他们的研究成为了 GVC 治理理论在过去和未来之间的桥梁。Barrientos 和 Smith（2007）开始关注 GVC 实践中的劳工福利问题，以及伴随着经济发展进一步延伸出来的道德和社会问题。Sturgeon 等（2008）运用 GVC 理论框架研究了企业级产业链治理、权力和制度如何重新构建全球产业的问题，为从 GVC 视角研究产业提供了一种新的可扩展方法。Nadvi（2008）强调了全球标准与 GVC 上的"内部企业"治理之间的关系，解释了如何通过"标准"将生产在全球范围内分割，并指出了未来可能面临的挑战。

中介中心性有助于观察节点对网络中信息连接的影响程度。它测量某个节点连接了多少条最短路径，通常用于查找各个子网络间桥梁的节点。由于更多的信息通过该节点传播，不同的子网络在该节点交汇连接，中介中心性较高的作者在引用网络中有更强的控制力。具有最高介数中心性的前 10 位作者也在表 1-9 中进行了总结。Gereffi 在 GVC 概念化和治理理论方面的贡献，Coe 在 GPN 与区域发展的连接方面的贡献，连接了所有在这两个热门主题上进一步延伸的后续文献。Timmer 等（2014）基于 WIOD 进行了附加值分解，连接了大多数 GVC 的定量分析。Marchi 等（2013）连接了价值链中绿色和环境战略的文献。Ponte 等（2005）连接了关于 GVC 上质量和认证研究的文献。Bush 等（2015）对 GVC 上的可持续性治理进行了回顾和展望，连接了当时该新兴主题的研究。Blažek（2016）连接了关于 GVC 沿着供应商升级和降级的关注点。Lund-Thomsen 和 Lindgreen（2014）开启并连接了关于 GVC 上企业社会责任的主题。Barrientos 和 Smith（2007）连接了关于 GVC 上道德和社会问题的研究。Hernández 和 Pedersen（2017）对 GVC 重构进行了回顾和研究议程，连接了后续在这一主题上的研究。这些学者在 GVC 子领域中扮演了最重要的"桥梁"角色，并极大地促进了 GVC 领域内的知识传播。

我们在图 1-6 中可视化了被引用超过 15 次的作者的引用网络。节点的大小表示作者的入度中心性（见表 1-9）。一条边表示两个作者之间的一次引用。边从引用作者指向被引用作者。边的粗细表示作者之间的引用频率。我们用深色点和线突出显示了关键节点和引用边。从图 1-6 中可以看出，Gereffi G 节点是最大的节点，是知识传播领域中的主要来源和关键起点。Coe N、Ponte S、Giuliani E 和 Barrientos S 是知识传播网络中次要关键位置上的节点。

为了研究关键作者之间的引用关系，我们在图 1-7 中使用带有箭头的直线放大了关键节点。我们为每个关键节点赋予不同深度的黑色，颜色越深，代表在引用网络中越关键。边表示两个作者之间的引用关系。边的颜色取决于"谁更多地引用了谁的文献"。箭头指向的作者是被引用的作者。箭头的大小取决于引用次数。Gereffi 从这些关键作者那里获

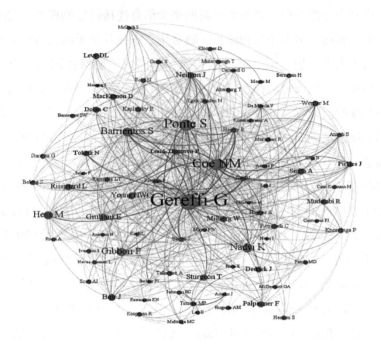

图 1-6 作者层面引用网络

得了最多的引用，进一步加强了他在 GVC 研究中的贡献。Coe 是第二位引用最多的人，然后是 Ponte、Barrientos、Gibbon、Giuliani 和 Nadvi。Gereffi 和 Coe 是最有影响力的 GVC 知识生产者和传播者，他们之间也存在密切的引用关系。

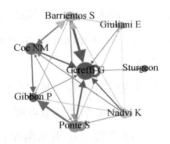

图 1-7 核心作者间引用网络

1.6.2 国家(地区)层面引用网络分析

发达国家占据了全球价值链的高附加值地位，它们是全球价值链中的主要买家，控制着整个价值链。我们想知道：(1)这些国家是否也在GVC领域的学术研究中处于领先地位；(2)这些国家的学术成果是否已经扩散到全球各地并为GVC领域知识发展作出了贡献。越来越多的国家(地区)利用全球劳动分工及其各自竞争优势参与到全球价值链体系中。我们收集的全球价值链研究文献来自78个国家，涵盖了全球大多数主要经济体。接下来对国家(地区)层面的引用网络的分析有助于回答上述问题。

在国家(地区)引用网络中，一个节点代表一个国家(地区)。有向边从施引作者的国家指向被引作者的国家。边的粗细程度代表了不同国家学者间引用频率的差异。

国家(地区)层面引用网络的总密度为0.148，大于作者层面的引用网络密度，表明国家间的知识交流更加频繁。网络的平均路径长度是1.981。这意味着通过两个"桥梁"国家，一个国家就可以将知识传递给第四个国家。这个桥梁指数符合"六度分割"的小世界标准。信息在交换过程中可以保持原貌，信息失真的可能性较低，国家间知识扩散的效率和质量都较高。

点度中心度有助于搜索处于中心的国家，中介中心性有助于找到具有桥梁作用的国家。美国的点入中心度最高，为66(见表1-11)，表明有来自66个国家或地区的学者引用了美国学者的文献。正如我们前面所分析的作者层次引用网络中，中心节点Gereffi G正是一位美国学者。这些发现再次证明了美国学者在GVC研究领域的领先地位。英国、丹麦和新西兰在GVC知识传播中处于第二梯队。

表 1-11　中心性排名前十的国家(点入度、点出度和中介中心性)

Country	Indegree Index	Country	Outdegree Index	Country	Between Centrality
USA	66	UK	38	USA	1026. 48
UK	53	China	37	UK	575. 53
Denmark	47	USA	35	Netherlands	385. 86
Netherlands	40	Germany	32	Denmark	284. 24
Australia	38	Denmark	31	China	248. 94
Austria	37	Netherlands	31	Australia	201. 07
Singapore	36	Australia	30	France	200. 22
Italy	34	Italy	27	Italy	182. 48
Germany	33	Spain	26	Germany	134. 96
Canada	31	Singapore	24	Spain	124. 63

　　英国的点出度最高,中国和美国紧随其后。美国和英国不仅是 GVC 知识的创造者和分享者,也是知识的获取者。中国是点出度最高的前 10 国家之一,但在点入度方面并没有位列前 10,这表明中国在 GVC 知识传播中主要是知识的吸收者。中国积极参与 GVC 吸引了全世界的关注,但中国学者在 GVC 领域的学术影响力仍有待提高。至于中介中心性,美国同样排名第一,其次是英国和新西兰。中国在 GVC 知识传播中也积极承担着"桥梁"角色。

　　国家(地区)之间的知识传播如图 1-8 所示。最深颜色聚集的美国是最大的节点,英国、丹麦、荷兰是第二大节点。澳大利亚、奥地利、新加坡、中国和德国位于第三层。全球价值链知识得以广泛的传播,图中的各个国家(地区)均作出了主要的贡献。

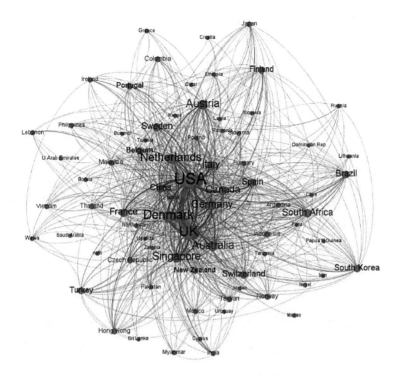

图 1-8　国家(地区)层面引用网络

我们扩大了这些关键节点,以分析这些国家(地区)之间的引用关系(见图 1-9)。

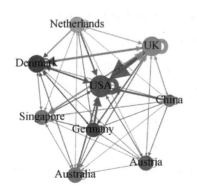

图 1-9　核心国家(地区)间的引用网络

与美国相连的线最深、最粗，说明美国的被引用数量最多。英国引用了美国最多的文献，中国位居第二，然后是德国、丹麦、荷兰、澳大利亚和新加坡。美国也引用了其他国家的文献，但其引用数量远低于其被引用数量。英国的被引用数量位居第二。美国引用了英国最多的文献，德国引用了第二多的英国文献。丹麦的引用数量位居第三，且丹麦与英国之间的引用数量相近且平衡。

美国和英国是全球 GVC 知识的主要生产者和出口国，对 GVC 知识的繁荣和传播作出了重要贡献。中国的 GVC 发表文献数量排名第三，但中国被引用的数量并不太多。

1.6.3　期刊层面的引用网络分析

期刊层面互引网络有助于整理出全球价值链领域颇具影响力的期刊。节点代表期刊，边代表期刊间的引用关系。经过数据梳理得到了495 个期刊之间的引用关系。

期刊层面互引网络的总密度为 0.016。这一密度远低于国家/地区层面的网络密度，这意味着期刊之间的知识交流并不频繁且十分有限。网络的平均路径长度是 3.089。这意味着一次完整的知识传递需要通过三个期刊才能完成。这个路径指数符合"六度分割"的小世界标准。但是路径的长度还不够短，不能保证信息在交换过程中的真实性，传播效率还有很大的提高空间。

我们在表 1-12 中列出了入度的排名。排名最高的期刊是 *Review of International Political Economy*（RIPE）。我们的数据其中近一半的文献都引用了发表在该期刊上的论文，充分说明该刊在全球价值链研究领域的核心地位。*Journal of Economic Geography*、*World Development*、*Cambridge Journal of Regions Economy and Society* 被引用超过 100 次，其影响力也不容小觑。

表1-12 中心性排名前十的期刊（入度、出度和中介中心性）

Journals	In-degree Centrality	Journals	Out-degree Centrality	Journals	Betweenness Centrality
Review of International Political Economy	255	Journal of Economic Geography	75	Review of International Political Economy	29244
Journal of Economic Geography	176	Sustainability	74	Journal of Economic Geography	24610
World Development	167	World Development	63	World Development	21489
Cambridge Journal of Regions Economy and Society	123	Journal of Cleaner Production	63	Journal of Cleaner Production	10812
Environment and Planning	81	Global Networks -A Journal of Transnational Affairs	55	Geoforum	8765
Economic Geography	71	Review of International Political Economy	54	Sustainability	8212
Geoforum	71	Environment and Planning	50	European Planning Studies	7731
Transactions of the Institute of British Geographers	71	Geoforum	49	Supply Chain Management-An International Journal	6484
International Labor Review	69	European Journal of Development Research	49	Journal of Development Studies	6341
Journal of Business Ethics	60	Journal of Development Studies	44	Global networks-A Journal of Transnational Affairs	6282

　　从期刊引用的出度的排名来看，*Journal of Economic Geography*、*Sustainability* 和 *World Development* 期刊在知识传播方面发挥了积极作用，其刊发的文章善于引用其他期刊的文章。

　　综合入度和出度两个指标，可以看出 *Journal of Economic Geography* 期刊同时引领和深化了全球价值链研究，并广泛吸收了其他期刊的研究成果。相比之下，发表在 *Review of International Political Economy* 期刊上的论文引用其他期刊论文的数量就比较有限了。中介中心性排名前 3 位的期刊与入度排名前 3 位的期刊相同，这些期刊为全球价值链知识传播作出了巨大贡献。

　　期刊层面互引网络如图 1-10 所示，图中仅包含了被引用频次超过 15 次的节点，居于最深颜色聚集的 *Review of International Political Economy* 是影响力最强的节点。*Journal of Economic Geography*、*World Development* 和 *Cambridge Journal of Regions Economy and Society* 次之。这些期刊是全球价值链研究的核心期刊，推动了该领域的发展。

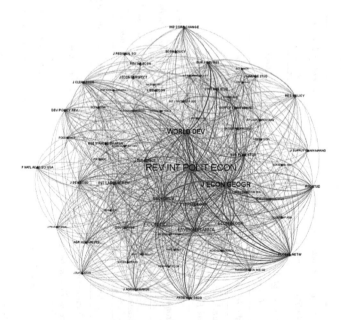

图 1-10　期刊层面的引用网络

我们放大了核心节点期刊之间的互引网络（见图 1-11）。这些主要期刊之间的引用也非常频繁。节点深度居前的 *Review of International Political Economy*（第一位）和 *Journal of Economic Geography*（第二位）之间连线最粗，说明其之间引用关系最密切。其他主要节点大多引用了这两个期刊中的文献。大多数具有影响力的研究发表在这两个期刊上，然后在主要节点之间进行交流，并传播到其他期刊。

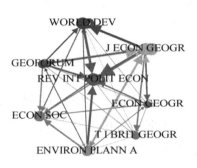

图 1-11 核心期刊间的引用网络

通过引用网络分析，我们可以发现不同层次的 GVC 知识交流模式。不难看出，国家（地区）层面互引网络表现最好，知识交流频繁。而作者层面互引网络的密度和平均路径长度均不及我们的预期，这意味着全球价值链研究在未来仍有长足的进步和发展空间。美国学者 Gereffi G 和英国学者 Coe N 在全球 GVC 研究中具有最大影响力。相应地，美国和英国在国家（地区）层面网络中处于核心位置，引领着 GVC 的发展趋势。Gereffi 的 *The governance of global value chains* 是 GVC 领域中被引用最多的具有最大影响力的文献，这篇论文发表在 *Review of International Political Economy* 上，该期刊在期刊层次的引用网络中发挥着重要作用。这些观察结果描述了 GVC 研究的知识传播过程。

1.7　文献研究结论与展望

本章系统分析了 2004 年至 2020 年 WoS 数据库收集的与 GVC 相关的 SSCI 期刊论文，旨在了解 GVC 研究的发展趋势。通过文献统计分析，我们观察到 GVC 领域的文献发表趋势逐渐增长。美国、英国和中国占据 GVC 相关文献发表数量的前三名。通过对顶级研究机构、学术期刊和文献平均引用次数的分析，可以发现，英国在 GVC 研究中处于领先地位，其次是美国和中国。通过话题分析，我们观察到两个主要的 GVC 主题脉络。一类关注企业、创新、生产、供应、网络和治理等微观层面的现象；另一类关注对贸易、政策和升级等宏观层面的分析。话题的热门程度发生转变的时间落在 2015 年左右，当时中间产品贸易超过了最终产品贸易，发展中国家积累了足够的力量，在 GVC 中作为重要的中间产品供应商实现了沿着 GVC 的区域或产业的升级。

综上所述，我们可以看到美国、英国和中国是全球价值链研究领域的三极。在现实中，美国和英国的跨国公司是全球价值链上的买家，也是布局全球生产网络的原始驱动力，为"中国制造"参与全球价值链提供了良机。随着中国经济崛起，曾经的组装、制造型企业有动力要占领全球价值链的高附加值地位，因此与美、英发生竞争是不可避免的。在学术上，学者们会密切关注有意义、有实用价值的研究课题，因此研究课题的演变能在一定程度上反映现实的变迁。为了解这三个主要国家的话题演变，接下来可以将定量的全球价值链的参与水平与全球价值链的研究主题联系起来，并查找推动研究主题演变的内外部变量。

◎ 参考文献

[1] Andersen P, Christensen P. Bridges over troubled water: Suppliers as connective nodes in global supply networks[J]. Journal of Business Research, 2005, 58(9):

1261-1273.

[2]Arndt S, Kierzkowski H. Fragmentation: New production patterns in the world economy[M]. Oxford: OUP, 2001.

[3]Asmussen C, Moller C. Smart literature review: a practical topic modelling approach to exploratory literature review[J]. Journal of Big Data, 2019, 93(6): 1-18.

[4]Barabási A-L, Pósfai M. Network science[M]. Cambridge: Cambridge University Press, 2016.

[5]Barrientos S. Corporate purchasing practices in global production networks: A socially contested terrain[J]. Geoforum, 2013, 44: 44-51.

[6]Barrientos S, Smith S. Do workers benefit from ethical trade? Assessing codes of labour practice in global production systems[J]. Third world quarterly, 2007, 28 (4): 713-729.

[7]Beekman A V, Robinson R B. Supplier partnerships and the small, high-growth firm: Selecting for success[J]. Journal of Small Business Management, 2004, 42(1): 59-77.

[8]Behuria P. The domestic political economy of upgrading in global value chains: how politics shapes pathways for upgrading in Rwanda's coffee sector[J]. Review of International Political Economy, 2020, 27 (2): 348-376.

[9]Berndt C, Boeckler M. Geographies of circulation and exchange: constructions of markets[J]. Progress in Human Geography, 2009, 33 (4): 535-551.

[10]Bi K X, Huang P, Ye H. Risk identification, evaluation and response of low-carbon technological innovation under the global value chain: A case of the Chinese manufacturing industry[J]. Technological Forecasting and Social Change, 2015, 100: 238-248.

[11]Bjarnadottir M, Malik S, Onukwugha E. Understanding adherence and prescription patterns using large-scale claims data[J]. Pharmacoeconomics, 2015, 34(2): 169-179.

[12]Blažek J. Towards a typology of repositioning strategies of GVC/GPN suppliers: the case of functional upgrading and downgrading[J]. Journal of Economic Geography, 2016, 16(4): 849-869.

[13]Bush S R, Oosterveer P, Bailey M, Mol A P. Sustainability governance of chains and

networks: A review and future outlook[J]. Journal of cleaner production, 2015, 107: 8-19.

[14]Chalaby J K. The advent of the transnational TV format trading system: a global commodity chain analysis[J]. Media Culture & Society, 2015, 37(3): 460-478.

[15]Chaminade C, Vang J. Globalisation of knowledge production and regional innovation policy: Supporting specialized hubs in the Bangalore software industry[J]. Research Policy, 2008, 37(10): 1684-1696.

[16]Chen C. Cross-disciplinary innovations by Taiwanese manufacturing SMEs in the context of Industry 4.0[J]. Journal of Manufacturing Technology Management, 2020, 31(6): 1145-1168.

[17]Chen H, Roco M C, Li X, Lin Y. Trends in nanotechnology patents[J]. Nature Nanotechnology, 2008, 3(3): 123-125.

[18]Chen H, Roco M, Son J, Jiang S, Larson C, Gao Q. Global nanotechnology development from 1991 to 2012: Patents, scientific publications, and effect of NSF funding[J]. Journal of Nanoparticle Research, 2013, 15(8): 1-21.

[19]Chen L, Luo S, Zhao T. Financial constraints, trade mode transition, and global value chain upgrading of Chinese firms[J]. Sustainability, 2019, 11(17): 4527.

[20]Cheng M, Edwards D, Darcy S. A Tri-Method approach to a review of adventure tourism literature: Bibliometric analysis, content analysis, and a quantitative systematic literature review[J]. Journal of Hospitablity and Tourism Research, 2018, 42(6): 997-1020.

[21]Cheng X Q, Yan X H, Lan Y Y, Guo J F. BTM: topic modeling over short texts[J]. IEEE Transactions on Knowledge and Data Engineering, 2014, 26(12): 2928-2941.

[22]Cieslik E. Towards more (un)balanced trade. Production linkages between China and the Visegrad countries: Country-level and sector-level analysis [J]. European Planning Studies, 2019, 27(8): 1523-1541.

[23]Coe N, Hess M, Yeung H, Dicken P, Henderson J. Globalizing regional development: A global production networks perspective [J]. Transactions of the Institute of British Geographers, 2004, 29: 468-484.

[24]Coe N, Dicken P, Hess M. Global production networks: Realizing the potential[J]. Journal of Economic Geography, 2008, 8(5): 271-295.

［25］Craighead C W, Ketchen D J, Darby J L. Pandemics and supply chain management research: toward a theoretical toolbox［J］. Decision Sciences, 2020, 51（4）: 838-866.

［26］Dai F, Liu R X, Guo H, Du X H. How does intermediate consumption affect GVC positions? A comparison between China and US［J］. China Economic Review, 2020, 63: 1-14.

［27］Dallas M P. Manufacturing paradoxes: Foreign ownership, governance, and value chains in China's light industries［J］. World Development, 2014, 57: 47-62.

［28］De las Heras A, Relinque-Medina F, Zamora-Polo F, Luque-Sendra A. Analysis of the evolution of the Sharing Economy towards sustainability. Trends and transformations of the concept［J］. Journal of Cleaner Production, 2021, 291: 125227.

［29］Dermawan A, Hospes O. When the state brings itself back into GVC: The case of the indonesian palm oil pledge［J］. Global Policy, 2018, 9: 21-28.

［30］Dong M, He J. Linking the past to the future: A reality check on cross-border timber trade from Myanmar（Burma）to China［J］. Forest Policy and Economics, 2018, 87: 11-19.

［31］Echchakoui S, Barka N. Industry 4. 0 and its impact in plastics industry: A literature review［J］. Journal of Industrial Information Integration, 2020, 20: 100172.

［32］Eric A, Lori R. Social network effects on the extent of innovation diffusion: A computer simulation［J］. Organization Science, 1997, 8（3）: 289-309.

［33］Esfahbodi A, Zhang Y F, Watson G. Sustainable supply chain management in emerging economies: Trade-offs between environmental and cost performance［J］. International Journal of Production Economics, 2016, 181: 350-366.

［34］Garcia-Buendia N, Moyano-Fuentes J, Maqueira-Marin J M, Cobo M J. 22 years of lean supply chain management: A science mapping-based bibliometric analysis［J］. International Journal of Production Research, 2021, 59（6）: 1901-1921.

［35］Garcia-Lillo F, Claver-Cortes E, Marco-Lajara B. On clusters and industrial districts: A literature review using bibliometrics methods, 2000-2015［J］. Papers in Regional Science, 2018, 97（4）: 835-862.

［36］Gereffi G. The organisation of buyer-driven global commodity chains: how US retailers shape overseas production networks［M］//Gereffi, G., Korzeniewicz, M. Commodity

Chains and Global Development. Westport: Praeger, 1994.

[37] Gereffi G. International trade and industrial upgrading in the apparel commodity chain[J]. Journal of International Economics, 1999, 48(1): 37-70.

[38] Gereffi G. The global economy: Organization, governance, and development[M]. Princeton University Press, 2005.

[39] Gereffi G. Development models and industrial upgrading in China and Mexico[J]. European Sociological Review, 2009, 25(1): 37-51.

[40] Gereffi G. Global value chains in a post-Washington consensus world[J]. Review of International Political Economy, 2014, 21(1): 9-37.

[41] Gereffi G, Humphrey J, Sturgeon T. The governance of global value chains[J]. Review of International Political Economy, 2005, 12(1): 78-104.

[42] Gereffi G, Fernandez-Stark K. Global value chain analysis: A primer[R]. Duke University Centre on Globalization, Governance and Competitiveness, 2011.

[43] Gibbon P, Bair J, Ponte S. Governing global value chains: An introduction[J]. Economy and society, 2008, 37(3): 315-338.

[44] González-Torres T, Rodríguez-Sánchez J L, Montero-Navarro A, Gallego-Losada R. Visualizing research on industrial clusters and global value chains: A bibliometric analysis[J]. Frontiers in Psychology, 2020, 11(7): 1754.

[45] Goyal S, Chauhan S, Mishra P. Circular economy research: A bibliometric analysis (2000—2019) and future research insights[J]. Journal of Cleaner Production, 2021, 287(3): 125011.

[46] Grimes S, Du D B. Foreign and indigenous innovation in China: Some evidence from Shanghai[J]. European Planning Studies, 2013, 21(9): 1357-1373.

[47] Hall J, Martin M. Disruptive technologies, stakeholders and the innovation value-added chain: a framework for evaluating radical technology development[J]. R & D Management, 2005, 35(3): 273-284.

[48] Hernandez V, Pedersen T. Global value chain configuration: A review and research agenda[J]. Business Research Quarterly, 2017, 20(2): 137-150.

[49] Harnesk D, Brogaard S, Peck P. Regulating a global value chain with the European Union's sustainability criteria-experiences from the Swedish liquid transport biofuel sector[J]. Journal of Cleaner Production, 2017, 153(1): 580-591.

［50］Hernández V, Pedersen T. Global value chain configuration: A review and research agenda［J］. BRQ Business Research Quarterly, 2017, 20(2): 137-150.

［51］Hsu L. SCM system effects on performance for interaction between suppliers and buyers［J］. Industrial Management & Data Systems, 2005, 105(7): 857-875.

［52］Humphrey J, Schmitz H. How does insertioning lobal value chains affect upgrading inindustrial clusters［J］. Regional Studies, 2002, 36(9): 1017-1027.

［53］Humphrey J, Sturgeon T. Global value chains and industrial policy: The role of emerging economies［R］. World Trade Organization with the Temasek Foundation and the Fung Global Institute, 2013.

［54］Jurowetzki R, Lema R, Lundvall B. Combining innovation systems and global value chains for development: Towards a research agenda［J］. The European Journal of Development Research, 2018, 30(3): 364-388.

［55］Kano L, Tsang E, Yeung H. Global value chains: A review of the multi-disciplinary literature［J］. Journal of international business studies, 2020, 51(4): 577-622.

［56］Khan O, Christopher M, Burnes B. The impact of product design on supply chain risk: A case study［J］. International Journal of Physical Distribution & Logistics Management, 2008, 38: 412-432.

［57］Kilelu C, Klerkx L, Omore A, Baltenweck I, Leeuwis C, Githinji J. Value chain upgrading and the inclusion of smallholders in markets: Reflections on contributions of multi-stakeholder processes in dairy development in tanzania［J］. European Journal of Development Research, 2017, 29(5): 1102-1121.

［58］Kim H, Park Y. Structural effects of R & D collaboration network on knowledge diffusion performance ［J］. Expert Systems with Applications, 2009, 36 (5): 8986-8992.

［59］Kogut B. Designing global strategies—Comparative and competitive value-added chains［J］. Sloan Management Review, 1985, 26(4): 14-28.

［60］Kovacs G, Sigala I F. Lessons learned from humanitarian logistics to manage supply chain disruptions［J］. Journal of Supply Chain Management, 2021, 57(1): 41-49.

［61］Kumar N, Brint A, Shi E J, Upadhyay A, Ruan X M. Integrating sustainable supply chain practices with operational performance: An exploratory study of Chinese SMEs［J］. Production Planning & Control, 2019, 30(5-6): 464-478.

［62］Lee K, Qu D, Mao Z. Global value chains, industrial policy, and industrial upgrading: Automotive sectors in Malaysia, Thailand, and China in comparison with Korea［J］. European Journal of Development Research, 2021, 33(2): 275-303.

［63］Lema R, Quadros R, Schmitz H. Reorganising global value chains and building innovation capabilities in Brazil and India［J］. Research Policy, 2015, 44(7): 1376-1386.

［64］Lozano R, Puig N B, Barreiro-Gen M. Elucidating a holistic and panoptic framework for analysing circular economy［J］. Business Strategy and the Environment, 2021, 30(4): 1644-1654.

［65］Lund-Thomsen P, Nadvi K. Global value chains, local collective action and corporate social responsibility: A review of empirical evidence［J］. Business Strategy and the Environment, 2010,19(1): 1-13.

［66］Liu J R, Yang D, Lu B, Zhang J Q. Carbon footprint of laptops for export from China: Empirical results and policy implications［J］. Journal of Cleaner Production, 2016, 113: 674-680.

［67］Liu L, Mei S. Visualizing the GVC research: A co-occurrence network based bibliometric analysis［J］. Scientometrics, 2016, 109(2): 953-977.

［68］Liu X, Zhang P, Li X, Chen H, Dang Y, Larson C, Roco M C, Wang X. Trends for nanotechnology development in China, Russia, and India［J］. Journal of Nanoparticle Research, 2009, 11(8): 1845-1866.

［69］Lopez L A, Arce G, Zafrilla J E. Parcelling virtual carbon in the pollution haven hypothesis［J］. Energy Economics, 2013, 39: 177-186.

［70］Lund-Thomsen P, Lindgreen A. Corporate social responsibility in global value chains: Where are we now and where are we going［J］. Journal of Business Ethics, 2014, 123(1): 11-22.

［71］Marchi V D, Maria E D, Micelli S. Environmental strategies, upgrading and competitive advantage in global value chains［J］. Business strategy and the environment, 2013, 22(1): 62-72.

［72］Markmann C, Darkow I, Von der Gracht H. A Delphi-based risk analysis-Identifying and assessing future challenges for supply chain security in a multi-stakeholder environment［J］. Technological Forecasting and Social Change, 2013, 80(9):

1815-1833.

[73] Mody M A, Hanks L, Cheng M. Sharing economy research in hospitality and tourism: A critical review using bibliometric analysis, content analysis and a quantitative systematic literature review[J]. International Journal of Contemporary Hospitality Management, 2021, 33(5): 1711-1745.

[74] Muradian R, Pelupessy W. Governing the coffee chain: The role of voluntary regulatory systems[J]. World Development, 2005, 33 (12): 2029-2044.

[75] Musigmann B, von der Gracht H, Hartmann E. Blockchain technology in logistics and supply chain management—A bibliometric literature review from 2016 to january 2020[J]. IEEE Transactions on Engineering Management, 2020, 67(4): 988-1007.

[76] Nadvi K. Global standards, global governance and the organization of global value chains[J]. Journal of Economic Geography, 2008, 8(3): 323-343.

[77] Nadvi K, Yeung W C. Local and regional development in global value chains, production networks and innovation networks: A comparative review and the challenges for future research [J]. European Planning Studies, 2013, 21 (7): 967-988.

[78] Ng F, Yeats A. Production sharing in East Asia: Who does what for whom, and why[M]// Cheng, Kierzko wski, L.K., Global, H. Production and trade in East Asia.Springer,2001.

[79] Nudurupati S, Bhattacharya A, Lascelles D, Caton N. Strategic sourcing with multi-stakeholders through value co-creation: An evidence from global health care company[J]. International Journal of Production Economics, 2015, 166: 248-257.

[80] Onukwugha E. Big data and its role in health economics and outcomes research: A collection of perspectives on data sources, measurement, and analysis [J]. PharmacoEconomics, 2016, 34(2): 91-93.

[81] Ou C S, Liu F C, Hung Y C, Yen D C. A structural model of supply chain management on firm performance [J]. International Journal of Operations & Production Management, 2010, 30: 526-545.

[82] Palpacuer F, Gibbon P, Thomsen L. New challenges for developing country suppliers in global clothing chains: A comparative European perspective [J]. World Development, 2005, 33(3): 409-430.

[83] Pipkin S, Fuentes A. Spurred to upgrade: A review of triggers and consequences of industrial upgrading in the global value chain literature [J]. World Development, 2017, 98(10): 536-554.

[84] Ponte S, Gibbon P. Quality standards, conventions and the governance of global value chains[J]. Cambridge Journal of Regions Economy and Society, 2005, 34(1): 1-31.

[85] Ponte S, Sturgeon T. Explaining governance in global value chains: A modular theory-building effort[J]. Review of International Political Economy, 2014, 21(1): 195-223.

[86] Porter M. Competitive strategy[J]. Measuring Business Excellence, 1997, 1(2): 12-17.

[87] Qiao X Y, Wang G, Li Z Y. Review of domestic and foreign research on global value chain——Based on SCI/SSCI/CSSCI literature analysis[J]. Asia-Pacific Economy, 2017(1): 116-126.

[88] Queiroz M, Ivanov D, Dolgui A, Wamba S F. Impacts of epidemic outbreaks on supply chains: Mapping a research agenda amid the COVID-19 pandemic through a structured literature review[J]. Annuals of Operations Research, 2020(6): 1-38.

[89] Rasiah R, Kaur K, Kumar A. Does firm size matter in export, technology, and marketing activities of Indian garment firms [J]. Asian Journal of Technology Innovation, 2010, 18(1): 45-71.

[90] Reade C. Human resource management implications of terrorist threats to firms in the supply chain [J]. International Journal of Physical Distribution & Logistics Management, 2009, 39(6): 469-485.

[91] Rehnberg M, Ponte S. From smiling to smirking? 3D printing, upgrading and the restructuring of global value chains[J]. Global Networks-a Journal of Transnational Affairs, 2018, 18(1): 57-80.

[92] Rehurek R, Sojka P. Software framework for topic modelling with large corpora[R]. Proceedings of the LREC 2010 workshop on new challenges for NLP frameworks, 2010.

[93] Rikap C. Asymmetric power of the core: Technological cooperation and technological competition in the transnational innovation networks of big pharma[J]. Review of International Political Economy, 2019, 26(5): 987-1021.

[94]Sampath P, Vallejo G, Trade B. Global value chains and upgrading: What, when and how[J]. European Journal of Development Research, 2018, 30(3): 481-504.

[95]Sarkis J. Supply chain sustainability: Learning from the COVID-19 pandemic[J]. International Journal of Operations & Production Management, 2021, 41(1): 63-73.

[96]Sawik T. Selection of supply portfolio under disruption risks[J]. Omega-International Journal of Management Science, 2011, 39(2): 194-208.

[97] Schilling C, Mortimer D, Dalziel K. Using classification and regression trees (CART) to identify prescribing thresholds for cardiovascular disease[J]. Pharmacoeconomics, 2016, 34(2): 195-205.

[98]Scott J. Social network analysis: A handbook[M]. London and Newbury Park: Sage Publications, 2000.

[99]Sharma R, Jabbour C, Jabbour A. Sustainable manufacturing and industry 4. 0: What we know and what we don't [J]. Journal of Enterprise Information Management, 2021, 34(1): 230-266.

[100]Shen L, Tao F M, Wang S Y. Multi-Depot open vehicle routing problem with time windows based on carbon trading [J]. International Journal of Environmental Research and Public Health, 2018, 15(9): 2025.

[101]Shin N, Kraemer K L, Dedrick J. R & D, value chain location and firm performance in the global electronics industry[J]. Industry and Innovation, 2009, 16(3): 315-330.

[102]Sturgeon T, Van Biesebroeck J, Gereffi G. Value chains, networks and clusters: Reframing the global automotive industry[J]. Journal of economic geography, 2008, 8(3): 297-321.

[103]Sydow J, Frenkel J. Labor, risk, and uncertainty in global supply networks-exploratory insights[J]. Journal of Business Logistics, 2013, 34(3): 236-246.

[104]Timmer M P, Erumban A, Los B, Stehrer R, Vries G. Slicing up global value chains[J]. Journal of Economic Perspectives, 2014, 28 (2): 99-118.

[105]Tranfield D, Denyer D, Smart P. Towards a methodology for developing evidence-informed management knowledge by means of systematic review[J]. British Journal of Management, 2003, 14(3): 207-222.

[106]Travers J, Stanley M. An experimental study of the small world problem[J].

Sociometry, 1969, 32(4):425-443.

[107] Van der Ven H. Gatekeeper power: Understanding the influence of lead firms over transnational sustainability standards[J]. Review of International Political Economy, 2018, 25(5): 624-646.

[108] Wang L, Wei L. Low-end locking or crowding-out effects-An empirical analysis of China's manufacturing industry embedded in gvcs[J]. Transformations in Business & Economics, 2018, 17(1): 216-236.

[109] Watts D J, Strogatz S H. Collective dynamics of "small-world" networks [J]. Nature, 1998, 393(6684): 440-442.

[110] Wei Y, Liao F. The embeddedness of transnational corporations in Chinese cities: Strategic coupling in global production networks[J]. Habitat International, 2013, 40: 82-90.

[111] Westarp F V, Wendt O. Diffusion follows structure: A network model of the software[J]. Proceedings of the 33rd Hawaii International Conference on System Sciences, 2008,8.

[112] World Bank. World development report 2020: Trading for development in the age of global value chains[R]. Washington, DC: World Bank, 2019.

[113] Wu L, Zhu H, Chen H, Roco M. Comparing nanotechnology landscapes in the US and China: A patent analysis perspective[J]. Journal of Nanoparticle Research, 2019, 21(8): 1-20.

[114] Xu S, Zhang X, Feng L, Yang W. Disruption risks in supply chain management: A literature review based on bibliometric analysis [J]. International Journal of Production Research, 2020, 58(11): 3508-3526.

[115] Yu D, Zhang Y. China's industrial transformation and the "new normal"[J]. Third World Quarterly, 2015, 36(11): 2075-2097.

[116] Yu H.Industrial upgrading in Guangdong: How well is it performing[J]. China-an International Journal, 2014, 12(1): 108-131.

[117] Zeng H X, Chen X H, Xiao X, Zhou Z F. Institutional pressures, sustainable supply chain management, and circular economy capability: Empirical evidence from Chinese eco-industrial park firms[J]. Journal of Cleaner Production, 2017, 155: 54-62.

［118］Zhang L H, Yan M. Analysis of scientific collaboration network of China's management sciences based on SNA: For the sample of "Management Review" (2004-2008)［J］. Management Review, 2010, 22(4): 39-46.

［119］Zhu S, Jin W, He C. On evolutionary economic geography: A literature review using bibliometric analysis［J］. European Planing Studies, 2019, 27(4): 639-660.

第2章　全球价值链核心话题文献述评

全球价值链理论伴随着经济全球化和垂直专业化分工的日益深化而不断发展。本书在回顾了全球价值链理论起源的基础上，对国内外 GVC 研究的五个核心内容——全球价值链的驱动力、全球价值链下的贸易政策、全球价值链的贸易地位分析和测算、全球价值链的治理、全球价值链中的产业升级核心文献分别进行了梳理，之后综述了近年来 GVC 新的研究视角——全球价值链的竞争优势、全球价值链可持续性以及全球价值链的重构，最后对全球价值链理论未来发展趋势进行了展望。

20世纪90年代以来，生产和贸易的全球化使得国际分工逐渐由产业间分工向产业内分工和产品内分工转化。为了获得竞争优势，跨国公司纷纷将其非核心业务进行外包，仅保留核心的生产、设计、营销等高附加值环节。这种国际生产模式将生产、销售环节片段化并布局于世界各地，形成了以产品内分工为基础的全球价值链。

中国充分利用人口红利、丰富的自然资源以及优惠政策大量吸引外资，在全球价值链上占据了一席之位，推动了经济的高速增长。但是，在全球价值链上居于主导地位的发达国家跨国公司利用核心技术和品牌专利牢牢掌控着价值链上高附加值活动，并对价值链上发展中国家实施"低端锁定"。我国企业在成功嵌入全球价值链之后，接下来必须进一步沿着价值链进行攀升，不断提升其在 GVC 中的地位并占据价值链核心环节。全球价值链理论为我国企业升级提供了有效的思路和努力的方向。本书将对全球价值链理论进行全面细致的梳理，对五大核心研究话题进行分类并提炼核心学术观点，并对近年来新的研究视角进行梳理，最后对全球价值链未来研究方向进行展望。

2.1　文献样本选取与研究框架

本书以全球价值链及其热点关键词相结合作为论文的搜索条件，从 WoS、EBSCO、ProQuest、Cnki 等中英文数据库 2004—2023 年区间内遴选出 202 篇文献。样本文献选取的标准有两个方面，一是与文章主题的契合度，二是文章被引频次及影响力。我们首先邀请了三位 GVC 领域的专家列出了该领域的一些热点关键词，与 GVC（全球价值链）进行搭配，进行高级检索获得初始的文献；其次通过是否 SSCI 或 CSSCI 期刊文献，是否被引次数超过 100（最近年份的文献，因被引次数普遍较低，则按照是否排名处于前 10 来确定）；最后通过人工进行筛选，我们主要精读文献的"标题、摘要和关键词"，确定是否与 GVC 主题相关，是否与专家确定的热点领域相关研，最终确定了文献样本，共计 86 篇。样本占比为 42.57%，中文文献全部选自 CSSCI 共 116 篇，样本占比为 57.43%，样本分布较为合理。

结合热点话题和以上文献核心关键词的分析，我们将全球价值链理论研究划分为 7 个方面，如表 2-1 所示。研究 GVC 理论起源的文章主要集中在国外，中国在全球价值链的研究起步较晚；在驱动模式和贸易政策方面，国内外相关文献数量并不特别多，反映出在这两个领域 GVC 理论是比较成熟的，学者们对相关核心观点有较高的认同；在贸易地位测算、产业升级以及 GVC 治理方面，搜集到的文献数量较多，而且中英文文献数量差异不大，这表明全球价值链探讨的核心问题集中在这三个方面；最后，在 GVC 研究的新视角上，我国学者和国外学者在全球价值链的竞争优势、可持续性以及价值链重构方面表现出了浓厚的兴趣，这也从侧面体现出全球价值链理论伴随着经济全球化的深入和人们对环境生态的关注也在不断丰富和发展。

表 2-1　文献数据统计表

全球价值链的研究话题	外文文献数量	中文文献数量	合计
理论起源	5	0	5
驱动模式	2	4	6
贸易政策	6	9	15
产业贸易地位及测算	10	34	44
GVC 全球价值链治理	16	7	23
产业升级	21	33	54
GVC 研究新视角(竞争优势、重构、可持续性和产业升级政策研究)	26	29	55
合计	86	116	202

资料来源：作者汇总。

　　本书的研究思路如图 2-1 所示，首先阐述 GVC 理论的起源，再分析 GVC 的驱动力因素、GVC 下贸易政策、GVC 下产业贸易地位分析测度，产业升级和 GVC 治理的五大核心话题研究现状。文章最后探讨了 GVC 理论的三个新的研究视角，并对未来 GVC 理论的发展进行了展望和预测。

2.2　GVC 理论起源

　　全球价值链理论最早可追溯到 Poter(1985)的价值链理论，他在分析公司行为和企业竞争优势的时候，将企业的整体经营活动分为基本活动和支持性活动，指出这些具体活动在企业运营中创造价值且相互联系，构成了公司内的价值链条。Kogut(1985)将价值链的概念从企业层面延伸至国家层面，把价值链的垂直分离与国家比较优势相连，认为价值链条中各个环节在地理空间内的配置取决于各地区的要素禀赋和比较

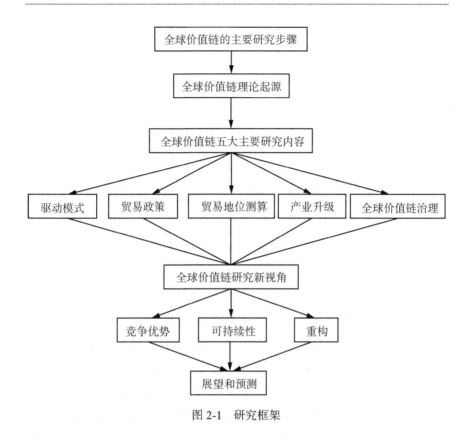

图 2-1 研究框架

优势。之后，Krugman(1995)着重探讨了价值链条生产过程的片段化和空间重组问题，"价值链切片""垂直专业化""生产片段化"等概念纷至沓来，这为 OEM 生产外包和跨国公司的全球采购提供了直接的理论基础。

Gereffi(1994)在已有研究的基础上提出了全球商品链的概念，将价值链与全球化的组织联系起来，并在此基础上对生产者驱动和购买者驱动的商品链进行了比较研究。考虑到全球价值链在研究和分析上比商品链更具严谨科学性，国外学者都纷纷接受并转向了对全球价值链的研究。Sturgeon(2001)从地理分布、组织规模和生产性主体三个维度界定了全球价值链，并指出 GVC 和生产网络的区别在于：前者主要是指商品或服务从生产到交货、消费和回收处理等的一系列过程，而后者更为强调的是相关企业间关系的本质和程度。目前，最具代表性的全球价值链的定义是由联合国工业发展组织提出，它将全球价值链定义为：为实现商品或服务价值而连接生产、销售、回收处理等过程的全球性跨企业网络组织，涉及从原材料采购和运输、半成品、产成品的生产和分销，到最终消费和回收处理的整个一系列过程。

2.3　GVC 理论五大核心话题研究综述

2.3.1　全球价值链的驱动力

GVC 的驱动力基本秉承了 Gereffi（1994）提出的全球商品链的二元驱动，即生产者驱动和购买者驱动。在此基础上，Henderson（1998）深化了对 GVC 的驱动力的研究，指出生产者驱动是指由生产者投资带动社会总需求，构建生产供应链的垂直分工体系。在生产者驱动的 GVC 中，其核心价值环节为生产和研发，这一类型的 GVC 多见于资本、技术密集型的产业部门如汽车制造、电子通信行业等；购买者驱动是指依托强大的品牌优势和广阔的营销渠道，通过贴牌生产和全球采购而形成的跨国商品流通网络。在购买者驱动的 GVC 中，其高附加值环节是设计和营销渠道，这一类型的 GVC 在劳动密集型产业如服装、玩具等较为典型。在这一类劳动密集型产业的研究过程中，Lund-Thomsen 和 Lindgreen（2014）将企业社会责任链的构建与全球价值链相结合，并探究了两者结合的新范式，他们强调以社会责任为基础的企业价值链扩张不会改变当下全球价值链的权利关系，并能够改善劳工的工作状况，国际跨国公司有义务帮助其供应商完成社会责任链的建设。国内学者张辉（2006）在国外学者研究的基础上，从核心竞争力、进入壁垒、产业分类、动力根源、产业联系、产业结构等 9 个方面入手比较分析了全球价值链的两种驱动模式。而随着全球价值链的动态变化，其驱动模式也并非仅仅限于生产者驱动和购买者驱动，焦媛媛等（2009）认为 Gereffi 的二元驱动模式已经不能完全解释当下全球价值链的驱动情况，介于生产者与购买者之间的混合型驱动模式随着全球采购商种类、数量的增多而不断在提升影响力，具有制造经验的国际采购商不论是在购买者驱动还是混合驱动模式下都具有比较优势，因此发展中国家应充分利用丰富的制造经验来进行全球采购并学习市场开拓及有关技术方面知识。张岩贵（2009）进一步提出价值链的品牌驱动模式，强调运用品牌驱动模型来实现产业的发展，西方国家产品实现全球价值增值很大程度靠的就是品牌的超额溢价；翁春颖、韩明华（2015）认为不同全球价值链驱动模式下产业所能获取的外部资源是不同的，它导致了产业升级路径的差异，因此找到适合的驱动发展模式至关重要。

2.3.2 全球价值链下的贸易政策

随着全球价值链的不断延伸，传统贸易政策和投资机制已无法适应当下的经济增长需求，实现贸易政策的转型，打破传统贸易边界，更好地营造贸易环境是全球价值链上各产业的诉求。

国外学者对于全球价值链下的贸易政策研究主要体现在刺激经济发展方面，如 Jodie-Anne（2012）分析经济危机下美国各行业恢复情况，得出了恰当的贸易政策是决定该产业恢复速度中至关重要的一环。Azmeh（2015）认为原产地规则会限制发展中国家利用优惠贸易政策的机会，并且对于发展中国家的产业升级带来负面影响。此外，Nadvi（2015）分析了计算机行业中不同级别的供应商实施相关环保条例的情况，发现越低级别的供应商在实施环保条例上表现越差，而监管活动则集中于高级的供应商，这一矛盾的存在同样需要依靠完备的贸易规则体系来解决。

全球价值链不仅可以通过现有的贸易规则对全球贸易施加影响，还可以重塑贸易格局。Lee（2012）以全球价值链的分析方法揭示了农业价值链结构与农产品安全、质量之间的关系，得出高质量产品供应商所处的价值链层次会越高，这为发展中国家通过提高农产品质量来实现价值链攀升和产业升级提供理论依据。Ponte(2017)认为灵活敏捷的贸易政策对于 LDCs(Least Developed Countries，最不发达国家)嵌入全球价值链显得尤为重要。Adolf(2017)则从环境保护的角度运用输入输出模型分析了 33 个国家 15 年的碳、硫排放量，得出了各国不同的环保政策对于价值链的加工贸易会带来影响。

我国学者唐东波(2012)使用垂直专业化法和投入产出法对我国一般贸易和加工贸易的出口附加值率进行了测算，发现增长速度越快的加工贸易其出口附加值率要远低于一般贸易，他主张通过贸易自由化并利用需求关联效应来实现价值链上下游企业朝着更高均衡水平发展。盛斌、陈帅(2015)提出了全球价值链导向下的四化贸易政策(中间商品贸易自由化、贸易便利化、服务贸易自由化、投资自由化)，利用四化贸易政策能有效减低贸易成本、解放贸易活力。进出口方面，余心玎等(2016)利用总贸易核算方法说明了当下贸易成本不断提高的事实，并利用一般均衡模型验证了对中间产品进口实施减税政策对整个国民经济的促进作用。

当前焦灼的中美贸易战也为全球价值链下的贸易政策研究提供了新的研究背景。在面对他国反倾销策略或是贸易保护主义的情况下，杨继军、范从来(2015)主张采取一定的反制措施，运用"镜像策略"来保护链上我国企业的正当权益，又要维持基本的合作对话平台。佟家栋、谢丹阳(2017)从历史的角度分析了逆全球化政策对于全球价值链网络的破坏作用，强调中国产业应当积极参与链上的分工合作，汲取价值链上的知识溢出，进而实现价值链地位的攀升。王岚(2018)以贸易附加值的视角构建了中美双边真实贸易额计算框架，得出中国对美国出口的属地收益率在80%左右，剔除美企对华投资的回报，国内真实收益率将大幅缩减但是正逐年稳步增长，这说明特朗普强调的"美国优先""制造业回流""资金回流"政策对主导价值链的跨国公司带来了负面影响。从中美贸易的发展历程来看，戴翔等(2018)认为随着中国在全球价值链上话语权的不断加大，中美贸易争端必然会从低端的互补性摩擦向更加激烈的竞争性摩擦转变。段玉婉等(2022)通过贸易模型与投入产出模型的扩展研究，发现贸易政策会通过对他国的影响最终反馈到自身经济，其中中美贸易摩擦降低了两国的福利与关税所得，但美国由于减少了进口的最终品，以及减少了出口的原材料，使得美国在 GVC 的位置向下游移动。张天顶、龚同（2022）认为当下 GVC 正在重塑区域主义，并且在协调区域主义与多边主义之间的矛盾。研究发现 GVC 分工关系显著影响了区域贸易协定网络的建立，而中国也应在当下推动深度区域一体化来应对多变的市场。

2.3.3　全球价值链贸易地位的测算

目前国内外学者对 GVC 地位影响因素的研究主要集中在人力资本、物质资本、制度环境、研发投入等。在人力资本方面，Timmer（2014）认为对低技术劳动力的过度依赖是中国长期处于 GVC 低端环节的重要原因。Kiyota（2016）通过实证研究发现，由于国内行业间的垂直化联合生产，国际贸易不仅对直接参与进出口行业的劳动需求产生影响，对非进出口行业的劳动需求也存在影响。容金霞等（2016）认为人力资本对一国 GVC 地位的提高有显著的促进作用，且这种作用具有持续推动效果。康淑娟（2018）通过对制造业 GVC 地位的影响因素进行实证研究，发现非熟练的劳动力的投入增加会阻碍在全球价值链上地位的攀升。在物质资本方面，杨高举等（2013）以高科技产业为切入点，研究发现物质资本要素使提升国际分工地位的关键因素之一。黄琼、李娜娜（2019）通过实证研究发现物质资本水平会对制造业全球价值链的高端攀升产生负向影响。在制度环境方面，李宏、陈圳（2018）从制度红利非线性特征的视角出发，发现制度完善对于 GVC 地位提升的推动作用会因该国所处制度环境成长阶段的不同而呈现出显著的门槛效应。谢波等（2018）通过研究发现严格的环境规制会阻碍一国服务业在全球价值链上地位的提升。在研发投入方面，黄灿等（2017）发现研发投入能有效促进制造业整体 GVC 地位的提升。殷宝庆等（2018）基于实证研究发现绿色研发投入会影响中国制造业在全球价值链上地位的攀升，二者之间呈 U 形关系，且不同经济带的地区影响水平存在差异。此外，有学者研究了对外直接投资（Outward Foreign Direct Investment，OFDI）对提升 GVC 地位的作用。Giuliani（2005）利用社会网络分析方法（SNA）对收集的数据进行处理，发现企业通过对外直接投资的方式加入当地的产业集群，可以有效提升其在产业链上的价值创造能力。郑丹青（2019）基于中国微观企业数据，研究发现 OFDI 可以提升企业在全球价值链上的地位，且相对于发展中国家，其在发达国家的投资对其在全球价值链上地位的提升促进作用更显著。

当下随着国际分工的不断深入，各国的合作早已不局限于行业与行业之间、产品与产品之间，全球外包的热潮加速实现了生产过程的片段化，打破了国界的限制。各国学者对于传统的贸易总值核算法的适用性表示怀疑，新的研究测量方法呼之欲出。Hummels（2001）提出垂直专业化指数（Vertical Specialization Share，VSS）用以衡量一国的垂直专业化程度，即一国出口中的进口投入品价值（国外附加值），并基于此对 OECD 国家的垂直专业化程度进行测算。Koopman（2008）提出了贸易附加值核算方法能更好地体现在全球价值链上分工不同国家的贡献度以及在链上的位置，并基于贸易附加值进一步提出了 GVC 地位指数和 GVC 参与度指标。Amador 和 Cabral（2008）提出基于垂直专业化贸易的相对衡量方法对国际生产联系进行了研究。Dietzenbacher（2010）开发了一种测量国家间投入产出表垂直专业化的方法，并将其应用于 1985 年欧盟六个国家的案例。Antras（2012）利用单国投入产出表测算了生产阶段数并提出上游度指标用以描述一国或部门的产品在全球价值链上的具体位置。Xing（2011）利用贸易附加值法对中国高科技产品出口进行了分析，认为中国高新技术产业在全球价值链的地位稍有上升但仍处于低端。Kee（2016）运用 2000—2007 年我国海关交易水平数据来衡量中国企业的国内附加值，认为中国正在将其比较优势向高技术行业转移，具体表现为中国在加工贸易过程中不断提高的国内附加值占比。

国内学者对于中国所处的全球价值链地位及演变非常感兴趣。周升起、兰珍先（2014）分析了我国低、中、高技术行业价值链地位指数，提出了中国要实现全球价值链上的升级，关键要靠知识、技术密集型产业的创新。王直、魏尚进(2015)在 Koopman 的研究基础上，对我国各部门的贸易总额进行了四类分解，并提出了将总贸易核算法和贸易附加值相结合的理论框架。戴翔(2015)基于贸易附加值，测算我国制造业的显示性比较优势，得出优势主要集中于 GVC 低端环节的劳动密集型产业，我国的知识密集型产业仍需改善。张定胜、刘洪愧(2015)从四个角度(垂直专业化、国外增加值占比、各国对中国出口中的贡献度、显性比较优势)分析了我国在 GVC 上的位置演变。程大中(2015)基于跨国投入—产出表对我国产业与他国产业的后向关联度进行了测算，结果表明中国大多数产业倾向于从发达经济体进口高附加值的产品，同时也更愿意向后者出口高附加值产品。魏龙、王磊(2016)使用 WIOD 数据和 KWWP 方法计算我国 RCA(显性比较优势)指数和 RGVCA(价值链显性比较优势)指数，并用上述指标说明了构建"一带一路"以中国为核心的价值链方案的可行性。

由于国际上对全球价值链地位指数没有统一的衡量标准，我国在全球价值链上的地位究竟如何，学者间众说纷纭。刘重力、赵颖(2014)通过分析各国贸易增加值数据，提出了东亚地区贸易的"外部依赖性"在下降，但是改变不了整个地区处于价值链低端的客观事实。陈雯、李强(2014)使用贸易附加值核算法说明传统统计方法夸大了我国进出口规模，中国从事的依然是低端的加工贸易活动。王厚双、李艳秀(2015)利用 WTO 发布的贸易附加值统计数据，对我国服务业全球价值链参与度指数进行了测算，我国服务业在 GVC 的地位指数呈上升之势，但与欧美国家差距仍然很大。聂铃、李三妹(2014)通过各国 GVC 收入的显性比较优势指数分析了我国制造业在全球价值链的地位，发现显性优势在制造业集群中并不明显。樊茂清、黄薇(2014)利用跨国投入—产出表，分析了我国产业类型正在从劳动密集型向知识密集型升级。林桂军、何武(2015)利用 Kaplinsky 升级指数对我国装备制造业在全球价值链的地位进行了测算，虽然与发达国家有差距但已取得长足的进步。

全球价值链测度方法的创新同样是学者们关注的热点。张少军

（2009）在对垂直专业化指数进行修正的情况下，利用投入产出表对广东省和江苏省的全球价值链和国内价值链水平进行了测算。胡昭玲、张咏华（2012）在 Hummels 等提出的垂直专业化测算方法的基础上，利用 OECD（Organization for Economic Cooperation and Development）提供的非竞争型投入产出表，对中国制造行业的垂直化水平进行了测度。胡昭玲、宋佳（2013）以产品层面为切入点，来探讨出口价格对中国在 GVC 上的地位的影响。王岚、李宏艳（2015）研究了产业嵌入 GVC 的位置问题，并认为不同产业嵌入位置将决定其后续增值能力。刘琳（2015）利用贸易附加值对我国三类技术行业（低技术行业、中技术行业、高技术行业）的 GVC 参与度和地位进行了测算，得出了高技术行业随着嵌入 GVC 程度的不断加深，其 GVC 地位反呈下降态势，究其原因是高科技产品出口价值中，国外附加值所占的比重在不断加大。王俊、杨恬恬（2015）借鉴 Koopman 等人对 HIY 模型的扩展方法，通过进一步的推导，并运用 WIOD 的相关数据，对中美贸易额进行分解研究，测度国内不同产业在对美贸易出口中不同来源的价值增值。李萍、赵曙东（2015）根据比较优势理论的思想构造了衡量出口产品技术复杂度的指标，用以测算中国制造业在 GVC 上的分工地位。姚瑶、赵英军（2015）构建基于垂直专业化的出口技术复杂度指数来测算中国各地区的全球价值链分工参与度。唐铁球（2015）采用兼顾出口与进口的净贸易指数，比较研究了全球价值链下中国制造业 22 个细分行业进出口贸易结构及其在价值链中不同生产环节的竞争力。周绍东、罗金龙（2017）引入净贸易指数（NET）对中国与"一带一路"合作伙伴的全球价值链地位进行分析，构建由中国主导的区域产业链。马述忠等（2017）研究企业融资约束与 GVC 地位之间的关系，将来料加工和进料加工环节纳入了理论模型，并利用附加值算法得出融资约束小、生产率高的企业更容易迈入价值链的高端环节。彭澎、李佳熠（2018）利用出口相似度指数（Export Similarity Index，ESI）对"一带一路"合作伙伴的全球价值链地位进行测度。此外，倪红福等（2019）将全球价值链与汇率计算相结合，首次提出了分行业下 GVC 实际进出口汇率的概念并通过双边贸易模型得出

GVC 下的分行业双边贸易汇率比传统汇率指标更加合理的结论，为计算 GVC 指数的过程中考虑汇率因素提供了理论和实践基础。

2.3.4   全球价值链治理

价值链治理这一概念最早由 Gereffi(1994)提出，他定义其为价值链中权利拥有者或某些机制协调和组织各环节的价值创造活动；Humphrey 和 Schmitz(2001)认为全球价值链的治理是由链上主导企业根据市场需求的变化来不断调整各级供应商，达到优化价值链的过程，在这一变革过程中，原来的主导企业也能被替代；Ponte(2005)运用契约理论从质量角度赋予了 GVC 治理新的含义，并分析了优势企业在各环节治理过程中复杂的质量指标体系所起到的至关重要的作用；Sturgeon(2008)进一步将组织权力、结构与 GVC 治理概念相结合。至此价值链治理的概念趋近于完善，即价值链主导企业通过自身地位或者行业优势对链上企业的各项标准、组织框架以及价值增值活动进行定义和管理的过程。

明晰了定义后，学者们围绕 GVC 治理的影响因素展开了研究。Pietrobelli 和 Rabellotti（2011)认为组织结构对 GVC 治理会产生影响，他们强调全球价值链治理是一个动态的、不断调整的过程，学习型组织结构在实施全球价值链的治理过程中显得更加游刃有余。Ponte(2014)从宏观视角分析，认为价值链上的标准制定者将决定 GVC 治理的走向，利用其影响力能对 GVC 治理过程做出一定程度的干预，而这种干预往往朝对其有利的方向发展。Bair(2017)则从政策角度考量对价值链的影响，认为全球价值链的治理需要相关的监督机构如国际劳工组织提出更加公正合理的政策去引导。Havice(2017)通过研究海产品公司的企业间战略，发现自然资源的治理对价值链利益具有重要影响作用，由此指出 GVC 治理与环境治理不仅是相互交织，而且是不可分割、相互构成的。Ahmed(2018)在前人基础之上创新性地提出性别因素对全球价值链治理的影响，通过下属层级的对话、国家和跨国行为者的横向对话、问责机制三个方面分析了女性经济学在 GVC 治理层面的应用，并通过孟加拉国的服装业证明了女性员工所扮演价值链的重要角色。Sarah（2020）使用宏观层面的 OLI 框架来组织和分析已有的 GVC 治理文献，得出国际商务（International Business）与 GVC 治理具有优势互补性，从而推进GVC 治理在理论上的系统性发展。Mani（2021）研究了供应链中上游权力关系对全球价值链的影响，结果表明供应商模块化和关系型治理机制对供应链绩效以及声誉具有显著影响作用，因而如何管理供应商的权力关系成为制定供应链治理机制的关键之一。Kano（2022）透过疫情影响指出，未来领先的跨国公司应当基于长期治理供应链的角度考虑应对措施，而不是专注于即时中断的短期应对，通过定期评估现有结构和管理治理机制的成本、风险以及价值潜力可以确保 GVC 更加长远的运作。

我国学者巫强、刘志彪（2012）认为价值链的主导者通常是以最低的价格选择最优质量的产品，因此实施全面质量管理是低端产业进行GVC 治理最可行的方案；曾繁华等（2015）基于 GVC 治理的视角，分析了创新驱动模式对我国科技研发不足、外部要素过度依赖型企业转型升级的促进作用；乔小勇等（2017）强调研究全球价值链的治理不能拘泥于模式分析，应当将重点放在组织形式、贸易环境、标准化程度、人文差异等影响价值链治理的要素分析上，只有这样才能提高国内企业价值链治理水平。进一步的，刘磊等（2018）从我国制造业产能过剩与全球价值链地位之间的关系上分析了 GVC 治理的影响因素，利用计量方法证明了出口贸易、生产效率的提高有助于降低过剩产能、提升 GVC 的治理水平，而外商投资、国有企业占比、市场竞争则会加剧产能过剩，不利于价值链治理。杨珍增等（2021）认为制度质量通过影响 GVC 治理模式以及国际生产区位的选择，成为影响 GVC 治理的重要因素之一，从而指出政策因素在制度质量影响上的重要地位。凌永辉等（2021）基于横向竞争视角，针对我国本土企业提出了两类治理分析框架：主动型治理结构以及被动型治理结构，并且分析了位于价值链各部分的企业采取不同治理结构的合理性和必要性。

国内外学者围绕 GVC 治理模式也展开了研究。Sturgeon（2001）以

GVC 中各行为主体协调能力的高低，区分了权威型生产网络、关系型生产网络和虚拟型生产网络三种治理模式；Humphrey 和 Schmitz(2002)根据交易成本经济学和企业网络理论，将 GVC 治理模式划分为科层制、准科层制、网络型、市场关系型；在此基础上，Gereffi(2005)以市场交易的复杂程度、信息的可编码性和供应商的能力为维度将全球价值链中的治理模式划分为市场型、模块型、关系型、俘获型和层级制 5 种类型，其中，市场型和层级制分别位于价值链条中行为主体间协调能力的最低端和最高端，市场型的运行机制为价格机制，层级制的运行机制主要为管理控制；从治理模式的时效性上来看，Oro 和 Pritchard(2011)认为全球价值链会随着外部环境、政策发生周期性的变化，因此 GVC 治理模式要与产业发展状况相适应才能起到相互促进作用。Lojacono(2016)从国际战略联盟的角度，从制造、营销、研发投资等关键活动层面分析了对全球价值链治理模式的影响，制造效率的提高、营销水平的上涨、研发投入的增加都会对 GVC 治理带来质的飞跃。国内方面，戴翔、刘梦(2018)提出价值链治理模式不仅要关注单一配给要素的质量，更加需要关注所投入要素之间的匹配程度，以劳动要素为例，他们创新性地提出了人才与行业技术、人才与制度质量的匹配指数，并通过多次系统矩估计证实了上述两个匹配指标对 GVC 指数的正向促进作用。

综上，全球价值链的治理模式与产业升级息息相关，GVC 的主导者基于对利润的追逐会使得他们不断遏制低端企业的发展，因此中国迫切需要找到符合本国国情的治理模式来加速产业的升级，冲破发达国家的封锁。

2.3.5　全球价值链与产业升级

Gereffi(1999)最早分析了全球价值链下产业集群升级的问题，其对东亚服装产业集群嵌入全球价值链的研究表明 GVC 中的主导企业会积极主动促进地方产业集群实现产业升级。Humphrey 和 Schmitz(2000)把全球价值链升级的内容分为工艺升级、产品升级、功能升级和价值链升级，指出不同 GVC 治理模式下，地区的产业升级方式和路径将存在差异。Dicken(2001)认为产业集群在注重内部联系的同时，应积极加强外部联系，通过全球价值链的整合实现产业升级发展。联合国工业发展组织 OECD(2002)指出，地方产业集群参与全球竞争的发展战略就是提升和支持地方产业集群融入全球价值链，并由此获取沿着全球价值链不断向上攀登或升级的机会。Ivarsson(2010)从全球价值链视角分析了 IKEA公司，认为价值链高端的企业能带动低端供应商在创新以及核心竞争力方面快速发展，证明了价值链上也存在"先富带动后富"的现象。Lund-Thomsen(2012)对比了中国、印度、巴基斯坦足球生产企业的员工工作环境，强调劳动要素在产业升级中的作用，提出了员工授权的管理方式能实现企业与员工的双赢。Herrigel(2013)提出中国制造业升级应被视为一个学习过程，升级程度取决于产业自身学习吸收能力。Kadarusman和 Nadvi(2013)通过分析印度尼西亚的服装及电子产业认为当地企业嵌入 GVC 有利于当地企业实现升级，由于全球价值链上核心企业主导的销售和研发环节有着明显的排他性，企业升级是一个时间积累的过程。Hansen(2014)通过分析中国优秀企业的案例，总结出中国正在通过全球兼并的方式加速实现 GVC 的升级。Hamilton-Hart 和 Stringer(2015)基于全球价值链(GVC)和全球生产网络(GPN)的视角分析了渔业升级的方式，强调产业升级不能只关注经济利益层面，可持续性、资源转换率、人才培养等方面同样很重要。Lim(2016)从全球价值链和全球生产网络方法的综合视角对新加坡水产养殖业进行了研究，表明政府监管制度是产业升级的重要驱动因素。Zhang(2016)分析了中国领先的光电子行业，并提出了科技创新是提升价值链地位的重要方法。进一步地，Pipkin(2017)对全球价值链上产业升级的有关案例文献进行了梳理，发现发达国家的购买者并不是产业升级的主要推手而是由发展中国家的企业在受到市场脆弱性"冲击"(通常是由国家政策造成的)的推动下会启动升级，这迫使它们寻求改变现状。Wan 和 Wu(2017)构建分析模型来研究价值链攀升对垂直关系网络中的价值分配的影响，他们认为实现价值链的攀升不仅包括产品是否具有核心竞争力同时供应商(链)能力也是核心因素。Golini(2018)基于对国际制造战略调查(IMSS)数据的分析探讨了供应商和客户不同治理模式对经济、环境和产业升级的影响。结果表明,嵌入 GVC 仅在特定的治理结构下支持某些形式的升级。Tian(2019)从流程升级、产品升级和功能升级三个维度量化比较和分析了国家和产业参与 GVC 的升级水平。Kondrat'ev 等(2019)认为仅仅提升在全球价值链中的参与度并不能保证福利长期增加,一国在某些行业中取得比较优势非常重要,而这些行业由特定国家和行业的技术进步程度决定。Scuotto(2020)表明在产业升级或降级之间作出选择,可以确定一种更有效的,能够使中小企业能够通过展示或出售其知识和技术,利用外部途径进入市场的交叉创新战略。Zhong(2021)对 1999—2011 年中国全球价值链产业升级及其驱动因素进行了长期宏观经济分析,发现消费需求是推动中国产业升级的主要因素。Pasquali(2021)提出了多链供应商对产业升级和经济发展具有显著促进作用,其指出多链战略通过增加产品多样性来满足消费者偏好,并且还能以较低的机会成本获得更高的经济回报,从而实现推进产业进一步升级。Tian(2022)通过研究发现,参与 GVC 对产品和技能升级具有正向作用,前向和后向一体化的参与方式会不同程度地影响产品工艺的升级创新,其中前向一体化会带来更高水平的升级效应。

相较于国外学者的研究,国内围绕 GVC 背景下的产业升级赢得了更高的热度,搜索的文献数量明显多于国外文献。国内学者的研究主要集中在三个方面:影响 GVC 背景下地方产业集群升级的因素、嵌入 GVC 的产业集群升级的运作机理、GVC 背景下地方产业集群的学习效应、知识流动、创新能力等。

(1)GVC 背景下地方产业集群升级的影响因素。

黄永明、聂鸣(2006)指出 GVC 不同的治理模式下,产业集群升级的方式和路径也不相同。陈菲琼、王丹霞(2007)分析了全球价值链治理模式的影响因素:采购商与供应商交易信息的复杂性、信息的可编码程度、供应商的能力,指出全球价值链治理模式的动态变化蕴含着企业升级的机遇,企业的升级路径是沿着价值链治理模式动态变化的轨迹形成的。张少军等(2009)认为技术进步在促进经济增长的同时,可以改善产业结构,这是促进产业升级的重要动力。包玉泽、谭力文(2009)对全球价值链背景下企业升级的本质以及不同全球价值链治理模式与企业升级之间的关系等问题进行了探讨,认为应该从企业层面探讨技术能力在全球价值链上的流动问题及其对企业内生技术能力积累和升级的影响。綦良群、李兴杰(2011)认为产业升级的驱动力不仅仅是需求、供给、交易费用的减少还应当包括行业核心利益的驱动,为此他们从行业核心利益的形成与产业结构的升级两个方面综合考量,提出了影响产业升级的五大因素:技术革新、技术的传播、对外开放程度、人力资本、政策制度。吕越、吕云龙(2016)对嵌入全球价值链的产业效率进行了实证研究,发现嵌入 GVC 对各类产业的效率都有提升但效果存在差异,技术密集型产业的效率提升大于劳动密集型、外资企业获利大于国内企业、随着嵌入程度的提高企业改善效果愈发明显。戴翔等(2017)指出我国本土市场规模扩大将吸引产品价值链高端环节的配置,研究表明市场背离度对价值链高端攀升的作用力最大,因此我国要充分发挥自身市场规模优势,进一步深化和扩展我国制造业在 GVC 中的高端攀升。苏杭等(2017)认为产业结构的升级还依赖于所投入要素的升级,而在众多要素中劳动力要素的影响作用最为显著。此外,杨连星、罗玉辉(2017)分析了对外直接投资(OFDI)的逆向技术溢出效应与全球价值链升级之间的关系,运用二阶段 GMM 回归方法证明:对外直接投资额与产业集群升级显著正相关,但由于主导企业的技术封锁以及价值链的俘获效应,使得技术密集型行业中这一促进作用并不明显。陈启斐等(2018)探究了参与全球价值链与产业集群升级之间的关系,实证得出生产性服务业的垂直专业化程度、机械设备进口规模、原材料贸易垂直专业化程度都与产业集群升级显著正相关,此现象在东部沿海尤为明显。刘志彪(2018)基于我国制造业集群双重嵌入网络视角否定了所谓的产业升级“宿命论”,强调要不断投入高水平的生产要素,西方发达国家能占据 GVC 顶端的原因就是在于大量投入高质量的技术、资本、人力、生产性服务而非从事低附加值的实体生产。

（2）嵌入 GVC 的产业集群升级的运作机理。

陈树文、聂鸣（2006）指出 GVC 下地方产业集群的能力升级贯穿于集群的整个发展过程，并呈现一定的阶段性特征，具体表现为链条中企业能力之间的对称性变化，从最初的产业核心能力差距很大、相互能力严重不对称，到企业间的相互能力互补，最后到发展中国家企业掌握或创造新的核心能力，在 GVC 中成长为主导企业。汪建成等（2008）采用案例研究方法归纳格兰仕技术能力构建和企业升级的路径，总结出其"OEM—OEM/ODM 并存—OEM/ODM/OBM 并存"的国际化路径。江心英、李献宾（2009）研究了 OEM 企业的升级路径：隶属于生产者驱动型价值链的 OEM 企业在发展初期应实施成本控制和低价营销策略，积极建立与业内领导型企业的合作关系，提高自己的供货效率；隶属于消费者驱动型价值链的 OEM 企业应沿 OEM—ODM—OBM 的路径逐步升级，适时地由制造商转变为中间商，积极打造自主品牌等。吴波、李生校（2010）指出全球价值链嵌入对集群企业功能升级具有直接和间接的影响，即 GVC 嵌入一方面通过知识溢出加强了集群企业技术和销售知识的积累（直接影响），另一方面通过推动集群企业制造能力为集群的技术研发和销售能力的提升铺垫（间接影响），从而实现集群的功能升级。刘仕国等（2015）认为产业升级是一个动态的非线性的过程，他们强调产业升级的原理是提升单位产品的价值（提质）或者提升单位产出（提量），优秀的产业升级过程是在提升产品价值时保证产量的稳定并实现产业内涵和外延的双重扩张。但是在这一作用机理上存在较为明显的"低端锁定"现象，技术溢出、学习效应在不同行业中的效果截然不同，对于价值链地位的改善仍然存在争议。刘维林等（2014）利用投入产出模型分析了国外附加值率对制造业出口技术复杂度的影响，认为我国企业获取国外中间投入将会推动出口技术的革新，而国外附加值的提高将会抑制产业升级使我国企业形成外部依赖性。梁碧波（2017）指出发展中国家在参与全球价值链的模式策略选择中，应利用和维持主动模式和被动模式的"互联、互动、互补"关系来优化参与模式结构。魏龙、王磊（2017）对 14 类制造业进行了分析认为制造业集群的升级具有异质性，要素投入是实现集群升级的必要条件，高级生产要素能帮助企业发挥其比较优势并攀升 GVC 的关键环节，这一结果具有普适性。刘志彪，吴福象（2018）着重分析我国产业双重嵌入 GVC 模型，认为国内集群产业升级在 GVC 上的具体表现为：企业积极提高所处全球价值链地位并参与全球创新链的竞争，占据了创新的制高点就能主导企业所处的价值链。张亚豪、李晓华（2018）以大飞机生产为例，从技术研发能力、产品市场战略、组织运营网络、国际规则参与能力这四个角度阐述了复杂产品系统产业的升级路径，得出产业升级具体表现为：通过国际规则的制定对上下游供应商实施筛选和控制并实现风险在价值链上的转移。

（3）GVC 背景下地方产业集群的学习效应、知识转移、创新能力。

陶锋、李诗田（2008）以东莞 OEM 企业为研究对象，运用偏最小二乘法对 OEM 企业自身的学习倾向、企业间的互动信任、代工客户的知识溢出、知识差距等与知识溢出和学习效应的关系进行了实证分析；陶锋等（2011）认为全球价值链上知识和信息的流动会替代传统的劳动和资本要素对于产业增值的作用，重视知识和信息的获取是 OEM 等企业实现价值链地位攀升的重要环节。赵放、曾国屏（2014）提出了在 GVC 与 NVC（National Value Chain，本国价值链）并存之下，NVC 可以学习 GVC 的国际分工模式并充分利用知识溢出效应，实现 NVC 与 GVC 之间的连接。翁春颖，韩明华（2015）认为我国制造业嵌入全球价值链并从高端企业获取知识的能力与 GVC 驱动模式密切相关，因此选择合适的驱动模式和发展路径至关重要。宋晶、陈劲（2016）认为全球价值链升级的核心是国内附加值的提升，不论从政府层面或是企业层面，创新发展战略都是我国摆脱价值链低端环节，提升国内附加值率，打破中等收入陷阱的必经之路。吕越等（2018）则有不同的看法，他们认为嵌入全球价值链的程度与创新能力之间的关系取决于企业对进口中间产品的依赖程度、知识的吸收能力、主导企业的俘获效应，随着嵌入程度不断加深，我国企业对中间品依赖程度增加，加上知识吸收普遍不足，与发达国家的技术距离不断缩小，主导企业俘获遏制程度不断加深都将抑制企业的创新。张杰、郑文平(2017)研究了链上企业进出口情况对企业创新能力的影响,得出与发达国家的进出口贸易会显著抑制我国企业的创新能力尤其是加工贸易企业,更加需要实现高技术产品生产变革,开拓多元市场来对冲参与价值链对创新能力的抑制。李松庆、胡志菊(2022)认为未来制造业在 GVC 的高端攀升离不开数字化所带来的产业结构升级以及生产率提升,促进 GVC 地位升级需要推进不同类型的制造业因地制宜的实现数字化转型升级,从而优化产业结构、提升影响力。沈鸿等(2023)表明在 GVC 分工日益细化和产业竞争加剧的背景下,我国的开发区体系促进了地方产业集群创新资源的配置,从而促进新建产业项目向价值链上游攀升,充分利用了"高端要素集聚"的优势。

(4)嵌入 GVC 对产业升级的作用效果。

关于嵌入 GVC 对产业升级的影响研究,国内外学者结论并未取得一致。一些学者认为全球价值链嵌入对制造业升级存在一定程度的促进作用,主要包括知识扩散效应、"干中学"效应以及竞争效应等,进而促进技术进步,实现产业升级。也有一些学者认为全球价值链嵌入可能会面临"结构封锁"效应,从而抑制技术创新和制造业升级。刘川(2015)研究表明,制造企业可通过原有价值链深度嵌入、价值链上下游嵌入以及新价值链嵌入三种方式推动国内制造业在全球价值链嵌入环节的改变与升级,而某一地区制造业的升级能力与其产业资源投入水平密切相关,升级绩效则主要受产业结构与资源利用效率影响。魏龙、王磊(2017)表明 GVCs 嵌入位置变化对上游主导产业、下游主导产业和混合主导产业升级产生不同影响,15 年来中国沿着 GVCs 向上游环节扩张,在三类产业中上游环节主导产业和混合主导产业升级趋势明显,下游环节主导产业升级相对缓慢。余东华、田双(2019)通过对中国制造业的实证研究表明,中国制造业在迈向全球价值链的中高端过程中可以推动产业转型升级,但当我国制造业想往价值链高端攀升时,一般会受到位于价值链高端的发达国家技术上的封锁和制约。潘秋晨(2019)认为中国装备制造业嵌入 GVC 会通过中间品效应、链中学效应、竞争效应改善中国装备制造业的转型升级成效，但这些改善机制存在一定的行业异质性。赵冉冉等（2021）认为全球价值链嵌入对工业转型升级的影响存在行业异质性特征，主要是由于不同要素密集型产业的升级动力存在差异。

2.4　GVC 理论研究的新视角

近些年来，全球价值链的演变也引发了学术界新的研究热点。发展中国家正确审视嵌入发达国家跨国公司主导的全球价值链带来的"低端锁定"风险，不断通过学习效应和自主创新提升在价值链上的话语权，甚至自己跃升成为价值链核心企业，构建自己可以控制的全球价值链。这些现象都引发了对原有 GVC 如何保持竞争优势和新的控制力量对GVC 重构的关注。同时，随着绿色环保、企业社会责任、员工福利、区域就业等高质量发展指标逐步成为社会关注的焦点，全球价值链绿色化和可持续性也成为近年来研究的热点。

2.4.1　GVC 的竞争优势

产业集群纷纷通过嵌入全球价值链实现升级，那么该如何保持价值链的竞争优势呢？Olga 和 Lauri（2008）认为全球价值链复杂的网络系统依托于有效的物流管理，希望从全球价值链中获益的国家和地区找出影响其物流能力的关键因素，并分析这些因素是如何作用于产业绩效、生产力和竞争力的，在此基础上，提出了衡量国家物流绩效的复合指标体系。Rohit 和 Chee-Chong（2009）强调了物流在提高全球价值链竞争优势的作用，认为价值链最核心的环节是用内外部物流构建各运营活动间的联系，这对全球供应链上的公司以及第三方物流企业意义重大。Sunny（2010）强调将全球价值链融合到企业在新兴经济领域的创新中，建议新兴经济体公司应专注于研发和营销环节而非 OEM/ODM 环节，通过在国内市场上激烈的互动和学习建立和增强自身创新能力，从而保持自身在 GVC 中的竞争优势。Gereffi（2016）认为当下全球价值链和产业集群已经发生巨大变革，国际社会越发认可承担责任的企业及其所属价值链，价值链主导企业履行社会责任有助于推动价值低端供应企业实现产业升级，进而提升价值链整体竞争优势。Kano（2017）将全球价值链研究与商业网络相联系，价值链上企业可以利用类似于商业网络中核心参与者所采用的社会机制提高全球价值链的效率和核心竞争力。Reddy（2021）认为企业通过参与 GVC 业务，可以显著提升自身的创新能力，企业可以通过在自身生产链中使用进口产品来进行前向或者后向一体化，从而提升自身的产品质量。Carneiro（2023）表明 GVC 在不同程度上影响了各国劳动力市场，其中发达国家对熟练劳动力的需求显著提高，而发展中国家则更偏向于低技能劳动力，GVC 促进了各国的就业程度，并且促进了劳动力的进一步分化。我国学者对全球价值链背景下具体的行业竞争力分析更加感兴趣，制造业方面，张天顶、唐夙（2018）通过对 2000—2015 年 42 个国家的制造业出口数据实证分析了汇率贬值对出口竞争力的影响，发现在全球价值链视角下，传统认知上的汇率贬值有助于出口并不那么适用，测算的出口汇率弹性指标的下降意味着汇率贬值对出口的促进呈递减的效果。吴友群等（2022）认为数字化通过提升企业劳动生产率来保持自身在 GVC 中的竞争优势，其中在中低和中高知识密集型行业中，数字化能够显著提升行业 GVC 竞争力，因此数字化将成为 GVC 竞争力提升的突破方向；服务业方面，洪银兴（2017）指出实现服务业的业务拓展和技术突破是未来 GVC 竞争优势中的重要一环，处于 GVC 的环节越高，其需要的服务层次与水平也随之提高，因此发展服务业是实现 GVC 高端攀升的条件之一。许志瑜等（2018）从国际市场占有率、贸易竞争力指数、显性比较优势指数三个层面，说明了我国服务贸易逆差不断扩大、市场竞争力不断缩小的事实，而服务业作为 GVC 高端行业是我国实现经济贸易转型、攀升价值链高端环节的必争一环。

2.4.2　GVC 重构

随着发展中国家产业升级和企业竞争力的提升，全球价值链重构也成为新的研究热点。全球价值链重构具体表现为处于价值链中低端的企业或行业通过技术革新、知识积累、服务优化等方式，不断提升在GVC 中所处的地位，打破发达国家的封锁，实现价值在链上成员间的重新分配，以及整个价值链系统的重新塑造。Azmeh 和 Nadvi（2014）通过分析亚洲国际服装行业的发展情况，认为亚洲企业可以在塑造全球价值链的地理和组织结构调整方面发挥关键和战略性作用。Rehnberg 和 Ponte（2018）以航空航天业和汽车制造业为例，分析了广泛运用 3D 打印技术对制造业 GVC 重构、产业升级以及附加值分配的影响，认为科技革命是推动价值链重构的重要因素。Helfen 和 Nicklich（2017）认为跨国企业通过重组其在当地供应链环境中的运营以及协调市场就业关系来重新参与全球竞争。Phillips（2022）认为新冠疫情的打击暴露了目前社会对传统 GVC 的过度依赖，以及凸显了重新分配生产模式的重要性，因而未来各类行业需要通过"再分配制造"（RDM）的发展来构建更本地化、更有弹性以及更敏捷的价值链。我国学者田文等（2015）探究了新兴国家实施全球价值链重构的动因，提出了 GVC 重构下的产出均衡模型，认为中国 GVC 重构现象主要集中在高新技术产业而非劳动密集型产业。余振等（2018）认为全球价值链重构在贸易摩擦上表现出了两面性，一面是催化作用，加剧摩擦的频率和数量，另一面是润滑作用，随着企业在价值链上的攀升，行业贸易摩擦持续时间会缩短。张天顶（2017）利用商务部有关企业数据构建了国内外企业数据集，利用上述数据得出要素生产率的高低对全球价值链重构模式的选择会有显著影响，企业的多国嵌入性为企业参与全球价值链重构提供了话语权。黄先海、余骁（2017）依据发达国家体系对中国市场的需求以及中国与"一带一路"合作伙伴协同发展的诉求为基础，强调塑造以中国为核心枢纽的双向"嵌套型"价值链是重构 GVC 朝着更加稳固、可持续性的体现。刘源丹等（2021）通过研究中国对外投资的二元边际对 GVC 重构的影响，得出贸易结构优化和逆向技术溢出是中国推动 GVC 重构的两个重要有效途径。李坤望等（2021）指出新冠疫情严重打击了供给和消费需求，使当前价值链停滞，并且供给端因牛鞭效应的影响引发了更严重的波动。该研究认为当下全球价值链的发展由于疫情、国际局势紧张等原因，呈现逐渐下降的趋势，但后续科学技术的突破仍然会促进全球价值链的重构发展。史丹等（2021）指出跨国公司的战略选择与 GVC 重构发展是互相影响的，同时全球化转向给 GVC 重构以及市场运作带来了更多的不确定性，从而增加了跨国公司全球战略的风险性，这也进而影响 GVC 重构朝着区域化的方向转变。易子榆等（2023）将数据要素量化分析，基于网络分工的角度，研究数据要素是如何影响 GVC 分工格局的，研究表明数据要素不仅能通过影响生产和贸易成本直接推动 GVC 重构，并且还能通过技术创新以及资源配置等方式间接推动分工格局的重构。

2.4.3　GVC 的可持续性

GVC 的可持续性发展问题近年来也是中外学者研究的热点。Luciano 和 Dirk（2008）首次正式提出了"可持续性全球价值链"的概念，指出全球价值链的组织者应考虑链上企业在制定战略决策方针时的相互关系、企业社会责任产品的差异化战略以及品牌意识的建立，这些因素会影响可持续性价值链的竞争力。Carter 和 Rogers（2008）提出可持续供应链管理是对组织中的社会、环境和经济这三种目标进行战略的、透明的集成和实现，从而增进企业和供应链之间的长期经济效益。Viswanathan（2011）认为获得经济利润是企业生存之本，因此，消费者的认可是企业可持续供应链管理创新的必要条件。鲁桐（2013）通过对可口可乐、联合利华等 5 家可持续发展战略领先企业的研究，认为企业通过可持续价值链管理和开发，能够树立良好社会形象，获得新的竞争优势，实现生产者与消费者共赢的局面。Doran 和 Ryan（2014）认为环保创新研发会对全球价值链企业的绩效带来正面影响，通过 2181 家企业的研究样本提出了 9 种不同类型的生态创新驱动方式。Ortas（2014）通过研究 3900 家公司八年内的财务业绩得出，可持续供应链绩效与公司利润与收入之间存在一般的双向影响关系，研究指出企业对可持续供应链的研发投入，通过新技术的开发降低了与环境支出相关的产品成本，从而有利于公司财务业绩的提升。Vermeulen（2015）提出了 GVC 中可持续性自我治理实践的概念，指出在全球价值链可以通过可持续产品认证等标准来解决当前存在的诸多资源不平衡问题，但目前该自治实践仍存在许多缺陷，包括缺乏三阶评估、责任分散等，因此该研究还提出了如何完善可持续自我治理的措施与方法。Hsu（2015）结合发展中国家的企业案例探讨了环保战略、可持续供应链的主动性以及逆向物流三者之间的联系，强调了价值链的可持续性是企业竞争优势的源泉。Busse（2016）通过对西欧买方与六家中国供应商的案例研究，认为要实现供应链的可持续性必须克服可持续性概念的复杂构成要素如社会经济的差异、空间距离以及买卖双方的文化差异等。Costantini（2016）认为企业减少来自环境保护方面压力的经济方式是运用绿色科技，在价值链上运用生态技术能够保证企业以最低的成本实现持续经营。Zabihollah（2018）认为全球价值链的可持续性除了业务的可持续性外，还应当包含金融经济的可持续性、财务和非财务绩效之间的可持续性、企业文化的可持续性以及供应链的可持续性。Shi（2021）认为制造业子公司通过嵌入 GVC 的企业活动可以优化企业对低碳创新资源的资源管理，从而提升自身的低碳创新能力，提高了企业的可持续竞争优势。Rutitis（2022）指出新冠疫情促进了在线销售渠道的发展，从而对额外包装的需求增强，这也迫使包装生产商向可持续性原则以及使用生物可降解材料的方向转变，并且该趋势也潜移默化地影响了其他价值链成员，价值链可持续性的转变不仅降低了生产成本，响应了政策需要，并且也更满足消费者偏好，从而提高了企业效益。

而国内学者也结合中国国情，对 GVC 可持续性进行了更深入的研究。谢来辉（2015）表明通过提高环境标准和加强绿色供应链的管理，有望加快经济发展方式的转型，同时也有利于提升出口企业在全球价值链中的地位。杨洁辉等(2015)表明我国企业只有构建具有可持续创新力的供应链生态系统，才能成为全球供应链系统的核心，支撑我国从制造大国走向制造强国。杨秋玲等(2017)指出应加强政府引导、健全政策机制、强化宣传推广并鼓励企业管理者支持与承诺，以此推动我国企业实施可持续供应链管理。金英姬等(2020)通过研究国际贸易增加值数据库中56个经济体的数据，研究了可持续发展强度对全球价值链的影响因素，指出政府、跨国公司的某些条款会对可持续发展起负向作用，该研究对企业如何权衡生产效率与促进可持续发展做出了相关解决措施。王静(2021)指出嵌入全球价值链的可持续发展本质上是全球资源在产业链供应链的可持续性最优配置，其核心是处理好实体经济与全球价值链之间的关系，有效提高资源配置效率，并且该研究针对可持续性发展概述了目前面临的外部冲击以及提出了新的结构变动趋势。陈诗一、许璐(2022)认为中国应在全球治理和政策制定方面发挥领导性作用，明确碳达峰碳中和目标的中间目标，采取发展绿色金融产品、推进碳减排相关税收政策，促进全球价值链的可持续发展。

2.4.4　GVC 视角下产业升级政策

在 GVC 视角下产业升级对策研究中，国内外学者大多围绕某一具体政策展开分析。崔焕金(2013)认为目前我国 GVC 驱动的有关企业在产业链上前后关联效应较弱，技术链接关系薄弱，因而未来产业升级政策的方向应当重视构建以本土市场为支撑的 NVC，通过利用本土市场的创新功能来促进中国在 GVC 竞争中的产业升级。Beghin(2015)证明非关税政策对 GVC 下的地方产业升级具有重要影响。Eckhardt(2015)认为依赖进口的公司与欧盟与亚洲国家之间签署自由贸易协定有助于地方产业升级。刘志彪、吴福象(2018)认为"一带一路"倡议对我国产业嵌入 GVC 有积极导向作用。Yasmeen(2019)证明绿色可持续发展政策对产业升级也有重要的影响。章文光、王耀辉(2018)运用定性比较分析方法(QCA)并采集了22个国家的数据样本，发现政府应该加大对知识产权的保护力度，为推进产业升级提供良好的知识产权环境。吕越等

(2016)通过采用 2001—2011 年中国与其他 41 个经济体的双边贸易数据及非竞争性投入产出表，测算中国各产业在全球价值链中的嵌入度和地位，通过实证研究发现了融资约束是决定我国产业在全球价值链中嵌入度的关键因素。原毅军、戴宁(2017)采用联立方程模型就绿色技术创新对中国制造业产业升级的作用机制进行研究发现，政府补贴加强了绿色技术创新的产业升级效应。李艳、柳士昌(2018)从外资与我国本土企业的产业链入手，发现外资进入对我国本土产业升级具有促进作用，从而帮助我国在融入 GVC 的过程中不断升级。周玲玲等(2019)构建了标准 GTAP 模型与全球价值链分解核算体系(KWW，2014)的链接方法，并基于该方法量化评估了特朗普税改对中美价值链重构的政策效应，表明税改是我国产业嵌入 GVC 的关键要素。张鹏杨等(2019)表明产业扶持政策对全球价值链升级有正向作用，也可能有负向作用。不少学者肯定国家政策的重要性。荆林波等(2019)认为国家主导的相关政策为我国争夺 GVC 上高附加值活动提供了重要支持。张玉兰等(2020)通过研究近年来我国产业政策和贸易政策的相关数据，发现贸易政策会通过竞争机制促进产业升级，并且提升相关产业的产品质量，从而促进我国 GVC 地位的上升。张国庆、李卉(2020)认为政府的财税协调有利于地区间实现产业升级和提高社会福利水平。世界银行在《2020 年世界发展报告》中也提出国家政策可以提高全球价值链的参与度，具体的政策可以着眼于要素禀赋、地理位置、市场规模和体制、FDI 等方面。张婕、余壮雄(2023)揭示了在当今国家"双循环，新格局"的总体大背景下，不同层级的政府下的产业政策对我国 GVC 升级具有差异化作用，其差异主要体现在全要素生产率以及创新效率这两个指标上，因而地方政府应当更加侧重当地产业的特殊性来制定产业政策。

2.5　全球价值链理论发展和展望

全球价值链理论伴随着经济全球化和垂直专业化分工的日益兴起而不断发展，它是基于产品内分工和生产、消费环节片段化布局于世界各地而形成的。国内外学者对全球价值链理论的研究更多侧重于全球价值链的驱动模式、贸易政策、治理、地位测度、全球价值链中地方产业集群的升级，这五个方面的研究实质上是探讨全球经济一体化背景下嵌入全球价值链的发展中国家如何与发达国家进行分工协调和合作，并最终推进本国的经济发展。

尽管近年来国内外对发展中国家的地方产业集群嵌入全球价值链的路径、模式、运作机理都进行了分析和探讨，但是由于各国具体国情的差异，其相应的运作机理和升级模式也并非都具有普适性，各地方区域如何有效切入和在全球价值链中正确定位应结合已有研究和具体案例进行具体分析。此外，在研究方法上，国内外学者对全球价值链的研究方法主要为静态的规范性和描述性分析，实际案例的验证分析和与数据结合的定量分析还比较欠缺。在研究内容上，全球价值链下地方产业集群社会资本的升级，价值链中区域技术能力的升级和创新系统的升级，全球价值链中各个环节所产生的收入和附加值的分配，价值链中各个环节的价值来源、价值构成，地区嵌入全球价值链水平的测度以及嵌入水平和哪些因素直接相关，如何培育和稳固全球价值链的可持续性和竞争优势，怎样确定衡量企业价值链重构的数量指标至今都没有一个统一的答案，这些问题都有待未来文献的进一步深入和研究。

◎ 参考文献

[1]包玉泽，谭力文. 全球价值链背景下的企业升级研究——基于企业技术能力视角[J]. 外国经济与管理，2009(4)：37-43.

[2]陈菲琼，王丹霞. 全球价值链的动态性与企业升级[J]. 科研管理，2007(5)：52-59.

[3]陈启斐，王晶晶，黄志军. 参与全球价值链能否推动中国内陆地区产业集群升级[J]. 经济学家，2018(4)：42-53.

[4]陈诗一，许璐. "双碳"目标下全球绿色价值链发展的路径研究[J]. 北京大学学报(哲学社会科学版)，2022，59(2)：5-12.

[5]陈树文,聂鸣,梅述恩.基于全球价值链的产业集群能力升级的阶段性分析[J].科技进步与对策,2006(1):72-74.

[6]陈雯,李强.全球价值链分工下我国出口规模的透视分析——基于增加值贸易核算方法[J].财贸经济,2014(7):107-115.

[7]程大中.中国参与全球价值链分工的程度及演变趋势——基于跨国投入-产出分析[J].经济研究,2015,50(9):4-16,99.

[8]崔焕金.全球价值链驱动型产业升级效应弱化机理研究[J].云南财经大学学报,2013,29(2):42-47.

[9]戴翔,刘梦.人才何以成为红利——源于价值链攀升的证据[J].中国工业经济,2018(4):98-116.

[10]戴翔,刘梦,张为付.本土市场规模扩张如何引领价值链攀升[J].世界经济,2017,40(9):27-50.

[11]戴翔,张二震,王原雪.特朗普贸易战的基本逻辑、本质及其应对[J].南京社会科学,2018(4):11-17,29.

[12]戴翔.中国制造业国际竞争力——基于贸易附加值的测算[J].中国工业经济,2015(1):78-88.

[13]段玉婉,陆毅,蔡龙飞.全球价值链与贸易的福利效应:基于量化贸易模型的研究[J].世界经济,2022,45(6):3-31.

[14]樊茂清,黄薇.基于全球价值链分解的中国贸易产业结构演进研究[J].世界经济,2014,37(2):50-70.

[15]洪银兴.参与全球经济治理:攀升全球价值链中高端[J].南京大学学报(哲学·人文科学·社会科学),2017,54(4):13-23,157.

[16]胡昭玲,宋佳.基于出口价格的中国国际分工地位研究[J].国际贸易问题,2013(3):15-25.

[17]胡昭玲,张咏华.中国制造业国际垂直专业化分工链条分析——基于非竞争型投入产出表的测算[J].财经科学,2012(9):42-50.

[18]黄灿,林桂军.全球价值链分工地位的影响因素研究:基于发展中国家的视角[J].国际商务(对外经济贸易大学学报),2017(2):5-15.

[19]黄琼,李娜娜.制造业全球价值链地位攀升影响因素分析——基于发达国家与发展中国家的比较[J].华东经济管理,2019,33(1):100-106.

[20]黄先海,余骁.以"一带一路"建设重塑全球价值链[J].经济学家,2017(3):

32-39.

[21] 黄永明, 聂鸣. 全球价值链治理与产业集群升级国外文献研究综述[J]. 北京工商大学学报(社会科学版), 2006(2): 6-10.

[22] 江心英, 李献宾. 全球价值链类型与OEM企业成长路径[J]. 中国软科学, 2009(11): 34-41.

[23] 焦媛媛, 王蓬源, 王璐. 有无制造经验的全球采购商特征差异性研究——基于全球价值链下不同驱动模式的跨案例分析[J]. 管理世界, 2009(S1): 37-47, 131.

[24] 荆林波, 袁平红. 全球价值链变化新趋势及中国对策[J]. 管理世界, 2019, 35(11): 72-79.

[25] 金英姬, 张中元. 可持续发展强度与参与全球价值链的相关性研究[J]. 上海经济研究, 2020(9): 106-118.

[26] 康淑娟. 行业异质性视角下的中国制造业在全球价值链中的地位及影响因素[J]. 国际商务(对外经济贸易大学学报), 2018(4): 74-85.

[27] 李宏, 陈圳. 中国优势制造业全球价值链竞争力分析[J]. 审计与经济研究, 2018, 33(2): 93-105.

[28] 李坤望, 马天娇, 黄春媛. 全球价值链重构趋势及影响[J]. 经济学家, 2021(11): 14-23.

[29] 李萍, 赵曙东. 我国制造业价值链分工贸易条件影响因素的实证研究[J]. 国际贸易问题, 2015(7): 57-66.

[30] 李松庆, 胡志菊. 制造业的数字化对其全球价值链地位升级的影响——基于广东制造业细分行业的实证分析[J]. 科技管理研究, 2022, 42(23): 127-133.

[31] 李艳, 柳士昌. 全球价值链背景下外资开放与产业升级——一个基于准自然实验的经验研究[J]. 中国软科学, 2018(8): 165-174.

[32] 梁碧波. 全球价值链参与模式的变化轨迹及其对国际分工地位的影响——来自中国的经验证据[J]. 广东财经大学学报, 2017, 32(6): 4-14.

[33] 林桂军, 何武. 中国装备制造业在全球价值链的地位及升级趋势[J]. 国际贸易问题, 2015(4): 3-15.

[34] 凌永辉, 刘志彪. 横向竞争视角下全球价值链治理结构变动及产业升级[J]. 江西社会科学, 2021, 41(2): 37-48.

[35] 刘川. 基于全球价值链的区域制造业升级评价研究: 机制、能力与绩效[J]. 当

代财经，2015(5)：97-105.

[36]刘磊，步晓宁，张猛.全球价值链地位提升与制造业产能过剩治理[J].经济评论，2018(4)：45-58.

[37]刘琳.中国参与全球价值链的测度与分析——基于附加值贸易的考察[J].世界经济研究，2015(6)：71-83，128.

[38]刘仕国，吴海英，马涛，张磊，彭莉，于建勋.利用全球价值链促进产业升级[J].国际经济评论，2015(1)：64-84，5-6.

[39]刘维林，李兰冰，刘玉海.全球价值链嵌入对中国出口技术复杂度的影响[J].中国工业经济，2014(6)：83-95.

[40]刘源丹，刘洪钟.中国对外直接投资如何重构全球价值链：基于二元边际的实证研究[J].国际经贸探索，2021，37(11)：20-36.

[41]刘志彪，吴福象."一带一路"倡议下全球价值链的双重嵌入[J].中国社会科学，2018(8)：17-32.

[42]刘志彪.攀升全球价值链与培育世界级先进制造业集群——学习十九大报告关于加快建设制造强国的体会[J].南京社会科学，2018(1)：13-20.

[43]刘重力，赵颖.东亚区域在全球价值链分工中的依赖关系——基于TiVA数据的实证分析[J].南开经济研究，2014(5)：115-129.

[44]鲁桐.可持续价值链：一个新的解决方案[J].学术研究，2013(8)：63-72.

[45]吕越，陈帅，盛斌.嵌入全球价值链会导致中国制造的"低端锁定"吗[J].管理世界，2018，34(8)：11-29.

[46]吕越，罗伟，刘斌.融资约束与制造业的全球价值链跃升[J].金融研究，2016(6)：81-96.

[47]吕越，吕云龙.全球价值链嵌入会改善制造业企业的生产效率吗——基于双重稳健-倾向得分加权估计[J].财贸经济，2016(3)：109-122.

[48]马述忠，张洪胜，王笑笑.融资约束与全球价值链地位提升——来自中国加工贸易企业的理论与证据[J].中国社会科学，2017(1)：83-107，206.

[49]倪红福，龚六堂，夏杰长.什么削弱了中国出口价格竞争力？——基于全球价值链分行业实际有效汇率新方法[J].经济学（季刊），2019，18(1)：367-392.

[50]聂聆，李三妹.制造业全球价值链利益分配与中国的竞争力研究[J].国际贸易问题，2014(12)：102-113.

[51]潘秋晨.全球价值链嵌入对中国装备制造业转型升级的影响研究[J].世界经济

研究, 2019(9): 78-96, 135-136.

[52] 彭澎, 李佳熠. OFDI 与双边国家价值链地位的提升——基于"一带一路"共建国家的实证研究[J]. 产业经济研究, 2018(6): 75-88.

[53] 綦良群, 李兴杰. 区域装备制造业产业结构升级机理及影响因素研究[J]. 中国软科学, 2011(5): 138-147.

[54] 乔小勇, 王耕, 李泽怡. 全球价值链国内外研究回顾——基于 SCI/SSCI/CSSCI 文献的分析[J]. 亚太经济, 2017(1): 116-126.

[55] 容金霞, 顾浩. 全球价值链分工地位影响因素分析——基于各国贸易附加值比较的视角[J]. 国际经济合作, 2016(5): 39-46.

[56] 沈鸿, 范剑勇, 刘胜. 开发区升级、土地配置结构与产业分工地位[J]. 经济学动态, 2023(7): 110-131.

[57] 盛斌, 陈帅. 全球价值链如何改变了贸易政策: 对产业升级的影响和启示[J]. 国际经济评论, 2015(1): 85-97, 6.

[58] 史丹, 余菁. 全球价值链重构与跨国公司战略分化——基于全球化转向的探讨[J]. 经济管理, 2021, 43(2): 5-22.

[59] 宋晶, 陈劲. 全球价值链升级下中国创新驱动发展战略的实施策略[J]. 技术经济, 2016, 35(5): 6-9, 61.

[60] 苏杭, 郑磊, 牟逸飞. 要素禀赋与中国制造业产业升级——基于 WIOD 和中国工业企业数据库的分析[J]. 管理世界, 2017(4): 70-79.

[61] 唐东波. 贸易政策与产业发展: 基于全球价值链视角的分析[J]. 管理世界, 2012(12): 13-22.

[62] 唐铁球. 全球价值链下中国制造业国际分工地位研究[J]. 财经问题研究, 2015(S1): 3-8.

[63] 陶锋, 李诗田. 全球价值链代工过程中的产品开发知识溢出和学习效应——基于东莞电子信息制造业的实证研究[J]. 管理世界, 2008(1): 115-122.

[64] 陶锋, 李霆, 陈和. 基于全球价值链知识溢出效应的代工制造业升级模式——以电子信息制造业为例[J]. 科学学与科学技术管理, 2011, 32(6): 90-96.

[65] 田文, 张亚青, 余珉. 全球价值链重构与中国出口贸易的结构调整[J]. 国际贸易问题, 2015(3): 3-13.

[66] 佟家栋, 谢丹阳, 包群, 黄群慧, 李向阳, 刘志彪, 金碚, 余淼杰, 王孝松. "逆全球化"与实体经济转型升级笔谈[J]. 中国工业经济, 2017(6): 5-59.

[67] 汪建成，毛蕴诗，邱楠. 由 OEM 到 ODM 再到 OBM 的自主创新与国际化路径——格兰仕技术能力构建与企业升级案例研究[J]. 管理世界，2008（6）：148-155，160.

[68] 王厚双，李艳秀，朱奕绮. 我国服务业在全球价值链分工中的地位研究[J]. 世界经济研究，2015（8）：11-18，127.

[69] 王静. 嵌入全球价值链的产业链供应链可持续发展研究[J]. 社会科学，2021（7）：70-84.

[70] 王俊，杨恬恬. 全球价值链、附加值贸易与中美贸易利益测度[J]. 上海经济研究，2015（7）：115-128.

[71] 王岚，李宏艳. 中国制造业融入全球价值链路径研究——嵌入位置和增值能力的视角[J]. 中国工业经济，2015（2）：76-88.

[72] 王岚. 全球价值链视角下双边真实贸易利益及核算——基于中国对美国出口的实证[J]. 国际贸易问题，2018（2）：81-91.

[73] 王直，魏尚进，祝坤福. 总贸易核算法：官方贸易统计与全球价值链的度量[J]. 中国社会科学，2015（9）：108-127，205-206.

[74] 魏龙，王磊. 从嵌入全球价值链到主导区域价值链——"一带一路"倡议的经济可行性分析[J]. 国际贸易问题，2016（5）：104-115.

[75] 魏龙，王磊. 全球价值链体系下中国制造业转型升级分析[J]. 数量经济技术经济研究，2017，34（6）：71-86.

[76] 翁春颖，韩明华. 全球价值链驱动、知识转移与我国制造业升级[J]. 管理学报，2015，12（4）：517-521.

[77] 巫强，刘志彪. 本土装备制造业市场空间障碍分析——基于下游行业全球价值链的视角[J]. 中国工业经济，2012（3）：43-55.

[78] 吴波，李生校. 全球价值链嵌入是否阻碍了发展中国家集群企业的功能升级？——基于绍兴纺织产业集群的实证研究[J]. 科学学与科学技术管理，2010，31（8）：60-65.

[79] 吴友群，卢怀鑫，王立勇. 数字化对制造业全球价值链竞争力的影响——来自中国制造业行业的经验证据[J]. 科技进步与对策，2022，39（7）：53-63.

[80] 谢波，贾鲜，易泽华. 环境规制对服务业全球价值链地位的影响——基于 45 个 OECD 国家面板数据的实证研究[J]. 现代经济探讨，2018（5）：70-77.

[81] 谢来辉. APEC 框架下的绿色供应链议题：进展与展望[J]. 国际经济评论，

2015(6)：132-147，7-8.

[82]许志瑜，张梦，马野青.全球价值链视角下中国服务贸易国际竞争力及其影响因素研究[J].国际贸易，2018(1)：60-66.

[83]杨高举，黄先海.内部动力与后发国分工地位升级——来自中国高技术产业的证据[J].中国社会科学，2013(2)：25-45，204.

[84]杨继军，范从来."中国制造"对全球经济"大稳健"的影响——基于价值链的实证检验[J].中国社会科学，2015(10)：92-113，205-206.

[85]杨洁辉，韩庆兰，水会莉.企业环境管理、创新管理、供应链管理三维融合——供应链可持续创新系统构建及应用[J].科技进步与对策，2015，32(8)：18-23.

[86]杨连星，罗玉辉.中国对外直接投资与全球价值链升级[J].数量经济技术经济研究，2017，34(6)：54-70.

[87]杨秋玲，李剑南，王绍洪，甘俊伟.企业实施可持续供应链管理影响因素研究[J].软科学，2017，31(9)：120-123，144.

[88]杨珍增，杨宏.东道国制度质量如何影响跨国公司的全球价值链治理模式[J].当代财经，2021(3)：100-111.

[89]姚瑶，赵英军.全球价值链演进升级的内生动力与微观机制——人力资本配置的"结构效应"与"中介效应"[J].浙江社会科学，2015(11)：30-40，156-157.

[90]易子榆，魏龙，蔡培民.数据要素如何重构全球价值链分工格局：区域化还是碎片化[J].国际贸易问题，2023(8)：20-37.

[91]殷宝庆，肖文，刘洋.绿色研发投入与"中国制造"在全球价值链的攀升[J].科学学研究，2018，36(8)：1395-1403，1504.

[92]余东华，田双.嵌入全球价值链对中国制造业转型升级的影响机理[J].改革，2019(3)：50-60.

[93]余心玎，杨军，王茜，王直.全球价值链背景下中间品贸易政策的选择[J].世界经济研究，2016(12)：47-59，133.

[94]余振，周冰惠，谢旭斌，王梓楠.参与全球价值链重构与中美贸易摩擦[J].中国工业经济，2018(7)：24-42.

[95]原毅军，戴宁.基于绿色技术创新的中国制造业升级发展路径[J].科技与管理，2017，19(1)：8-15.

[96]曾繁华，何启祥，冯儒，吴阳芬.创新驱动制造业转型升级机理及演化路径研究——基于全球价值链治理视角[J].科技进步与对策，2015，32(24)：45-50.

[97]张定胜,刘洪愧,杨志远.中国出口在全球价值链中的位置演变——基于增加值核算的分析[J].财贸经济,2015(11):114-130.

[98]张国庆,李卉.财税政策影响产业升级的理论机制分析——基于地方政府竞争视角[J].审计与经济研究,2020,35(6):105-114.

[99]张辉.全球价值链下地方集群转型和升级[M].北京:经济科学出版社,2006.

[100]张杰,郑文平.全球价值链下中国本土企业的创新效应[J].经济研究,2017,52(3):151-165.

[101]张健,余壮雄.重点产业政策,央地政策差异与产业全球价值链升级[J].南方经济,2023(8):15-34.

[102]张鹏杨,徐佳君,刘会政.产业政策促进全球价值链升级的有效性研究——基于出口加工区的准自然实验[J].金融研究,2019(5):76-95.

[103]张少军.全球价值链与国内价值链——基于投入产出表的新方法[J].国际贸易问题,2009(4):108-113.

[104]张天顶,唐夙.汇率变动、全球价值链与出口贸易竞争力[J].国际商务(对外经济贸易大学学报),2018(1):38-49.

[105]张天顶.全球价值链重构视角下中国企业国际化的影响因素[J].统计研究,2017,34(1):33-43.

[106]张天顶,龚同.全球化力量重塑区域主义:全球价值链分工与区域贸易协定网络形成[J].世界经济研究,2022(7):18-31,135.

[107]张亚豪,李晓华.复杂产品系统产业全球价值链的升级路径:以大飞机产业为例[J].改革,2018(5):76-86.

[108]张岩贵,陈晓燕.全球价值链与中国制造[J].世界经济研究,2009(10):8-13,87.

[109]张玉兰,崔日明,郭广珍.产业政策、贸易政策与产业升级——基于全球价值链视角[J].国际贸易问题,2020(7):111-128.

[110]章文光,王耀辉.哪些因素影响了产业升级?——基于定性比较分析方法的研究[J].北京师范大学学报(社会科学版),2018(1):132-142.

[111]赵放,曾国屏.全球价值链与国内价值链并行条件下产业升级的联动效应——以深圳产业升级为案例[J].中国软科学,2014(11):50-58.

[112]赵冉冉,闫东升.全球价值链嵌入对中国工业升级影响的异质性研究——基于中国工业面板数据的实证研究[J].现代经济探讨,2021(3):79-86.

［113］郑丹青. 对外直接投资与全球价值链分工地位——来自中国微观企业的经验证据［J］. 国际贸易问题, 2019(8): 109-123.

［114］周玲玲, 张恪渝. 特朗普税改对中美价值链重构的影响［J］. 财贸经济, 2019, 40(11): 20-34.

［115］周绍东, 罗金龙. 基于"一带一路"的全球价值链地位分析与区域产业链构建［J］. 市场周刊(理论研究), 2017(9): 45-46, 5.

［116］周升起, 兰珍先, 付华. 中国制造业在全球价值链国际分工地位再考察——基于 Koopman 等的"GVC 地位指数"［J］. 国际贸易问题, 2014(2): 3-12.

［117］Adolf Acquaye, Kuishuang Feng, Eunice Oppon, Said Salhi, Taofeeq Ibn-Mohammed, Andrea Genovese, Klaus Hubacek. Measuring the environmental sustainability performance of global supply chains: A multi-regional input-output analysis for carbon, sulphur oxide and water footprints［J］. Journal of Environmental Management, 2017(187): 571-585.

［118］Ahmed F E. Voice and power: Feminist governance as transnational justice in the globalized value chain［J］. Business Ethics: A European Review, 2018, 27(4): 324-336.

［119］Aador, João, Cabral, Sónia. Vertical specialization across the world: A relative measure［J］. MPRA Paper, 2008, 20(3): 267-280.

［120］Antras P, Chor D, Fally T, Hillberry R. Measuring the upstreamness of production and trade flows［Z］. NBER Working Paper, No. 17819, 2012.

［121］Azmeh S, Nadvi K. Asian firms and the restructuring of global value chains［J］. International Business Review, 2014, 23(4): 708-717.

［122］Azmeh S. Transient global value chains and preferential trade agreements: Rules of origin in US trade agreements with Jordan and Egypt［J］. Cambridge Journal of Regions, Economy and Society, 2015, 8(3): 475-490.

［123］Bair, Jennifer. Contextualising compliance: Hybrid governance in global value chains［J］. New Political Economy, 2017, 22(2): 169-185.

［124］Beghin J C, Maertens M, Swinnen J. Nontariff measures and standards in trade and global value chains［J］. Annual Review of Resource Economics, 2015, 7(1).

［125］Busse C, Schleper M C, Niu M, et al. Supplier development for sustainability: Contextual barriers in global supply chains［J］. International Journal of Physical

Distribution & Logistics Management, 2016, 46(5): 442-468.

[126] Carneiro S, Neves P, A fonso O, Sochirca E. Metaanalysis: Global value chains and employment[J]. Applied Economics, 2024,56(19): 2295-2314.

[127] Carter C R, Rogers D S. A framework of sustainable supply chain management: Moving toward new theory[J]. International Journal of Physical Distribution and Logistic Management, 2008, 38(5): 360-385.

[128] Costantini V, Crespi F, Marin G, Paglialunga E. Ecoinnovation, sustainable supply chains and environmental performance in European industries[J]. Journal of Cleaner Production, 2017, 155:141-154.

[129] Doran J, Ryan G. The importance of the diverse drivers and types of environmental innovation for firm performance[J]. Business Strategy and the Environment, 2014: n/a-n/a.

[130] Eckhardt J, Poletti, A. The politics of global value chains: Import-dependent firms and EU-Asia trade agreements[J]. Journal of European public policy, 2015, 23 (10): 1543-1562.

[131] Erik Dietzenbacher. Vertical specialization in an intercountry input-output framework [J]. Letters in Spatial and Resource Sciences, 2010, 3(3).

[132] Gereffi G, Humphrey J, Sturgeon T. The governance of global value chains[J]. Review of International Political Economy, 2005, 12(1):78-104.

[133] Gereffi G, Lee J. Economic and social upgrading in global value chains and industrial clusters: Why governance matters [J]. Journal of Business Ethics, 2016, 133.

[134] Gereffi G. The organization of buyer-driven global commodity chains: How U.S. retailers shape overseas production networks [M]//Gereffi G, Korzeniewiez M. Commodity Chains and Global Capitalism. Westport: Praeger, 1994.

[135] Gereffi G. International trade and industrial upgrading in the apparel commodity chain[J]. Journal of International Economies, 1999(48): 37-70.

[136] Giuliani E, Pietrobelli C, Rabellotti R. Upgrading in global value chains: Lessons from Latin American clusters[J]. World Development, 2005, 33(4): 549-573.

[137] Golini R, Marchi V D, Boffelli A, Kalchschmidt M. Which governance structures drive economic, environmental, and social upgrading? A quantitative analysis in the

assembly industries[J]. International Journal of Production Economics, 2018, 203.

[138] Elizabeth Havice, Liam Campling. Where chain governance and environmental governance meet: Interfirm strategies in the canned tuna global value chain[J]. Economic Geography, 2017,93(3): 292-313.

[139] Hamilton-Hart N, Stringer C. Upgrading and exploitation in the fishing industry: Contributions of value chain analysis[J]. Marine Policy, 2015: S0308597X1500069X.

[140] Hansen U E, Fold N, Hansen T. Upgrading to lead firm position via international acquisition: Learning from the global biomass power plant industry[J]. Journal of Economic Geography, 2014: lbu050.

[141] Helfen M, Nicklich M, Fortwengel J. Enacting global competition in local supply chain environments: German "Chemieparks" and the micro-politics of employment relations in a CME[J]. International Journal of Human Resource Management, 2017, 28(18): 2656-2683.

[142] Henderson J. Danger and opportunity in the Asia-Pacific [C]//Thompson G. Economic dynamism in the Asia Pacific. London: Routledge, 1998: 356-384.

[143] Herrigel G, Wittke V, Voskamp U. The process of Chinese manufacturing upgrading: Transitioning from unilateral to recursive mutual learning relations[J]. Global Strategy Journal, 2013, 3(1).

[144] Hsu C C, Tan K C, Zailani S H M. Strategic orientations, sustainable supply chain initiatives, and reverse logistics [J]. International Journal of Operations & Production Management, 2015, 36(1): 663-663.

[145] Hummels D, Ishii J, Yi K M. The nature and growth of vertical specialization in world trade[J]. Journal of International Economics, 2001, 54(1).

[146] Humphrey J, Schmitz H. Governance in global value chains[J]. IDS Bulletin, 2001, 32(3): 19-29.

[147] Humphrey J, Schmitz H. How does insertion in global value chains upgrading in industrial clusters[J]. Regional Studies, 2000, 36(9): 1017-1027.

[148] Humphrey J, Schmitz, H. Governance and upgrading: Linking research on industrial districts and global value chains[R]. Brighton: Institute of Development Studies, 2002.

[149] Ivarsson I, Alvstam C G. Supplier upgrading in the home-furnishing value chain: An

empirical study of IKEA's sourcing in China and South East Asia [J]. World Development, 2010, 38(11): 1575-1587.

[150] Jodie-Anne K. The governance of global value chains and the effects of the global financial crisis transmitted to producers in Africa and Asia [J]. Journal of Development Studies, 2012, 48: 6, 783-797.

[151] Kadarusman Y, Nadvi K. Competitiveness and technological upgrading in global value chains: Evidence from the indonesian electronics and garment sectors [J]. European Planning Studies, 2013, 21(7): 1007-1028.

[152] Kano L. Global value chain governance: A relational perspective [J]. Journal of International Business Studies, 2018, 49(6): 684-705.

[153] Kano, L, et al. Global value chain resilience: Understanding the impact of managerial governance adaptations [J]. California Management Review, 2022, 64 (2): 24-45.

[154] Kee H L, Tang H. Domestic value added in exports: Theory and firm evidence from China[J]. American Economic Review, 2016, 106(6).

[155] Kiyota K. Exports and employment in China, Indonesia, Japan and Korea[J]. Asian Economic Papers, 2016, 15(1).

[156] Kogut B. Designing global strategies: Comparative and competitive value-added chains[J]. Sloan Management Review, 1985, 26(4).

[157] Kondrat'ev, Vladimir B. Global value chain in industries: Common and specific features[J]. Mirovaya Ekonomika I Mezhdunarodnye Otnosheniya, 2019, 63(1): 49-58.

[158] Koopman R, Wang Z, Wei S J. How much of Chinese exports is really made in China? Assessing domestic value-added when processing trade is pervasive [J]. National Bureau of Economic Research Working Paper Series, 2008, 14109.

[159] Krugman P. Growing world trade: Causes and consequences[J]. Brookings Papers on Economic Activity, 1995, 1: 327-377.

[160] Lee J, Gereffi G, Beauvais J. Global value chains and agrifood standards: Challenges and possibilities for smallholders in developing countries [J]. Proceedings of the National Academyof Sciences, 2012, 109(31): 12326-12331.

[161] Lim G. Value chain upgrading: Evidence from the Singaporean aquaculture

industry[J]. Marine Policy, 2016, 63: 191-197.

[162] Lojacono G, Misani N, Tallman S. Offshoring, local market entry, and the strategic context of cross-border alliances: The impact on the governance mode [J]. International Business Review, 2016: S0969593116302207.

[163] Luciano B Z, Dirk M B. CSR in the global marketplace: Towards sustainable global value chains[J]. Management Decision, 2008, 46(8).

[164] Lund-Thomsen P, Lindgreen A. Corporate social responsibility in global value chains: Where are we now and where are we going[J]. Journal of Business Ethics, 2014, 123(1): 11-22.

[165] Lund-Thomsen P, Nadvi K, Chan A, Khara N, Xue H. Labour in global value chains: Work conditions in football manufacturing in China, India and Pakistan[J]. Development and Change, 2012(43): 1211-1237.

[166] Mani V, Gunasekaran A. Upstream complex power relationships and firm's reputation in global value chains[J]. International Journal of Production Economics, 2021, 237.

[167] Nadvi K, Raj-Reichert G. Governing health and safety at lower tiers of the computer industry global value chain[J]. Regulation & Governance, 2015, 9(3): 243-258.

[168] Olga M, Lauri O. Fuelling the global value chains: What role for logistics capabilities[J]. International Journal of Technological Learning, Innovation and Development, 2008, 3: 353-374.

[169] Oro K, Pritchard B. The evolution of global value chains: Displacement of captive upstream investment in the Australia-Japan beef trade[J]. Journal of Economic Geography, 2011, 11(4): 709-729.

[170] Ortas E, et al. Sustainable supply chain and company performance a global examination[J]. Supply Chain Managementan International Journal, 2014, 19(3): 332-350.

[171] Pasquali G, et al. Multichain strategies and economic upgrading in global value chains: Evidence from Kenyan horticulture[J]. World Development, 2021, 146.

[172] Phillips W, et al. Global value chain reconfiguration and COVID19: Investigating the case for more resilient redistributed models of production [J]. California Management Review, 2022, 64(2): 71-96.

[173] Pietrobelli C, Rabellotti R. Global value chains meet innovation systems: Are there learning opportunities for developing countries[J]. World Development, 2011, 39 (7): 1261-1269.

[174] Pipkin S, Fuentes A. Spurred to upgrade: A review of triggers and consequences of industrial upgrading in the global value chain literature[J]. World Development, 2017, 98: 536-554.

[175] Ponte S, Gibbon P. Quality standards, conventions and the governance of global value chains[J]. Economy & Society, 2005, 34(1): 1-31.

[176] Ponte S, Sturgeon T. Explaining governance in global value chains: A modular theory-building effort[J]. Review of International Political Economy, 2014, 21(1): 195-223.

[177] Ponte S. Least-developed countries in a world of global value chains: Are WTO trade negotiations helping[J]. World Development, 2017(94): 366-374.

[178] Poter M. Competitive advantage: Creating and sustaining superior performance[M]. New York: The Free Press, 1985.

[179] Reddy K, et al. Firm innovation and global value chain participation[J]. Small Business Economics, 2021, 57(4): 1995-2015.

[180] Rehnberg M, Ponte S. From smiling to smirking? 3D printing, upgrading and the restructuring of global value chains[J]. Global Networks, 2018, 18(1).

[181] Rohit B, Chee-Chong T. Role of logistics in enhancing competitive advantage: A value chain framework for global supply chains[J]. International Journal of Physical Distribution & Logistics Management, 2009, 39(3).

[182] Rutitis D, et al. Sustainable value chain of industrial biocomposite consumption: Influence of COVID19 and consumer behavior[J]. Energies, 2022, 15(2).

[183] Sarah E. McWilliam, Jung Kwan Kim, Ram Mudambi, Bo Bernhard Nielsen. Global value chain governance: Intersections with international business[J]. Journal of World Business, 2020, 55(4), 101067, ISSN 1090-9516.

[184] Scuotto V, Garcia-Perez A, Nespoli C, Messeni P A. A repositioning organizational knowledge dynamics by functional upgrading and downgrading strategy in global value chain[J]. Journal of International Management, 2020, 26(4).

[185] Shafi C U, Noemi S, Rudolf R. Exploring the relationship between upgrading and

capturing profits from GVC participation for disadvantaged suppliers in developing countries: Exploring Functional Upgrading[J]. Canadian Journal of Administrative Sciences/Revue Canadienne des Sciences de l'Administration, 2017, 34(4).

[186] Shi D Q, et al. The role of the global value chain in improving trade and the sustainable competitive advantage: Evidence from China's manufacturing industry [J]. Frontiers in Environmental Science, 2021, 9.

[187] Sturgeon T, Van Biesebroeck J, Gereffi G. Value chains, networks and clusters: reframing the global automotive industry[J]. Journal of Economic Geography, 2008, 8(3): 297-321.

[188] Sturgeon T. How do we define value chains and production networks [R]. Background Paper Prepared for the Bellagio Value Chains Workshop, 2001.

[189] Sunny L S, Hao C, Erin G. Pleggenkuhle-miles: Moving upward in global value chains: The innovations of mobile phone developers in China [J]. Chinese Management Studies, 2010, 4(4).

[190] Tian K L, Dietzenbacher E, Jong-A-Pin R. Measuring industrial upgrading: Applying factor analysis in a global value chain framework[J]. Economic Systems Research, 2019, 31(4).

[191] Tian K, et al. Global value chain participation and its impact on industrial upgrading[J]. World Economy, 2022, 45(5): 1362-1385.

[192] Timmer M P, Erumban A A, Los B, Stehrer R, Gaaitzen J. de Vries. Slicing up global value chains[J]. The Journal of Economic Perspectives, 2014, 28(2).

[193] Vermeulen W J V. SelfGovernance for sustainable global supply chains: Can it deliver the impacts needed[J]. Business Strategy and the Environment, 2015, 24 (2): 73-85.

[194] Viswanathan M, Yassine A, Clarke J. Sustainable product and market development for subsistence marketplaces: Creating educational initiatives in radically different contexts[J]. Journal of Product Innovation Management, 2011, 28(4): 558-569.

[195] Wan Z, Wu B. When suppliers climb the value chain: A theory of value distribution in vertical relationships[J]. Management Science, 2017, 63(2): 477-496.

[196] Xing Y. China's High-Tech exports: Myth and reality[J]. Grips Discussion Papers, 2011, 11(1): 109-123.

[197]Yasmeen R, Li Y N, Hafeez M. Tracing the trade-pollution nexus in global value chains: Evidence from air pollution indicators [J]. Environmental Science and Pollution Research, 2019, 26(5): 5221-5233.

[198]Zabihollah R. Supply chain management and business sustainability synergy: A theoretical and integrated perspective[J]. Sustainability, 2018, 10(2): 275.

[199]Zhang F, Gallagher K S. Innovation and technology transfer through global value chains: Evidence from China's PV industry [J]. Energy Policy, 2016 (94): 191-203.

[200]Zhong Y, Wang Z G, Zhang Y B. China's functional upgrading in global value chains and its drivers: A multi-country chaining structural decomposition analysis [J]. Applied Economics, 2021, 53(24): 2727-2742.

第3章 全球价值链嵌入的测度

随着全球化的不断发展，全球价值链（GVC）越来越受到全球的广泛关注。本章首先研究了在 GVC 嵌入理论中，不同技术难度的产品在发展中国家和发达国家之间的生产和定价情况，并且根据技术难度的不同，发展中国家和发达国家在生产和定价上的优势和竞争关系也会有所差异。而 GVC 嵌入测度方法通过一系列的演变，逐步实现了对 GVC 水平的定量分析，并且提出了衡量 GVC 嵌入水平中的参与程度和分工地位两个重要测度指标，也进一步提出了上述指标的测量方法，其中参与程度指标主要通过垂直专业化比重（VSS）、GVC_Participation 来测量，分工地位指标则通过出口技术复杂率（EXPY）、中间品出口的国内增加值率（DVAS）和 GVC_Position 指数来测量。因此本章逐步介绍了上述五类测度方法的相关定义、演变过程以及测量的具体公式，除此之外本章还介绍了基于企业层面的出口国外附加值率（FVAR）和国内附加值率（DVAR）来测算微观企业层面的 GVC 地位指数的测量方法，并且根据中国的特殊情况对相关公式进行改进以便更加精确地测量中国企业的出口国外附加值率以及 GVC 地位指数。

3.1 GVC 嵌入理论模型

假设全球市场中存在发达国家 N 和发展中国家 S 两个经济体，每个国家生产最终产品时都需要投入 n 种中间产品 $X(i)$，还需要投入自然资源 Z 和劳动力要素 L，$\alpha > 0$，$\beta > 0$，且 $0 < \alpha + \beta < 1$。其中，最终

产品、中间产品、自然资源和劳动力的要素价格分别为 E、$P(i)$、P_R、W_p。同时，假定最终产品的技术等级由中间产品的技术难度等级决定，i 表示生产第 i 中间产品的技术难度。根据扩展柯布-道格拉斯生产函数，发展中国家生产最终产品的函数为：

$$Y(Z, L, X) = Z^\alpha L^\beta \int_0^n X(i)^{1-\alpha-\beta} \mathrm{d}i \qquad (3-1)$$

发展中国家生产最终产品的利润为：

$$\prod = \int_0^n \left[Z^\alpha L^\beta X(i)^{1-\alpha-\beta} * E - Z * P_R - L * W_p - X(i) * P(i) \right] \mathrm{d}i$$

$$(3-2)$$

对 X 求导并令其等于零，使最终产品利润最大化，则中间产品的价格为：

$$P(i) = (1 - \alpha - \beta)E * Z^\alpha L^\beta X(i)^{-\alpha-\beta} \qquad (3-3)$$

借鉴郭海霞(2017)的做法，假定发展中国家中间产品的生产只需要投入人力资本，且生产一单位第 i 种中间产品需要投入 $(1 + \eta i)$ 个单位的人力资本，每单位人力资本价格为 W，那么发展中国家生产一单位第 i 种中间产品的成本为：

$$\mathrm{MC}(X_i) = W(1 + \eta i) \qquad (3-4)$$

其中，$\eta > 0$ 表示发展中国家的总体技术水平，η 越低所需的边际成本越小，技术水平越高。i 越大所需的边际成本越高，生产中间产品的技术难度越高。

假定发展中国家中间产品是按照边际成本加成定价法①来实现利润最大化，加成为 $\lambda(0 < \lambda < 1)$，则：

$$P(i) = (1 - \alpha - \beta)E * Z^\alpha L^\beta X(i)^{-\alpha-\beta} = \frac{\mathrm{MC}(X_i)}{\lambda} = \frac{W(1 + \eta i)}{\lambda}$$

$$(3-5)$$

————————

　① 成本加成定价法是按产品单位成本加上一定比例的利润制定产品价格的方法。

同理，发达国家生产最终产品的函数为：

$$y(z, \ l, \ x) = z^\alpha \ l^\beta \int_0^{n^*} x(i)^{1-\alpha-\beta} \mathrm{d}i \tag{3-6}$$

发达国家生产最终产品的利润为：

$$\pi = \int_0^n \left[z^\alpha \ l^\beta \ x(i)^{1-\alpha-\beta} * e - z * p_R - l * w_p - x(i) * p(i) \right] \mathrm{d}i \tag{3-7}$$

对 x 求导并令其等于零，使最终产品利润最大化，则发达国家中间产品的价格为：

$$p(i) = (1 - \alpha - \beta) e * z^\alpha \ l^\beta \ x(i)^{-\alpha-\beta} \tag{3-8}$$

发达国家生产一单位第 i 种中间产品的成本为：

$$\mathrm{mc}(x_i) = w(1 + \mu i) \tag{3-9}$$

假定发达国家中间产品仍按照边际成本加成定价法来实现利润最大化，加成为 $\lambda(0 < \lambda < 1)$，则：

$$p(i) = (1 - \alpha - \beta) e * z^\alpha \ l^\beta \ x(i)^{-\alpha-\beta} = \frac{\mathrm{mc}(x_i)}{\lambda} = \frac{w(1 + \mu i)}{\lambda} \tag{3-10}$$

其中，发达国家的技术能力大于发展中国家的技术能力，则 $\eta > \mu > 0$，这意味着生产相同技术难度 i 的产品，发达国家投入的人力资本 $(1 + \mu i)$ 小于发展中国家 $(1 + \eta i)$，且发展中国家的人力资本工资 W 小于发达国家的人力资本工资 w，如图 3-1 所示。

当生产产品的技术难度 $i \in (0, N1)$ 时，发展中国家生产中间产品的最优定价 $P(i) < \mathrm{mc}(x_i) < p(i)$，说明在垂直专业化分工的条件下，发达国家更愿意将低技术产品转移到发展中国家生产。当 $i \in (N1, N2)$ 时，虽然 $P(i) > \mathrm{mc}(x_i)$，但发展中国家的边际成本 $\mathrm{MC}(X_i) < \mathrm{mc}(x_i)$，说明发展中国家可以按照 $\mathrm{mc}(x_i)$ 定价来抢占国际市场份额。当 $i \in (N2, N3)$ 时，虽然发达国家生产中间产品的最优定价 $p(i) > \mathrm{MC}(X_i)$，但发达国家的边际成本 $\mathrm{mc}(x_i) < \mathrm{MC}(X_i)$，说明发达国家可以按照 $\mathrm{MC}(X_i)$ 来作为中间产品的定价，获取市场的垄断利润。当 i 超过 $N3$ 时，发展中国家的边际成本 $\mathrm{MC}(X_i)$ 远大于发达国家生产中间产品的最优定价 $p(i)$，因此发展中国家一般通过进口满足自身生产需求。

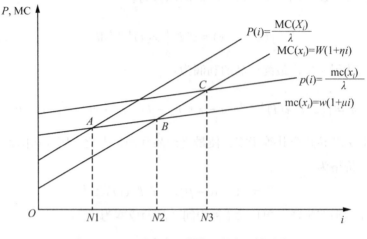

图 3-1　基于垂直专业化分工的产业转移模型

3.2　GVC 嵌入测度方法的演变

　　伴随着全球价值链理论与实践的发展,学者们展开了全球价值链的定量分析。发达国家在全世界范围内寻找合适的供应商和制造工厂,发展中国家凭借劳动力和生产资源等比较优势逐步参与 GVC 的运作,并期待嵌入后能带动本地区域、产业和企业的不断升级。嵌入 GVC 水平如何,地位如何体现?嵌入的"量"和"质"是否匹配?这些问题的解决都必须依赖于科学可靠的 GVC 定量分析,定量分析的基础就是 GVC 的测度问题。

　　全球价值链在运作本质上就是上下游企业在全球范围内的整合,最终实现有竞争力的价值链输出,所有参与者最终从中获益。这种整合与传统的纵向一体化战略有一定相似性,但因为跨越国界而且并不寻求通过产权联系实现链接,所以其整合更趋向于价值连接,并且更能适应对客户需求及时响应的市场需求。Hummels 等(2001)提出了传统贸易价值分解法(HIY),最早界定了垂直专业化程度(VS)和垂直专业化率

（VSS）指标。但该法假定进口中间品在加工贸易与一般贸易的出口产品中具有相同的投入比例。Hausmann 等（2007）在前人基础上将出口技术复杂度加以完善，对产品、行业和国家三个层面进行 GVC 分工地位测评。该法基于一国某产业出口产品的技术结构来衡量国际竞争力，间接测度 GVC 所处的地位。借鉴纵向一体化和投入产出的测度思路，以上两种方法均可以用来测度 GVC 嵌入水平，但均未考虑加工贸易这一模式，无法真实反映国际贸易的分工情况。

随着国际分工的不断深入，各国的合作早已不局限于行业与行业之间、产品与产品之间，全球外包的热潮加速实现了生产过程的片段化，打破了国界的限制。各国学者对于传统的贸易总值核算法的适用性表示怀疑，新的研究测量方法呼之欲出。为了解决上述问题，国内外学者利用贸易增加值分解框架，从价值增值角度考察贸易。Koopman（2008）提出贸易增加值分解模型（KPWW），将一国总出口按照增加值的来源分解成五部分，提出了贸易附加值核算方法能更好地体现在全球价值链上分工不同国家的贡献度以及在链上的位置，并基于贸易附加值进一步提出了 GVC-position 地位指数和 GVC-participation 参与度指数。Johnson（2012）提出了一个多国、多产品贸易的分析框架，将本国生产并最终被其他国家吸收的增加值定义为国内增加值出口。Koopman 等（2012）对 HIY 法进行适当修正，将非竞争性 I-O 表分解为一般贸易和加工贸易两种表，从行业层面测算了出口国内增加值率（Domestic Value Added Rate，DVAR）。之后，张杰等（2013）和 Upward 等（2013）从微观层面测算了我国企业的 DVAR。Koopman 等（2014）进一步完善出口分解模型（KWW），将一国出口总额分解为直接增加值、间接增加值（一国出口产品中间产品在国外加工后回流国内产生的增加值）和国外增加值。该法虽然实现了对一国出口总额的完全分解，但无法体现不同出口产品在进行各种增加值活动的差异性。

Wang 等（2013）、王直等（2015）在前面研究的基础上提出 WWZ 方法，按照细分层面的贸易流进行分解，得到出口品的价值来源于出口品的最终吸收地和吸收路径。该方法能够全面追溯全球价值链上的国内外增加值和重复计算部分,并成为许多学者考察 GVC 嵌入的主要方法。随后,Wang 等(2017)从新的视角展开研究,基于生产分解模型(WWYZ)重新界定嵌入 GVC 的程度、位置、竞争力等指标。相对来讲,WWYZ 是目前测度一国及其部门全球价值链位置最新且难度最大的方法,但倪红福(2019)发现基于投入产出模型测算出的位置与我们真实经济中生产链上的位置不完全对应。

当前,学术界主要采用垂直专业化率、出口技术复杂度(出口商品中包含的技术水平)以及中间品出口的国内增加值率等指标来衡量一国制造业嵌入 GVC 的水平。数据方面,国内外学者借助世界投入产出表数据库和对外经济贸易大学全球价值链指数数据库,基于全球多区域投入产出模型,对中国制造业嵌入全球价值链水平进行直接测算。一些作者基于 Wang 等(2013)或王直等(2015)贸易分解框架和 VSS 指标,对产业层面参与全球价值链的程度进行测算(刘斌等,2016;孟东梅等,2017;郑淑芳等,2020;谢会强等,2018)。Koopman 等(2010)构建的全球价值链前、后向参与程度与分工地位的统计指数使用频率最高,具有较强说服力和适用性(徐姗等,2020)。一些作者基于 Koopman 等(2014)或 Wang 等(2013)模型和 Koopman 等(2010)统计指标,衡量国家或区域或产业嵌入 GVC 的水平(许培源等,2021;刘会政等,2020;金钰莹等,2020;蔡礼辉等,2020)。一些学者使用中间品出口国内增加值率进行测度,该指标越高,说明该国通过产品研发设计、零部件生产或进口中间品再出口等形式参与国际分工,表明其位于全球价值链高端环节(Wang et al.,2013;刘斌等,2015)。国内学者基于以上方法测度了中国制造业 GVC 分工地位(杨连星等,2017;谢会强等,2018;郝凤霞等,2019)。

综上所述,本章梳理出 GVC 嵌入水平的具体测度指标,如表 3-1 所示。

表 3-1　全球价值链测度主要指标

指标	核心学者	相关文献
垂直专业化率（VSS）	Hummels 等（2001）	刘斌等（2016）；孟东梅等（2016）；谢会强等（2018）；郑淑芳等（2020）
出口技术复杂度指数	Hausmann 等（2007）	邱斌等（2012）；李小平等（2015）
中间品出口的国内增加值率（DVAS_INT）	Wang 等（2013）；刘斌等（2015）	杨连星等（2017）；谢会强等（2018）；郝凤霞等（2019）
全球价值链参与指数（GVC_Participation）	Koopman 等（2010）	金钰莹等（2020）；蔡礼辉等（2020）；许培源等（2021）；刘会政等（2020）
全球价值链地位指数（GVC_Position）		

资料来源：作者根据文献整理所得。

3.3　GVC 参与与 GVC 地位指数

全球价值链参与程度与分工地位的指数的提出，将一国/地区、区域、行业嵌入 GVC 水平的测度提升到了一个新的发展阶段。图 3-2 列出了 Koopman（2010）测度的全球价值链这两个指数的变化趋势。图中左边曲线表示的一些主要经济体某行业的 GVC 参与指数，右边与之形成对比分析的是该行业的 GVC 地位指数，通过该图可以发现主要经济体某些行业的这两个指数的变化。

由图 3-2 可以看出，两个指数变化趋势并不相同。参与程度更多从"量"上说明嵌入 GVC 水平，分工地位更多从"质"上测度其嵌入 GVC 的水平。一国参与程度高并不代表分工地位高，一国参与程度的提高并不必然带来分工地位的提升。同理，处于较高价值链分工地位的国家，其参与全球价值链的"量"，即参与程度，并不处于高水平。刘琳（2015）利用贸易附加值对我国三类技术行业（低技术行业、中技术行业、高技术行业）的 GVC 参与度和地位进行了测算，得出了高技术行业随着嵌入 GVC 程度的不断加深，其 GVC 地位反呈下降态势，究其原因是高科技产品出口价值中，国外附加值所占的比重在不断加大。

相较于重"量"的 GVC 参与程度指标，学者们更多关注 GVC 分工地位指标，国内学者对于中国所处的 GVC 地位及演变展开了不少研究。Xing（2011）利用贸易附加值法对中国高科技产品出口进行了分析，认为中国高新技术产业在全球价值链的地位稍有上升但仍处于低端。周升起、兰珍先（2014）分析了我国低、中、高技术行业价值链地位指数，提出了中国要实现全球价值链上的升级，关键要靠知识、技术密集型产

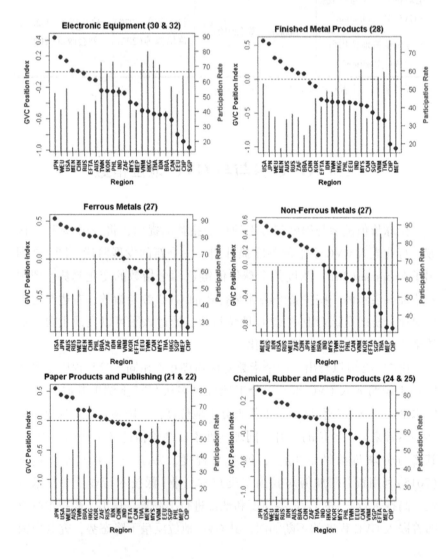

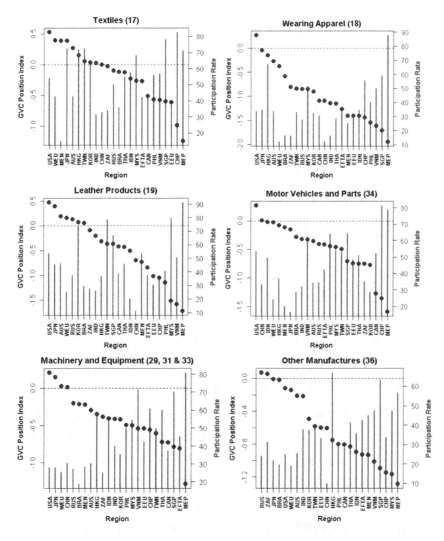

图 3-2　全球价值链参与程度与分工地位指数变化图

业的创新。王直、魏尚进（2015）在 Koopman 的研究基础上，对我国各部门的贸易总额进行了四类分解，并提出了将总贸易核算法和贸易附加值相结合的理论框架。戴翔（2015）基于贸易附加值，测算我国制造业的显示性比较优势，得出优势主要集中于 GVC 低端环节的劳动密集型产业，我国的知识密集型产业仍需改善。张定胜、刘洪愧（2015）从四个角度(垂直专业化、国外增加值占比、各国对中国出口中的贡献度、显性比较优势)分析了我国在 GVC 上的位置演变。程大中(2015)基于跨国投入—产出表对我国产业与他国产业的后向关联度进行了测算,结果表明中国大多数产业倾向于从发达经济体进口高附加值的产品,同时也更愿意向后者出口高附加值产品。Kee(2015)运用 2000—2007 年我国海关交易水平数据来衡量中国企业的国内附加值,认为中国正在将其比较优势向高技术行业转移,具体表现为中国在加工贸易过程中不断提高的国内附加值占比。魏龙、王磊(2016)使用 WIOD 数据和 KWWP 方法计算我国 RCA(显性比较优势)指数和 RGVCA(价值链显性比较优势)指数,并用上述指标说明了构建"一带一路"以中国为核心的价值链方案的可行性。

学者们将我国在全球价值链上的地位与其他国家展开了比较研究。刘重力、赵颖(2014)通过分析各国贸易增加值数据,提出了东亚地区贸易的"外部依赖性"在下降,但是改变不了整个地区处于价值链低端的客观事实。陈雯、李强(2014)使用贸易附加值核算法说明传统统计方法夸大了我国进出口规模,中国从事的依然是低端的加工贸易活动。王厚双、李艳秀(2015)利用 WTO 发布的贸易附加值统计数据,对我国服务业全球价值链参与度指数进行了测算,我国服务业在 GVC 的地位指数呈上升之势,但与欧美国家差距仍然很大。聂聆、李三妹(2014)通过各国 GVC 收入的显性比较优势指数分析了我国制造业在全球价值链的地位,发现显性优势在制造业集群中并不明显。樊茂清、黄薇(2014)利用跨国投入产出表(WIOD),分析了我国产业类型正在从劳动密集型向知识密集型升级。林桂军、何武(2015)利用 Kaplinsky 升级指数对我国装备制造业在全球价值链的地位进行了测算,虽然与发达国家有差距但已取得长足的进步。

3.4 嵌入程度具体测度指标

结合以上分析,GVC 嵌入可以通过体现"量"水平的 GVC 参与程度和体现"质"水平的 GVC 分工地位两个层面来进行测度。不同的测度指标和方法也被用来实现不同的测度目的。一般而言，垂直专业化比重（VSS）和 Koopman 的 GVC_Participation 通常被用于测度 GVC 参与程度，出口技术复杂度（EXPY）、中间品出口的国内增加值率（DVAS）和 Koopman 的 GVC_Position 指数通常被用于测度 GVC 分工地位。

3.4.1 垂直专业化比重（VSS）

垂直专业化比重（VSS）是基于垂直专业化理论形成的可以用来衡量一国参与全球价值链程度的指标。最早提出垂直专业化理论的学者是 Balassa（1967），将垂直专业化定义为生产上下游的专业化程度，从产品层面上体现为生产所耗费的中间品投入。进一步将该理论运用实践，系统提出垂直专业化程度（VS）、垂直专业化比重（VSS）的学者是 Hummels（2001），通过投入产出表可以计算出一国某一部门出口一单位产品所耗用的进口中间产品的价值，Hummels 将其定义为垂直专业程度（VS），垂直专业化比重（VSS）在 VS 的基础上除以该部门的总出口，以此反映出口全部产品中包含进口中间商品的相对比重。从数据计算本质上看，VS 表示的是出口中间产品的国外附加值，VSS 表示的是出口中间商品的国外附加值率。

有关垂直专业化程度（VS）和垂直专业化比重（VSS）的计算步骤和核心思想如下：

1. 垂直专业化的测度

假设一个经济体中含有 N 个经济部门（行业），用 M_i^I 表示 i 部门进口的中间产品，这些中间产品可以视为来自国外其余 j 个部门，用 M_{ji} 表示为 i 部门进口的被归类为国外 j 部门的中间产品，即有 $M_i^I = \sum_{j=1}^{n} M_{ji}(i = 1, 2, 3, \cdots, n)$，$X_i$ 表示 i 部门的总出口，Y_i 表示 i 部门的总产出。利用 Hummels（2001）所提出的式子，i 部门的垂直专业化程度可以表示为：

$$VS_i = \frac{M_i^I}{Y_i} * X_i = \frac{X_i}{Y_i} * M_i^I \tag{3-11}$$

2. 出口中垂直专业化的比重

式(3-11) 中的垂直专业化从经济学角度可以理解为 i 部门每产出一单位所需要耗费的出口产品与 i 部门进口的中间产品之积。国家层面的定义上来说全球价值链的参与程度应当表示为每产出一单位所耗用的进口中间产品，即出口中的垂直专业化比重: [①]

$$VSS = \frac{VS}{X} = \frac{\sum_{i=1}^{n} VS_i}{\sum_{i=1}^{n} X_i} = \frac{\sum_{i=1}^{n} (VS_i / X_i) * X_i}{\sum_{i=1}^{n} X_i}$$

$$= \sum_{i=1}^{n} \left(\frac{X_i}{X}\right)\left(\frac{VS_i}{X_i}\right) \tag{3-12}$$

将式(3-11) 代入式(3-12) 可得:

$$VSS = \frac{1}{X} \sum_{i=1}^{n} \left(\frac{VS_i}{X_i}\right) X_i = \frac{1}{X} \sum_{i=1}^{n} \left(\frac{M_i^I}{Y_i}\right) X_i$$

$$= \frac{1}{X} \sum_{i=1}^{n} \left(\frac{M_i^I}{Y_i}\right) X_i = \frac{1}{X} \sum_{i=1}^{n} \left(\frac{X_i}{Y_i}\right) M_i^I$$

$$= \frac{1}{X} \sum_{i=1}^{n} \left(\frac{X_i}{Y_i}\right) M_i^I = \frac{1}{X} \sum_{i=1}^{n} \sum_{j=1}^{n} \frac{X_i}{Y_i} M_{ji}^I \tag{3-13}$$

令 $a_{ij} = \frac{M_{ij}}{Y_j}$，意思为生产一单位 j 部门产品所需要 i 部门进口的中间产品数量，式(3-13) 可以改为下列矩阵形式:

$$VSS = \frac{1}{X}(11\cdots1)\begin{bmatrix} a_{11} & \cdots & a_{1n} \\ \vdots & a_{mm} & \vdots \\ a_{n1} & \cdots & a_{nn} \end{bmatrix}\begin{bmatrix} x_1 \\ \vdots \\ x_2 \end{bmatrix} = \frac{1}{X}\mu A^m X^\tau \tag{3-14}$$

其中 X 为部门的总出口，μ 为 $n \times 1$ 的矩阵，A^m 为进口消耗系数矩

---

① 推导过程参考北京大学中国经济研究中心课题组(2006)关于垂直专业化的表述。

阵，X^τ 为各部门的出口向量。用完全消耗系数矩阵式(3-14)可以表示为：

$$\text{VSS} = \frac{1}{X}\mu\, A^m\, (I - A^D)^{-1}\, X^\tau \tag{3-15}$$

其中 $A^D = \begin{bmatrix} b_{11} & \cdots & b_{1n} \\ \vdots & b_{mm} & \vdots \\ b_{n1} & \cdots & b_{nn} \end{bmatrix}$ 为国内消耗系数矩阵，b_{ij} 表示每生产一单位 j 部门(行业)产品所耗费的国内 i 部门生产的中间产品。$(I - A^D)^{-1}$ 为里昂惕夫逆矩阵。直接消耗系数矩阵 A 可以分解为国外(进口)消耗系数矩阵和国内消耗系数矩阵，即 $A^m + A^D = A$，直接消耗系数矩阵可以根据投入产出表进行计算。如何求解 A^m 成为计算式(3-15)的关键。Hummels 在计算过程中做了如下两点假设：

① i 部门进口中间产品在 j 部门投入比例相同；

② i 部门产品只有中间品和最终产品。

因此各部门中间产品使用进口与国产比例等于最终产品包含的进口部分与国产部分的比例，我们将 i 部门进口系数设为 λ_i，表示进口中间产品所占总的进口产品比例，具体计算值表示为[进口/(总产出＋进口－出口)]，上述数据均可以在投入产出表中获取。①$A^m = \lambda A$，求出 A^m 即可计算出垂直专业化比重(VSS)。

3.4.2　出口技术复杂度(EXPY)

出口技术复杂度的提升反映的是一国出口产业技术结构的优化，产品技术含量的提升。在全球价值链上则表示为出口的升级以及全球价值链地位的攀升。国外对于出口技术复杂度与全球价值链之间的关系研究比较少，Herrigel 等(2013)认为融入全球价值链增加了该国出口技术复杂度，中国出口升级是历史性的成功，这一升级的过程是学习的过程，

---

① 求某一具体部门的 λ 时用具体部门的进出口数据，求某一地区总的 λ 时用总的进出口数据处理。

将中国本土企业比喻为外国企业的学徒，通过嵌入全球价值链参与跨国生产环节进行学习，这些学习增加了中国出口市场的复杂性。Corcoles（2014）认为出口技术复杂度的提升对于全球贸易中断风险有减弱作用，在不断变化和不稳定的竞争环境中提升产品的技术复杂度能有效维持价值链的稳定，并逐渐实现价值链升级。Stojcic 和 Aralica（2018）以中欧和东欧地区"去工业化"到"再工业化"之路为例，阐述工业对于一个国家的重要性，出口技术复杂度的提升是"再工业化"的强大动力，同时也与一国所处全球价值链地位高度相关。

国内学者对于全球价值链与出口技术复杂度之间的关系进行了一系列探讨，具体可以从两个层面进行分析：一方面是对出口技术复杂度与嵌入 GVC 程度之间的关系研究，刘维林等（2014）利用中国 27 个制造业部门近十年的数据研究发现，中国通过参与全球价值链获得国外中间产品的投入使得我国出口技术复杂度得以提升；刘琳（2015）使用 WIOD 数据计算出各国的国外附加值率并以此作为全球价值链参与程度的代理变量，同时搜集各国海关数据计算相应的出口技术复杂度，实证结果表明，全球价值链的嵌入程度与出口技术复杂度有着高度的协同关系；刘琳和盛斌（2017）将出口产品中的国外中间产品和最终品的价值进行剥离，构建国内出口技术复杂度指标，并研究参与 GVC 对国内出口技术复杂的影响，检验结果表明，参与全球价值链对于国内技术水平的提升并不显著，内在分析机理为随着国外附加值（率）的提升对价值链地位产生负面影响。另一方面，出口技术复杂度与 GVC 升级也存在密切联系，刘斌等（2016）研究制造业服务化对全球价值链升级的影响，使用出口技术复杂度的变化来评价制造业全球价值是否实现升级，结果显示，制造业服务化不仅加深制造业嵌入全球价值链的程度同时对于实现价值链升级也有积极作用。孙灵希和曹琳琳（2016）将出口技术复杂度与全球价值链升级相联系，通过对我国装备制造业的测算，得出以下结论：制度因素、技术水平、要素投入等对我国价值升级具有正向作用，外商投资对我国制造业的出口技术复杂有负向影响，政府支持度对于价值链地位提升不显著。刘洪铎和陈和（2016）构造全球供应链的地位评价体系并将其与出口技术复杂度之间建立回归模型，回归结果表明，随着全球供应链地位的不断提高出口技术复杂度稳步上升。这一影响机理被解释为供应链地位的提升能提高一国技术吸收再创新的效率，进而起到提升出口产品技术含量的作用。

本章计算出口技术复杂度指标基本沿用 Lall（2006）、Rodrik（2006）、Hausmann（2007）等提出的方法，该方法普遍被学者所接受并广为使用，具体的计算步骤如下：

首先计算产品层面的出口技术复杂度 PRODY，PRODY 用文字可以表述为一国出口某一产品占该国出口产品总值与所有出口该产品国家上述值之和的比，再乘以该国人均 GDP 的乘积之和。假设有 n 个国家，用 i 表示其中任一国家，每个国家出口 n 类产品，用 j 表示其中任一产品，x_{ij} 表示 i 国出口 j 类产品的值，则第 i 个国家的总出口可以表述为：

$$X_i = \sum_{j=1}^{n} x_{ij} \tag{3-16}$$

$$PRODY_j = \sum_{i=1}^{n} \frac{x_{ij}/X_i}{\sum\limits_{i=1}^{n} x_{ij}/X_i} Y_i \tag{3-17}$$

其中 x_{ij}/X_i 表示 i 国出口 j 类产品占 i 国出口总值的比，$\sum\limits_{i=1}^{n} x_{ij}/X_i$ 表示所有出口 j 类产品国家出口 j 类品占出口总值的比例之和；Y_i 表示 i 国人均收入水平，用 i 国人均 GDP 代替。$PRODY_j$ 表示 j 类产品的出口技术复杂度。

一国出口产品一篮子技术复杂度的计算以每一项出口产品的技术复杂度 $PRODY_j$ 为基础。

$$EXPY_i = \sum_{j=1}^{n} \frac{x_{ij}}{X_i} PRODY_j \tag{3-18}$$

$EXPY_i$ 表示 i 国出口产品总的技术复杂度，国家之间的比较大多用此指标计算。

3.4.3 中间品出口的国内增加值率（DVAS）

假设全球存在 G 个国家（s，$r = 1$，2，$\cdots$，G），每个国家各有 N 个行业，投入产出模型的具体形式如表 3-2 所示。

表 3-2 国际投入产出表

投入\产出		中间使用				最终使用				总产出
		A 国 1, ···, N	B 国 1, ···, N	···	ROW 1, ···, N	A 国	B 国	···	ROW	
中间投入	A 国 1, ···, N	Z^{AA}	Z^{AB}	···	Z^{AR}	Y^{AA}	Y^{AB}	···	Y^{AR}	X^A
	B 国 1, ···, N	Z^{BA}	Z^{BB}	···	Z^{BR}	Y^{BA}	Y^{BB}	···	Y^{BR}	X^B
	···	···	···	···	···	···	···	···	···	···
	ROW 1, ···, N	Z^{RA}	Z^{RB}	···	Z^{RR}	Y^{RA}	Y^{RB}	···	Y^{RR}	X^R
增加值		VA^A	VA^B	···	VA^R					
总投入		X^A	X^B	···	X^R					

注：其他国家（Rest of World，ROW）。

资料来源：梁优彩、郭斌斌（1990）《国际投入产出表简介》。

其中，Z^{sr} 表示 r 国某行业在生产过程中使用 s 国某行业的中间品投入；Y^{sr} 表示 r 国某行业最终消费 s 国某行业的最终品，VA^A 表示 A 国的增加值，横向的 X^s 表示 s 国的总产出，纵向的 X^r 表示 r 国的总投入。

由于总投入等于总产出，从表 3-1 的横向也看出一国总产出等于 G 个国家的中间品使用与最终品使用之和，可以得出以下等式：

$$X^s = A^{sr} X^r + Y^{sr} \tag{3-19}$$

其中，$A^{sr} = Z^{sr} / X^s$，为 r 国对 s 国的直接消耗系数矩阵。

将上述等式转化成分块矩阵模型：

$$\begin{bmatrix} X^1 \\ \vdots \\ X^R \end{bmatrix} = \begin{bmatrix} A^{11} & \cdots & A^{1R} \\ \vdots & \vdots & \vdots \\ A^{R1} & \cdots & A^{RR} \end{bmatrix} \begin{bmatrix} X^1 \\ \vdots \\ X^R \end{bmatrix} = \begin{bmatrix} Y^{11} & \cdots & Y^{1R} \\ \vdots & \vdots & \vdots \\ Y^{R1} & \cdots & Y^{RR} \end{bmatrix}$$

令 $B = (I - A)^{-1}$，将上式变形为：$X = (I - A)^{-1} Y = BY$，即：

$$\begin{bmatrix} X^1 \\ \vdots \\ X^R \end{bmatrix} = \begin{bmatrix} B^{11} & \cdots & B^{1R} \\ \vdots & \vdots & \vdots \\ B^{R1} & \cdots & B^{RR} \end{bmatrix} = \begin{bmatrix} Y^{11} & \cdots & Y^{1R} \\ \vdots & \vdots & \vdots \\ Y^{R1} & \cdots & Y^{RR} \end{bmatrix}$$

s 国总出口 E 具体分解过程如下所示。

$$E^s = Y^{sr} + A^{sr} X^r = \underbrace{(V^s B^{ss})^T \# Y^{sr}}_{(1)\,\text{DVA\_FIN}} + \underbrace{(V^s L^{ss})^T \# (A^{sr} B^{rr} Y^{rr})}_{(2)\,\text{DVA\_FIN}}$$

$$+ \underbrace{(V^s L^{ss})^T \# \left[A^{sr} \sum_{t \neq s,\, r}^{R} B^{rt} Y^{tt} + A^{sr} B^{rr} \sum_{t \neq s,\, r}^{R} Y^{rt} + A^{sr} \sum_{t \neq s,\, r}^{R} B^{rt} \sum_{u \neq s,\, r}^{R} Y^{tu} \right]}_{(3)\,\text{DVA\_INTrex}}$$

$$+ \underbrace{(V^s L^{ss})^T \# \left(A^{sr} \sum_{t \neq s,\, r}^{R} B^{rt} Y^{ts} + A^{sr} B^{rr} Y^{rs} + A^{sr} B^{rs} Y^{ss} \right)}_{(4)\,\text{RDV}}$$

$$+ \underbrace{(V^s L^{ss})^T \# \left(A^{sr} B^{rs} \sum_{t \neq s}^{R} Y^{st} \right) + \left(V^s L^{ss} \sum_{t \neq s}^{R} A^{st} B^{ts} \right)^T \# (A^{sr} X^r)}_{(5)\,\text{DDC}}$$

$$+ \underbrace{(V^s B^{rs})^T \# Y^{sr} + \left(\sum_{t \neq s,\, r}^{R} V^t B^{ts} \right)^T \# Y^{sr}}_{(6)\,\text{FVA\_FIN}}$$

$$\underbrace{+ \left(V^s B^{rs}\right)^T \# \left(A^{sr} L^{rr} Y^{rr}\right) + \left(\sum_{t \neq s,\, r}^R V^t B^{ts}\right)^T \# \left(A^{sr} L^{rr} Y^{rr}\right)}_{(7)\,\text{FVA\_INT}}$$

$$\underbrace{+ \left(V^s B^{rs}\right)^T \# \left(A^{sr} L^{rr} E^r\right) + \left(\sum_{t \neq s,\, r}^R V^t B^{ts}\right)^T \# \left(A^{sr} L^{rr} E^{rr}\right)}_{(8)\,\text{FDC}} \qquad (3\text{-}20)$$

式 (3-20) 中，$L^{ss} = \left[I - A^{ss}\right]^{-1}$，$V^s = \mathrm{VA}^s / X^s$ 是分块矩阵的价值增值系数。

本章借鉴 Wang 等 (2013) 的 WWZ 模型，运用世界投入产出表的数据将我国出口贸易总额按最终品出口和中间品出口分解为 16 个部分，根据需要将分解结果合并为 8 大部分：下标 (1) DVA_FIN 是最终出口的国内增加值；下标 (2) DVA_INT 是被直接进口国吸收的中间出口部分；下标 (3) DVA_INTrex 是被直接进口国生产向第三国出口所吸收的中间出口部分；下标 (4) RDV 来自于返回并被本国吸收的国内增加值；下标 (5) DDC 来自于国内纯重复计算部分；下标 (6) FVA_FIN 来自于出口国隐含的进口增加值；下标 (7) FVA_INT 来自于出口隐含的第三国 (其他) 的进口增加值；下标 (8) FDC 来自于国外的纯重复计算部分。

Wang 等 (2013) 的 WWZ 模型能够全面分解 GVC 上的国内外增加值和重复计算部分，再结合中间品出口的国内增加值率指标可以直接反映 GVC 分工地位，表达式为：

$$\mathrm{DVAS\_INT} = \frac{\mathrm{DVA\_INT} + \mathrm{DVA\_INTrex}}{\mathrm{DVA}} \qquad (3\text{-}21)$$

式 (3-21) 中的中间品出口的国内增加值率 (DVAS_INT) 可以理解为出口中间商品的国内增加值率。DVAS_INT 指标比值越大，就代表它主要向其他国家出口中间品来参与国际分工，即我国该产业 GVC 分工地位越高。相反，DVAS_INT 指标比值越小，它会大量进口别国的中间品进行简单组装与加工，最终形成产成品，即我国该产业 GVC 分工地位越低 (Wang et al., 2013；刘斌等，2015)。利用世界投入产出表，结合式 (3-21) 计算步骤可以求出我国各行业的中间品出口的国内增加值率 (DVAS_INT)。

3.4.4 Koopman 的 GVC_Participation 与 GVC_Position 指数

GVC_Participation 与 GVC_Position 最早由 Koopman(2010)提出，与传统指标不同，上述两项指标基于贸易附加值的视角来分析计算。具体来说，生产全球化带来的各项分工阶段位于不同的国家，每个国家在其中创造的价值不尽相同(Krugman，1995)，从研发设计、组装、销售、售后服务等活动中每一参与国所获得的真实价值是该环节的增加值而非绝对值(Gereffi，2006)，进一步，以一部苹果手机的价值增值为例，Iphone 在美国加利福尼亚的研究中心进行研发设计，由韩国公司提供其所需的屏幕和存储系统，美国高通提供通信基带芯片，日本 AKM 公司中国台湾鸿海公司提供其他主要零部件，欧洲意法半导体公司提供半导体材料，最后由中国富士康进行代工组装生产并出口至美国。传统的总贸易核算法将这一部苹果手机的出口销售额归集于中国，认为这是中国对美的实际出口额，但实际上一部 900 多美元的苹果手机中只有不到 16 美元由中国创造，占比不足 1.8%，而美国获取 60% 以上的增加值(Kraemer et al.，2011)，美国对于 Iphone 生产环节的价值分配有着绝对的控制权，此外中国硬盘、北美汽车、亚洲服装等都有类似的现象(Koopman & Wang，2008)。当下中美贸易战中，美国宣称的中国对美高额的贸易"顺差"是总贸易核算法所营造的假象(刑予青和 Detert，2011)。特别是中间商品贸易的兴起，如何科学衡量一国参与全球价值链生产所获得的实际增加值有着特别的现实意义，Koopman(2010)进行贸易值分解很好地解决了这一问题。如何进行贸易值的分解，本章借鉴 Koopman 等(2010)、王直等(2015)提出的三国模型进行简单说明，为后文解释 GVC_Participation 与 GVC_Position 提供研究基础。

假设存在三个国家分别为 S、R、T 国，其投入产出表模型如表 3-3 所示。

表 3-3　投入产出表三国模型

产出 投入		中间使用			最终使用			总产出
		S	R	T	S	R	T	
中间 投入	S	Z^{ss}	Z^{sr}	Z^{st}	Y^{ss}	Y^{sr}	Y^{st}	X^s
	R	Z^{rs}	Z^{rr}	Z^{rt}	Y^{rs}	Y^{rr}	Y^{rt}	X^r
	T	Z^{ts}	Z^{tr}	Z^{tt}	Y^{ts}	Y^{tr}	Y^{tt}	X^t
增加值		VA^s	VA^r	VA^t	—	—	—	—
总投入		$(X^s)'$	$(X^r)'$	$(X^t)'$	—	—	—	—

各指标的上标 s、r、t 分别代表 S、R、T 三个国家，Z^{st} 及 Y^{st} 分别代表 S 国对 T 国中间产品的投入和最终产品的投入；VA^s 代表 S 国的增加值，X^s 表示 S 国的总产出（以此类推）。由于总投入等于总产出，$(X^s)'$ 与 X^s 互为转置矩阵。假设每个国家都有 N 个部门，即 Z 是 $n*n$ 型矩阵，X、Y 为 $n*1$ 型矩阵。

横向来看，$$\begin{bmatrix} Z^{ss} + & Z^{sr} + & Z^{st} \\ Z^{rs} + & Z^{rr} + & Z^{rt} \\ Z^{ts} + & Z^{tr} + & Z^{tt} \end{bmatrix} + \begin{bmatrix} Y^{ss} + & Y^{sr} + & Y^{st} \\ Y^{rs} + & Y^{rr} + & Y^{rt} \\ Y^{ts} + & Y^{tr} + & Y^{tt} \end{bmatrix} = \begin{bmatrix} X^s \\ X^r \\ X^t \end{bmatrix}$$

定义投入系数：$A \equiv Z(X)^{-1}$，则有：

$$\begin{bmatrix} A^{ss} & A^{sr} & A^{st} \\ A^{rs} & A^{rr} & A^{rt} \\ A^{ts} & A^{tr} & A^{tt} \end{bmatrix} \begin{bmatrix} X^s \\ X^r \\ X^t \end{bmatrix} + \begin{bmatrix} Y^{ss} + & Y^{sr} + & Y^{st} \\ Y^{rs} + & Y^{rr} + & Y^{rt} \\ Y^{ts} + & Y^{tr} + & Y^{tt} \end{bmatrix} = \begin{bmatrix} X^s \\ X^r \\ X^t \end{bmatrix}$$

调整为由需求拉动的总产出公式：

$$\begin{bmatrix} X^s \\ X^r \\ X^t \end{bmatrix} = \begin{bmatrix} B^{ss} & B^{sr} & B^{st} \\ B^{rs} & B^{rr} & B^{rt} \\ B^{ts} & B^{tr} & B^{tt} \end{bmatrix} \begin{bmatrix} Y^{ss} + & Y^{sr} + & Y^{st} \\ Y^{rs} + & Y^{rr} + & Y^{rt} \\ Y^{ts} + & Y^{tr} + & Y^{tt} \end{bmatrix}$$

其中 $\begin{bmatrix} B^{ss} & B^{sr} & B^{st} \\ B^{rs} & B^{rr} & B^{rt} \\ B^{ts} & B^{tr} & B^{tt} \end{bmatrix} = \begin{bmatrix} I-A^{ss} & I-A^{sr} & I-A^{st} \\ I-A^{rs} & I-A^{rr} & I-A^{rt} \\ I-A^{ts} & I-A^{tr} & I-A^{tt} \end{bmatrix}^{-1}$ 为里昂惕夫逆

矩阵。

将上式进行展开，可以将 T 国的总产出 X^t 按需求进行分解为下列九个项目：

$$X^t = B^{ts} Y^{ss} + B^{ts} Y^{sr} + B^{ts} Y^{st} + B^{tr} Y^{rs} + B^{tr} Y^{rr} + B^{tr} Y^{rt} + B^{tt} Y^{ts} + B^{tt} Y^{tr} + B^{tt} Y^{tt}$$

因此，S 国向 T 国出口的中间产品可以分解为：

$$Z^{st} = A^{st} X^t = A^{st} B^{ts} Y^{ss} + A^{st} B^{ts} Y^{sr} + A^{st} B^{ts} Y^{st} + A^{st} B^{tr} Y^{rs} + A^{st} B^{tr} Y^{rr} + A^{st} B^{tr} Y^{rt} + A^{st} B^{tt} Y^{ts} + A^{st} B^{tt} Y^{tr} + A^{st} B^{tt} Y^{tt}$$

基于中间产品的分解，按照相似原理我们可以将总出口分解为不同来源的增加值和最终获得该部分增加值对象进行划分，定义增加值系数为 $V^s \equiv VA^S (X^s)^{-1}$，$V^r$、$V^t$ 类似。

$$VB = \begin{bmatrix} V^s & V^r & V^t \end{bmatrix} \begin{bmatrix} B^{ss} & B^{sr} & B^{st} \\ B^{rs} & B^{rr} & B^{rt} \\ B^{ts} & B^{tr} & B^{tt} \end{bmatrix}$$

$$= \begin{bmatrix} V^s B^{ss} + V^r B^{rs} + V^t B^{ts}, & V^s B^{sr} + V^r B^{rr} + V^t B^{tr}, \\ V^s B^{st} + V^r B^{rt} + V^t B^{tt} \end{bmatrix}$$

上述向量中，每一个组成元素都为1，即任一国家出口产品都可以完全被分解为所有国家所有部门的价值增值。即：

$$V^s B^{ss} + V^r B^{rs} + V^t B^{ts} = (1, 1 \cdots 1)$$

用 E^{sr} 表示 S 国向 R 国的总出口，则 $E^{sr} = A^{sr} X^{sr} + Y^{sr}$，其中 $A^{sr} X^{sr}$ 表示 S 国向 R 国出口的中间产品，Y^{sr} 为 S 国向 R 国出口的最终产品，进一步，S 国的总出口为：$E^s = E^{sr} + E^{st} = A^{sr} X^{sr} + Y^{sr} + A^{st} X^{st} + Y^{st}$，同样 R 国和 T 国的总出口也可以进行上述表示，

恒等式可以写为：$\begin{bmatrix} A^{ss} & 0 & 0 \\ 0 & A^{rr} & 0 \\ 0 & 0 & A^{tt} \end{bmatrix} \begin{bmatrix} X^s \\ X^r \\ X^t \end{bmatrix} + \begin{bmatrix} Y^{ss} + E^s \\ Y^{rr} + E^r \\ Y^{tt} + E^t \end{bmatrix} = \begin{bmatrix} X^s \\ X^r \\ X^t \end{bmatrix}$

令 $L^{ss} = [I - A^{ss}]^{-1}$，上式变为：

$$\begin{bmatrix} X^s \\ X^r \\ X^t \end{bmatrix} = \begin{bmatrix} L^{ss} Y^{ss} + L^{ss} E^s \\ L^{rr} Y^{rr} + L^{rr} E^r \\ L^{tt} Y^{tt} + L^{tt} E^t \end{bmatrix}$$

S 国向 R 国出口中间产品的 $Z^{sr} = A^{sr} X^r = A^{sr} L^{rr} Y^{rr} + A^{sr} L^{rr} E^r$，结合上式，$S$ 国向 R 国的总出口 E^{sr} 可以表示为：

$$\begin{aligned} E^{sr} &= A^{sr} X^{sr} + Y^{sr} = (V^s B^{ss})' \cdot Y^{sr} + (V^r B^{rs})' \cdot Y^{sr} + (V^t B^{ts})' \cdot Y^{sr} + \\ &\quad (V^s B^{ss})' \cdot A^{sr} X^r + (V^r B^{rs})' \cdot A^{sr} X^r + (V^t B^{ts})' \cdot A^{sr} X^r \\ &= (V^s B^{ss})' \cdot Y^{sr} + (V^s L^{ss})' \cdot A^{sr} B^{rr} Y^{rr} + (V^s L^{ss})' \cdot A^{sr} B^{rt} Y^{tt} + \\ &\quad (V^s L^{ss})' \cdot A^{sr} B^{rr} Y^{rt} + (V^s L^{ss})' \cdot A^{sr} B^{rt} Y^{tr} + (V^s L^{ss})' \cdot A^{sr} B^{rr} Y^{rs} + \\ &\quad (V^s L^{ss})' \cdot A^{sr} B^{rr} Y^{ts} + (V^s L^{ss})' \cdot A^{sr} B^{rs} Y^{ss} + (V^s L^{ss})' \cdot [A^{sr} B^{rs} \\ &\quad (Y^{sr} + Y^{st})] + (V^s B^{ss} - V^s L^{ss})' \cdot (A^{sr} X^r) + (V^r B^{rs})' \cdot Y^{sr} + \\ &\quad (V^r B^{rs})' \cdot (A^{sr} L^{rr} Y^{rr}) + (V^r B^{rs})' \cdot (A^{sr} L^{rr} E^r) + (V^t B^{ts})' \cdot Y^{sr} + \\ &\quad (V^t B^{ts})' \cdot (A^{sr} L^{rr} Y^{rr}) + (V^t B^{ts})' \cdot (A^{sr} L^{rr} E^r) \end{aligned}$$

上述十六部分是王直、魏尚进、祝坤福（2015）结合 Koopman 等（2010）思想对总贸易核算法下，一国总出口按照产品属性以及价值吸收地进行的分解。王直等人将上述十六部分进行了如下定义。

王直等人将上式分解的十六部分前五项定义为被国外吸收的国内附加值，(6-8)项为返回国内被国内吸收的增加值，这两组构成出口产品中的国内价值增值部分。另外(11-12)项以及(14-15)项为出口产品的国外附加值部分，其余为重复计算部分。后者(9-16)项为 Hummels 提出的垂直专业化程度（VS）。详细的项目分组见图 3-3，至此一国总出口的分解内容基本呈现如上。

为了避免商品流转导致的重复计算问题，Koopman、William 等（2010）进行总出口分解后提出了 GVC_Participation 与 GVC_Position 的概念并以上述两项指标衡量一国参与全球价值链程度及地位水平。

首先，GVC_Participation 的构成要素如下：

$$\text{GVC\_Participation}_i = \frac{\text{IV}_i}{E_i} + \frac{\text{FV}_i}{E_i} \qquad (3\text{-}22)$$

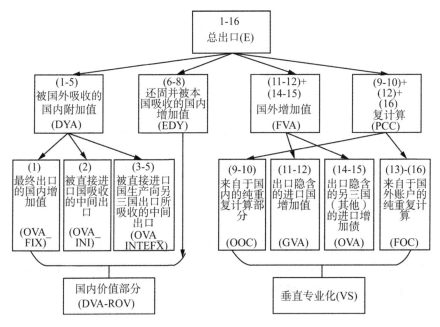

图 3-3　总贸易分解 16 部分定义图①

其中，IV$_i$ 表示 i 国出口中间产品的价值增值，即 i 国出口中间产品被其他国吸收并用作第三国出口的价值增值，也称为增加值的间接出口，对应上述十六部分中的(3-5) 项 DVA_INTREX；FV$_i$ 表示 i 国出口产品中所包含的他国价值增值，对应的上图中的 FVA 值，E_i 为 i 国总出口值(下同)。进一步，$\dfrac{\mathrm{IV}_i}{E_i}$ 表示 i 国 GVC 前向参与度，$\dfrac{\mathrm{FV}_i}{E_i}$ 为 i 国 GVC 后向参与度，两者共同构成了 GVC 参与度指数。当前向参与度水平较高表明一国出口总值中更多比例的国内价值增值以中间品的形式流向其他国家，GVC 后向参与度较大时表明供应链更多依赖外国中间商品的进口。不论是前向参与度或者后向参与度的提高都能反映一国对现有价值链依赖程度的提升，能够较好地评价一国参与 GVC 程度 (Koopman，

---

① 图中内容参考王直、魏尚进、祝坤福(2015)《总贸易核算法：官方贸易统计与全球价值链的度量》。

2010；王直等，2015；乔小勇等，2017）。

其次，GVC_Position 的构成要素如下：

$$\text{GVC\_Position}_i = \text{Ln}\left(1 + \frac{\text{IV}_i}{E_i}\right) - \text{Ln}\left(1 + \frac{\text{FV}_i}{E_i}\right) \tag{3-23}$$

Koopman 等学者认为一国全球价值链的地位取决于 GVC 上的国内价值增值，$\dfrac{\text{IV}_i}{E_i}$ 越大出口国内附加值占比越大，一国所处的全球价值链地位水平越高。处于价值链上游其国内增加值间接出口大于出口中的国外增加值，GVC 地位水平随着这一差值 $\left(\dfrac{\text{IV}_i}{E_i} - \dfrac{\text{FV}_i}{E_i}\right)$ 的增大而不断增大（Koopman et al.，2010；刘海云和毛海欧，2015；王厚双等，2015）。对于可能出现的负数情况，GVC_Position 衡量的是价值链地位水平的相对高低，不考虑数理上的绝对意义。

3.4.5　基于 FVAR 和 DVAR 的企业层面 GVC 嵌入测度

本书借鉴任志成、张幸（2020）的做法，采用企业层面的 GVC 地位指数来测度的企业的价值链攀升，先测算企业层面的出口国外附加值率（FVAR）和国内附加值率（DVAR）进而测算微观企业层面的 GVC 地位指数。为了提供翔实可靠数据支持并且保证数据年份的时效性，本书采用的是 2007—2016 年中国海关数据库和国泰安 CSMAR 数据库匹配的微观数据。由于海关数据库数据年份最新到 2016 年，所以本书数据最新是到 2016 年。

中国出口企业层面的 DVAR 基本测算方法如下（Kee & Tang，2016；张杰等，2013）：

（1）先计算国内价值增值（Domestic Value Added，DVA）：

企业总收入=利润+劳动力成本+资本成本+国内原材料成本+进口原材料成本

$$\text{PY}_i = \pi_i + \omega L_i + r K_i + P^D M_i^D + P^I M_i^I \tag{3-24}$$

（2）由于国内原材料成本可能包含一部分进口成分（δ_i^F），同样，进口原材料成本中也可能包含国内生产的成分（δ_i^D），即：

$$P^D M_i^D \equiv \delta_i^F + q_i^D, \quad \text{and} \quad P^I M_i^I \equiv \delta_i^D + q_i^F \tag{3-25}$$

（3）定义一个企业的 DVA = 利润 + 劳动力成本 + 资本成本 + 直接或间接购买的国内生产的原材料成本，即：

$$\text{DVA}_i \equiv \pi_i + \omega L_i + r K_i + q_i^D + \delta_i^D \tag{3-26}$$

（4）对于一个加工出口企业，其出口总额（EXP_i）即为收入（PY）；其进口总额（IMP_i）包括进口的原材料（$P^I M_i^I$）和进口设备的成本（δ_i^K），所以可得如下等式：

$$\text{EXP}_i = \text{DVA}_i + \text{IMP}_i - \delta_i^D + \delta_i^F - \delta_i^K \Rightarrow$$
$$\text{DVA}_i = (\text{EXP}_i - \text{IMP}_i) + (\delta_i^D - \delta_i^F + \delta_i^K) \tag{3-27}$$

根据现有文献和数据暂假设 δ_i^D 和 δ_i^K 均为零。即：

$$\text{EXP}_i = \text{DVA}_i + \text{IMP}_i + \delta_i^F \tag{3-28}$$

$$\text{DVA}_i = (\text{EXP}_i - \text{IMP}_i) - \delta_i^F \tag{3-29}$$

（5）计算 DVAR：

$$\text{DVAR}_i \equiv \frac{\text{DVA}_i}{\text{EXP}_i} = 1 - \frac{P^I M_i^I}{P Y_i} - \frac{\delta_i^F}{\text{EXP}_i} = 1 - \frac{P^M M_i}{P Y_i} \frac{P^I M_i^I}{P^M M_i} - \frac{\delta_i^F}{\text{EXP}_i} \tag{3-30}$$

式中：$P^M M_i = P^D M_i^D + P^I M_i^I$。

在此基本测算方法基础上，本书借鉴 Upward 等（2013）、吕越等（2018）研究，利用异质性企业微观数据测算国外附加值率 FVAR 指数的方法，测度了中国上市公司的 GVC 地位指数。

具体测度方法如下：

（1）先计算各企业的国外附加值率：

$$\text{FVAR} = \frac{V^F}{X^t} = \frac{M^P + M^g [X^g / (D + X^g)]}{X} \tag{3-31}$$

其中，V^F 表示企业出口产品中所含的国外附加值；X^t 表示企业总出口；X^g 表示企业一般贸易出口；M^g 表示企业加工贸易进口，M^P 表示企业一般贸易进口；D 表示国内销售值。在实际的计算过程中，企业的进出口值来源于中国海关的数据，企业的内销值等于销售总额减去企业的出口值，这里把企业的营业收入看成是企业的内销价值的一个近似数值。尽管企业的营业收入可能来自多个方面，但从不同类型的收入占比来看，制造型企业的产品销售收入占据了绝大多数的企业营业收入，因此本书将企业的销售收入与制造企业的营业收入进行近似衡量。在计算过程中如果出现国外增加值大于企业总出口值的情况，即 $V^F \geqslant X^t$ 时，本书假定 FVAR = 1。

在计算过程中为了更为精确地估算中国企业的 FVAR，本书充分考虑以下两个方面问题：

一是由于我国企业是进口产品并不全部为中间产品的进口产品并不是完全用于再生产的模式，例如：一般贸易企业的部分进口产品并不是投入再生产环节而是直接作为最终产品销售到中国市场。因此，本书根据 BEC 产品分类编码与 HS 编码[①]的对应关系，认定、剔除进口产品中消费类和资本类商品的份额，并最终得到进口一般贸易中间品。

二是因为我国严格限制企业的进出口经营权，导致出现我国企业在进出口方面存在依赖中间贸易商的现象，企业自身的能力和可用资金都有比较有限。对于贸易中间商的处理，参考 Upward 等（2013）的方法，将含有"科贸""外贸""贸易"字样的企业认定为贸易中间商，根据各 HS6 分位产品进口总额中通过中间商的进口份额，计算实际的中间品进口额。

（2）计算各企业的国内附加值率：

$$DVAR = 1 - FVAR \tag{3-32}$$

（3）计算各企业的 GVC 地位指数：

$$GVC = \ln(1 + DVAR) - \ln(1 + FVAR) \tag{3-33}$$

---

① 各年度海关数据使用不同版本的转换表，其中 2007—2011 年、2012—2013 年分别采用 BEC—HS1996、BEC—HS2002、BEC—HS2007、BEC—HS2012 转换表。

◎ 参考文献

[1]张杰,陈志远,刘元春.中国出口国内附加值的测算与变化机制[J].经济研究,2013,48(10):124-137.

[2]樊茂清,黄薇.基于全球价值链分解的中国贸易产业结构演进研究[J].世界经济,2014,37(2):50-70.

[3]周升起,兰珍先,付华.中国制造业在全球价值链国际分工地位再考察——基于Koopman等的"GVC地位指数"[J].国际贸易问题,2014(2):3-12.

[4]刘重力,赵颖.东亚区域在全球价值链分工中的依赖关系——基于TiVA数据的实证分析[J].南开经济研究,2014(5):115-129.

[5]刘维林,李兰冰,刘玉海.全球价值链嵌入对中国出口技术复杂度的影响[J].中国工业经济,2014(6):83-95.

[6]陈雯,李强.全球价值链分工下我国出口规模的透视分析——基于增加值贸易核算方法[J].财贸经济,2014(7):107-115.

[7]聂聆,李三妹.制造业全球价值链利益分配与中国的竞争力研究[J].国际贸易问题,2014(12):102-113.

[8]戴翔.中国制造业国际竞争力——基于贸易附加值的测算[J].中国工业经济,2015(1):78-88.

[9]林桂军,何武.中国装备制造业在全球价值链的地位及升级趋势[J].国际贸易问题,2015(4):3-15.

[10]刘琳.中国参与全球价值链的测度与分析——基于附加值贸易的考察[J].世界经济研究,2015(6):71-83,128.

[11]王厚双,李艳秀,朱奕绮.我国服务业在全球价值链分工中的地位研究[J].上海:世界经济研究,2015(8):11-18,127.

[12]刘海云,毛海欧.国家国际分工地位及其影响因素——基于"GVC地位指数"的实证分析[J].国际经贸探索,2015,31(8):44-53.

[13]程大中.中国参与全球价值链分工的程度及演变趋势——基于跨国投入—产出分析[J].经济研究,2015,50(9):4-16,99.

[14]王直,魏尚进,祝坤福.总贸易核算法:官方贸易统计与全球价值链的度量[J].中国社会科学,2015(9):108-127,205-206.

[15]张定胜,刘洪愧,杨志远.中国出口在全球价值链中的位置演变——基于增加值核算的分析[J].财贸经济,2015(11):114-130.

[16]刘斌,王杰,魏倩.对外直接投资与价值链参与:分工地位与升级模式[J].数量经济技术经济研究,2015,32(12):39-56.

[17]刘斌,魏倩,吕越,祝坤福.制造业服务化与价值链升级[J].经济研究,2016,51(3):151-162.

[18]魏龙,王磊.从嵌入全球价值链到主导区域价值链——"一带一路"倡议的经济可行性分析[J].国际贸易问题,2016(5):104-115.

[19]刘洪铎,陈和.全球供应链分工地位如何影响——国服务贸易部门的出口技术复杂度[J].国际贸易问题,2016(9):27-37.

[20]孙灵希,曹琳琳.中国装备制造业价值链地位的影响因素研究[J].宏观经济研究,2016(11):59-71,166.

[21]郭海霞.国际产业转移视角下资源型地区产业结构优化研究[D].山西财经大学,2017.

[22]孟东梅,姜延书,何思浩.中国服务业在全球价值链中的地位演变——基于增加值核算的研究[J].经济问题,2017(1):79-84.

[23]乔小勇,王耕,李泽怡.全球价值链国内外研究回顾——基于SCI/SSCI/CSSCI文献的分析[J].亚太经济,2017(1):116-126.

[24]刘琳,盛斌.全球价值链和出口的国内技术复杂度——基于中国制造业行业数据的实证检验[J].国际贸易问题,2017(3):3-13.

[25]杨连星,罗玉辉.中国对外直接投资与全球价值链升级[J].数量经济技术经济研究,2017,34(6):54-70.

[26]谢会强,黄凌云,刘冬冬.全球价值链嵌入提高了中国制造业碳生产率吗[J].国际贸易问题,2018(12):109-121.

[27]倪红福,龚六堂,夏杰长.什么削弱了中国出口价格竞争力?——基于全球价值链分行业实际有效汇率新方法[J].经济学(季刊),2019,18(1):367-392.

[28]郝凤霞,黄含.投入服务化对制造业全球价值链参与程度及分工地位的影响[J].产经评论,2019,10(6):58-69.

[29]蔡礼辉,任洁,朱磊.中美制造业参与全球价值链分工程度与地位分析——兼论中美贸易摩擦对中国价值链分工的影响[J].商业研究,2020(3):39-48.

[30]刘会政,宗喆.融资约束对中国区域全球价值链嵌入的影响[J].国际贸易问

题, 2020(4): 121-139.

[31] 郑淑芳, 谢会强, 刘冬冬. 经济政策不确定性对中国制造业价值链嵌入的影响研究[J]. 国际贸易问题, 2020(4): 69-85.

[32] 徐姗, 李容柔. 全球价值链地位的测度: 方法评述及研究展望[J]. 科技管理研究, 2020, 40(8): 72-82.

[33] 金钰莹, 叶广宇, 彭说龙. 中国制造业与服务业全球价值链地位 GVC 指数测算[J]. 统计与决策, 2020, 36(18): 95-98.

[34] 许培源, 刘雅芳. 国际贸易投资新规则对全球价值链分工地位的影响研究[J]. 亚太经济, 2021(3): 86-95.

[35] 任志成, 张幸. 参与全球价值链提高中国上市公司的全要素生产率了吗[J]. 审计与经济研究, 2020(7): 91-101.

[36] Balassa B. Trade creation and trade diversion in the European Common Market[J]. The Economic Journal, 1967, 77(305): 1-21.

[37] Córcoles D, Diaz-Mora C, Gandoy R. Product sophistication: A tie that binds partners in international trade[J]. Economic Modelling, 2014, 44: S33-S41.

[38] Gereffi G. The new offshoring of jobs and global development[M]. International labour organization, 2006.

[39] Hausmann R, Hwang J, Rodrik D. What you export matters[J]. Journal of Economic Growth, 2007, 12(1): 1-25.

[40] Herrigel G, Wittke V, Voskamp U. The process of Chinese manufacturing upgrading: Transitioning from unilateral to recursive mutual learning relations[J]. Global Strategy Journal, 2013, 3(1): 109-125.

[41] Hummels D, Ishii J, Yi K-M. The nature and growth of vertical specialization in world trade[J]. Journal of International Economics, 2001, 54(1): 75-96.

[42] Johnson R C, Nogurera G. Accounting for intermediates: Production sharing and trade in value added[J]. Journal of International Economics, 2012, 86(2): 224-236.

[43] Kee H L, Tang H. Domestic value added in exports: Theory and firm evidence from China[J]. American Economic Review, 2016, 106(6): 1402-1436.

[44] Koopman R, Wang Z, Wei S J. How much of Chinese exports is really made in China? Assessing domestic value-added when processing trade is pervasive[J].

National Bureau of Economic Research Working Paper Series, 2008, 14109.

[45] Koopman R, W. M. Powers, Z. Wang and S. J. Wei. Give credit where credit is due: Tracing value added in global production chains[R]. NBER Working Papers, 2010.

[46] Koopman R, B Wang Z, Wei S J. Estimating domestic content export when processing trade is pervasive[J]. Journal of Development Economocs, 2012, 99(1): 178-189.

[47] Koopman R. B, Wang Z and Wei S. J. Tracing value-added and double counting in gross exports[J]. The American Economic Review, 2014, 104(2): 459-494.

[48] Kraemer K L, Linden G, Dedrick J. Capturing value in global networks: Apple's iPad and iPhone [J]. Research supported by grants from the Alfred P. Sloan Foundation and the US National Science Foundation (CISE/IIS), 2011.

[49] Krugman P, Venables A J. Globalization and the inequality of nations [J]. The Quarterly Journal of Economics, 1995, 110(4): 857-880.

[50] Lall S, Weiss J A, Zhang J. The sophistication of exports: A new trade measure[J]. World Development, 2006, 34(2): 222-237.

[51] Meng B, Wang Z, Koopman R. How are global value chains fragmented and extended in China's domestic production networks[R]. IDE Discussion Paper, 2013.

[52] Rodrik D. What's so special about China's exports[J]. China and World Economy, 2006,14(5): 1-19.

[53] Stojčić N, Aralica Z. (De) industrialisation and lessons for industrial policy in Central and Eastern Europe [J]. Post-communist Economies, 2018, 30 (6): 713-734.

[54] Upward R, Wang Z and Zheng J. Weighing China's export basket: The domestic content and technology intensity of Chinese exports [J]. Journal of Comparative Economics, 2013, 41(2): 527-543.

[55] Wang R, Wang Y. Study on transformation and upgrade of China's equipment manufacturing industry from the perspective of GVC [J]. Agro Food Industry Hi-Tech, 2017, 28(1): 129-132.

第4章 贸易便利化对全球价值链嵌入的影响

——基于国家层面 GVC 嵌入的测度

伴随着全球化的深入，全球价值链（GVC）下形成的国际分工已成为世界经济的一个显著特征。2020 年 GVC 中间品贸易已经达到全球贸易总量的一半以上。当前各国越来越重视贸易便利化的改善，RCEP、CPTPP、EPA、USMCA、"一带一路"、中国-东盟自贸区，这些协议都明确促进各国贸易便利化、寻求贸易增长。贸易便利化如何影响全球价值链将成为本章研究的重点。本章选取了 61 个 OECD 国（地区）2007—2015 年的相关数据展开实证研究。采用垂直专业化比重（VSS）和出口技术复杂度（EXPY）分别测度全球价值链参与度和全球价值链地位。运用港口及物流效率、海关环境及效率、监管环境及政府职能、金融发展及新技术运用四项一级指标 21 项二级指标通过熵值法测度贸易便利化。实证结果表明：贸易便利化与全球价值链的参与度及地位显著正相关；贸易便利化对价值链参与度的正向影响大于价值链地位水平。贸易便利化"硬环境""软环境"与全球价值链参与度及地位同样显著正相关，贸易便利化"硬环境"提升 GVC 参与度更明显、"软环境"提升 GVC 地位水平更明显。异质性检验表明：不论是"硬环境"还是"软环境"对发达国家全球价值链的双重影响均更显著，头部发达国家如 G7 贸易"硬环境""软环境"存在对 GVC 参与度的抑制而对 GVC 地位水平的促进，新兴经济体则是双重促进。本章采取 2SLS 回归解决可能存在的内生性问题，并进行稳健性检验，实证结果依然成立。

4.1 贸易便利性与 GVC 相关研究述评

随着全球经济一体化的不断加深，双边、多边贸易的舞台愈发庞大，各国积极应对传统的关税和非关税壁垒以实现国际贸易间的互联互通。作为一种隐形的壁垒——贸易非效率化的破坏性已经超过了传统的单边贸易政策对全球贸易的影响。（孔庆峰和董虹蔚，2015；崔日明和黄英婉，2016；Head & Mayer，2019），关注贸易环节的高效化、低成本化进而实现贸易的便利化成为各个国家及学者所热衷的话题。

中国为提升贸易便利化水平做出了卓越的努力。2010 年中国与东盟国家合作打造中国-东盟自由贸易区，2013 年中国提出了"一带一路"的伟大构想，2020 年中国与 15 国签署《区域全面经济伙伴关系协定》（RCEP）。这是区域价值链重构上又一以我国为主导的高质量产物（张彦，2020）。对内中国开放的大门愈打愈开。中国不断设立新的自由贸易区并给予地方较大贸易自主权。以跨境电商为例，中国跨境电商销售额 2012 年为 2.1 万亿元，这一数字在 2018 年跃升为 8.2 万亿元。① 跨境电商的发展直接受益于贸易便利化水平的提升。

近几年的国际形势并不乐观，中美贸易摩擦频频发生，美国为了遏制中国的发展不惜违背国际公约以及自身经济发展将中美关系的压舱石弃之于脑后，"美国优先"策略是典型的贸易保护主义和单边主义。这一行径的后果是双方对外贸易水平的后退以及相关产品在全球供应链与价值链的局部中断。在高科技领域的封锁和打压方面，中兴和华为受到以美国为首的西方国家的多重限制。在国际形势不乐观的当下，中国依然是全球化的生力军积极提升自身贸易便利化水平。基于此，本章将深入剖析一国贸易便利化水平与 GVC 之间的关联性，运用国家层面的 GVC 测度指标，分析贸易便利化提升是否会影响 GVC 的参与度（量变）

---

① 资料来源于亿邦动力网《MobData：2018 跨境电商研究报告》。

和 GVC 的地位(质变),最终基于贸易视角为国家层面融入全球经济提供解决方案。

贸易便利化(Trade Facilitation)的核心思想,即通过技术的应用,通过简化货物流转过程中烦琐的手续和不必要的流程,从而达到降低贸易成本、提高政策透明度并提升货物的周转效率的目的(谢娟娟和岳静,2011;孔庆峰和董虹蔚,2015;杨军等,2015;崔日明和黄英婉,2016)。各国积极推动贸易便利化很大一部分原因是贸易便利化能推动国家出口贸易,刺激出口需求,提升国家出口贸易潜力。以 APEC 成员研究为例,贸易便利化对出口影响深远(Wilson,2003;Kim,2004),中国-东盟自贸区样本国的分析结果进一步说明了贸易便利化对进出口的正向影响(Shepherd & Wilson,2008;孙林和徐旭霏,2011;胡超,2014)。近年来,以贸易便利化为核心的"一带一路"政策效应越发明显,参与该政策的国家间贸易往来是否由于贸易便利化得到提升,有关实证结果予以了肯定(张晓静和李梁,2015;程欣,2016)。从贸易便利化细分层面来看,海关成本及效率(Felbermayr et al.,2019)、物流绩效(Felipe,2010)、技术创新(Arkolakis et al.,2018)、融资约束(Alquist et al.,2019)、等都是刺激一国进出口的敏感因素。

全球价值链与产业升级息息相关,从影响因素来看,科学技术创新、劳动力素质、对外开放程度、政策制度是决定相关产业在价值链上实现地位攀升的重要手段(Rehnberg & Ponte,2018;Traiberman,2019;Tombe & Zhu,2019;綦良群和李兴杰,2011;苏杭和郑磊,2017)。学者对有关作用机理进行了解释,参与全球价值链一方面通过知识溢出加强了集群企业技术和销售知识的积累(直接影响),另一方面通过推动集群企业制造能力为集群的技术研发和销售能力的提升作铺垫(间接影响),从而实现产业集群的功能升级(吴波和李生校,2010;刘仕国、吴海英等,2015;Liu & Ma,2020)。

国内外学者对贸易便利化水平促进全球价值链参与以及全球价值链地位这一观点持积极态度。以印度为例,在经历一年出口负增长的情况下,印度需要采取积极融入全球价值链,减少营商管制、吸引外部投资以及提高贸易便利化水平等措施来提升自身贸易竞争力。(Koch & Smolka，2019)；除此之外，印度还需要通过进一步的贸易开放使得企业得以吸收新技术，缩小与其他国家的利润差距(Fieler，2018；Perla et al.，2021)。以我国地区进行的贸易便利化与 GVC 参与度的研究结果表明，两者之间存在正向影响(林珊和林发彬，2017；Liu et al.，2019)，内在机制表示为进口中间品种类增多带来的技术溢出、中间品进口成本下降带来的成本节约(杨继军等，2020)。进一步研究表明，随着贸易便利化水平提升相关贸易成本的下降我国制造业 GVC 地位水平不断上升(刘斌等，2018；Aichele & Heiland，2018；郑丹青和于津平，2019)。

4.2　贸易便利性对 GVC 嵌入的影响机制

4.2.1　作用机制与研究假设

贸易便利化有利于出口附加值的增加，例如：发达的物流系统能够有效减低"地理距离"带来的商品锁定风险，同时基于运输的高效率，企业能将中间投入进行最优规划以尽可能获得最大产出(刘斌等，2016)；对于资产专用性较高的企业，金融业服务化强调在支付的便捷性、安全性上提供高水平的保障，充分发挥金融业分散风险功能，为跨国贸易提供资金帮助，助力经济高质量发展。国家契约环境的改善更进一步强化金融市场对全球价值链地位的提升作用(盛斌和景光正，2019)；此外，贸易便利化不仅在出口方面发挥作用，在扩大先进装备、关键稀缺材料、零部件的进口发挥愈发重要的地位，中国的外贸政策逐渐从"奖出限入"向"优出优入"转型，期望通过进口优质初级产品再进行高附加值加工的方式来提升自身的 GVC 地位，贸易便利化带来的进出口结构优化对于我国经济的促进将逐渐显现(黄先海等，2016)。

贸易便利化增加了企业技术溢价(Chen，2017)，运用当下的各项先进技术实现商品流转的可视化、精简化，提升物流枢纽的周转效率，节约商品流转成本，新技术的使用也将有助于增加国内商品流通环节附加值。因此综合分析本章作出如下假设：

H1：一国贸易便利化水平的提高对其在全球价值链的参与度和地位均存在显著正向影响。

贸易便利化进一步可以细分为"硬环境"和"软环境"(Portugal-Perez & Wilson，2012)，"硬环境"涉及有形基础设施，如道路、港口、公路、电信，"软环境"涉及透明度、海关管理、商业环境和其他无形的体制方面。通过改善"硬环境"，可以消除全球供应链在运输、调度和流转方面的低效问题，同时促进国际市场上商品交易的无缝连接，提高发展中国家嵌入由发达国家主导的全球价值链的可能性。(Iwanow & Kirkpatrick，2009；Dennis & Shepherd，2011；刘斌等，2019)。"硬环境"改善能降低交易成本，提升物流效率，提高需求预测的准确性，为全球价值链参与度及地位的提高做准备(王永进等，2010；盛丹等，2011；Persson，2013；Roberts et al.，2020；Riadh，2020)。

"软环境"特别体现在市场准入、政策执行、信息技术运用、电子商务普及等诸多软实力方面的应用(Wilson，2012；刘斌等，2019)，从各个一级指标来看，GVC 参与度与贸易额均与监管环境及政府职能正相关(Sahoo et al.，2017)，信息技术的运用有助于各国参与 GVC 生产(Ramasamy & Yeung，2019)，贸易便利化的"软环境"对一国出口技术复杂度具有正向促进作用(肖扬等，2020；罗勇等，2020)。

基于上述文献分析，本章作出如下假设：

H2：相较于软环境，贸易便利化的"硬环境"对 GVC 参与度的影响更大。

H3：相较于硬环境，贸易便利化的"软环境"对 GVC 地位的影响更大。

发展中国家更加强调基础设施建设的重要性，认为基础设施建设不足是限制出口的主要因素，为了扩大出口额、提升出口产品的多样性，并更好地将本国产业与全球价值链相连接，发展中国家致力于大力发展港口、铁路、航空等物流枢纽。(Persson，2013；Phan，2020)。国内众多学者也将贸易便利化"硬环境"视为发展中国家降低成本，提升出口水平的契机(李豫新和郭颖慧，2013；孔庆峰和董虹蔚，2015)。从要素禀赋来看，发展中国家所面临的主要障碍是运输成本高居不下及资源配置效率低下(戴翔和郑岚，2015；刘斌等，2019)，对于贸易便利化"硬环境"的要求更高；相反地，发达国家在从事高端环节活动时对市场环境、政府规制、知识产权保护和技术创新的要求更高，这些要素则需要依赖于优良的"软环境"来发挥作用(戴翔和郑岚，2015；刘斌等，2019)。基于此本章作出如下假设：

H4：贸易便利化"硬环境"对于发展中国家在 GVC 参与度上的促进作用更加明显而贸易便利化"软环境"对于发达国家在 GVC 参与度上的促进作用更突出。

H5：贸易便利化"硬环境"对于 GVC 地位的作用在发展中国家更为明显，"软环境"则对发达国家作用更为显著。

将有关指标概念、假设关系呈现如图 4-1 所示。

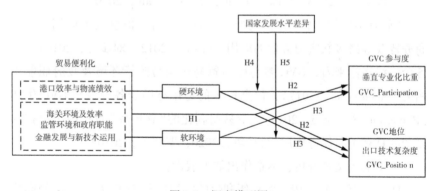

图 4-1　概念模型图

4.2.2　实证模型构建

在一些经典文献中，学者将贸易便利化用 TWTFI 进行指代，垂直专业化程度为 VSS，出口技术复杂度为 EXPY，本章也沿用这些定义。

为了验证假设一，本章构建如下实证模型：

$$VSS_i = \beta_0 + \beta_1 \, TWTFI_i + \sum Control + \varepsilon$$

$$Ln \, EXPY_i = \alpha_0 + \alpha_1 \, TWTFI_i + \sum Control + \varepsilon \qquad (4\text{-}1)$$

垂直专业化程度（VSS）是衡量一国全球价值链参与程度常用的指标，$TWTFI_i$ 表明 i 国的贸易便利化水平，Control 表明全体控制变量，ε 为随机误差项（下同）。*EXPY* 表示一国出口技术复杂度水平，由于数值过大，本章进行对数处理。

为了探究贸易便利化的"硬环境"对 GVC 的影响，本章提出模型（4-2）来检验 *H2*。

$$VSS_i = \gamma_0 + \gamma_1 \, TWTFI\_H_i + \sum Control + \varepsilon$$

$$Ln \, EXPY_i = \delta_0 + \delta_1 \, TWTFI\_H_i + \sum Control + \varepsilon \qquad (4\text{-}2)$$

为了探究贸易便利化的"软环境"对 GVC 的影响，本章提出模型（4-3）来检验 H3。

$$VSS_i = \theta_0 + \theta_1 \, TWTFI\_S_i + \sum Control + \varepsilon$$

$$Ln \, EXPY_i = \vartheta_0 + \vartheta_1 \, TWTFI\_S_i + \sum Control + \varepsilon \qquad (4\text{-}3)$$

上述 $TWTFI\_H_i$ 表明第 i 个国家贸易便利化"硬环境"得分，$TWTFI\_S_i$ 表明 i 个国家贸易便利化"软环境"得分。

最后，考虑到处于不同发展阶段国家对贸易便利化的敏感程度存在差异，为了验证这一差异并因地制宜提出相关建议，本章使用模型（4-4）、模型（4-5）检验 *H4* 和 *H4*。

$$VSS_i = \mu_0 + \mu_1 \, TWTFI\_H_i + \mu_2 \, TWTFI\_H_i * state + \sum Control + \varepsilon$$

$$VSS_i = \pi_0 + \pi_1 \, TWTFI\_S_i + \pi_2 \, TWTFI\_S_i * state + \sum Control + \varepsilon$$

$$(4\text{-}4)$$

$$Ln \, EXPY_i = \rho_0 + \rho_1 \, TWTFI\_H_i + \rho_2 \, TWTFI\_H_i * state + \sum Control + \varepsilon$$

$$Ln \, EXPY_i = \sigma_0 + \sigma_1 \, TWTFI\_S_i + \sigma_2 \, TWTFI\_S_i * state + \sum Control + \varepsilon$$

$$(4\text{-}5)$$

其中，state 为国家(地区)虚拟变量，当样本国家(地区)是发达国家(地区)时为 0，否则为 1，通过引入 TWTFI_ H_i * state、TWTFI_ S_i * state 两个交互项可以实现分组回归的目的，进一步验证贸易便利化对 GVC 的影响存在国别层面上的异质性。

综上，本章的假设及模型基本构建完毕，现归纳整理如下(见表4-1)。

表 4-1　假设及模型匹配表

假设	考察变量	关系预测	实证模型
H1	GVC 参与度与贸易便利化	+	(4.1)
	GVC 地位与贸易便利化	+	
H2	GVC 参与度与贸易便利化"硬环境"	+	(4.2)
	GVC 地位与贸易便利化"硬环境"	+	
H3	GVC 参与度与贸易便利化"软环境"	+	(4.3)
	GVC 地位与贸易便利化"软环境"	+	
H4	考虑国别地区差异下，"硬环境""软环境"对 GVC 参与度的影响	…	(4.4)
H5	考虑国别地区差异下，"硬环境""软环境"对 GVC 地位的影响	…	(4.5)

4.3　国家层面相关变量测度

4.3.1　贸易便利化测度

通过对贸易便利化测度有关文献进行梳理，本章沿用 Wilson 教授提出的四级框架，结合当下贸易模式的变革，参考孔庆峰和董虹蔚(2016)、刘斌等(2019)对部分时效性不强的指标进行了更新及补充，二级指标在原有基础上增加互联网普及度、关税水平、贸易壁垒普遍程度等指标，以便更加客观地反映一国贸易便利化水平。"硬环境""软环

境"的划分本章参考 Portugal-Perez 和 Wilson(2012)、Dennis 和 Shepherd
(2011)、刘斌等(2019)的做法，将基础设施与物流绩效划分为"硬环
境"进行测度，将海关环境、监管环境和政府职能、金融发展与新技术
运用定义为"软环境"。所有指标数据来源于世界经济论坛发布的《全球
竞争力报告》(GCR)、《全球营商报告》(GETR)。具体在本章计算贸易
便利化水平所采用的指标如表 4-2 所示。

表 4-2　本章贸易便利化指标索引

	一级指标	二级指标	得分范围	数据来源
贸易便利化"硬环境"	港口效率与物流绩效	港口基础设施质量	1—7	GCR
		航空基础设施质量	1—7	GCR
		物流竞争力	1—5	GETR
		水运负担能力	1—5	GETR
		运输及时性	1—5	GETR
贸易便利化"软环境"	海关环境及效率	清关程序效率	1—5	GETR
		海关手续负担	1—7	GCR
		进出口中的额外支付	1—5	GETR
		贸易壁垒的普遍性	1—7	GCR
		关税水平	1—7	GCR
	监管环境和政府职能	政府制定政策的透明度	1—7	GCR
		政府监管负担	1—7	GCR
		规章解决争端效率	1—7	GCR
		犯罪与暴力的商业成本	1—7	GCR
		司法独立	1—7	GCR
		政府官员贪腐	1—7	GCR
	金融发展与新技术运用	金融服务成本	1—7	GCR
		金融服务的可获得性	1—7	GCR
		新技术的可获得性	1—7	GCR
		企业对新技术的吸收	1—7	GCR
		互联网普及率	1—7	GCR

对于指标的处理，以 Wilson 教授为例，在其首先提出贸易便利化指标体系时所采用的处理方法即为熵值法，在此基础上 Portugal-Perez (2012)、Persson(2013)、刘斌(2019)、罗勇(2020)等众学者均沿用 Wilson 的处理方法。

熵值法的具体处理过程如下：假设有 n 个国家或者地区，每个样本国家或地区有 m 个具体评价指标，令 X_{ij} 为第 i 个国家或地区的第 j 个指标，其中 $i=1,2,3,\cdots,n$，$j=1,2,3,\cdots,m$；本章的推导主要借鉴郭显光(1994)、陆添超和康凯(2009)等学者的研究过程。

(1) 数据的预处理及非负化。

熵值法计算过程中会将样本某一指标与全部样本该指标之和进行比较计算出相应的占比，因此可以不用考虑量纲的差异。在计算过程中需要对指标进行预处理以保证其非负化(每项指标后面加 1 是为了保证指标取对数时非负)，具体的计算过程如下：

对于值越大越好型指标：

$$X_{ij} = \frac{X_{ij} - \mathrm{Min}(X_{ij})}{\mathrm{Max}(X_{ij}) - \mathrm{Min}(X_{ij})} + 1 \tag{4-6}$$

对于值越小越好型指标：

$$X_{ij} = \frac{\mathrm{Max}(X_{ij}) - X_{ij}}{\mathrm{Max}(X_{ij}) - \mathrm{Min}(X_{ij})} + 1 \tag{4-7}$$

(2) 计算第 i 个国家或地区第 j 个指标占该指标的比重：

$$P_{ij} = \frac{X_{ij}}{\sum\limits_{i=1}^{n} X_{ij}} \tag{4-8}$$

(3) 计算第 j 个指标的信息熵值 e_j 和差异系数 g_j：

$$e_j = -\frac{1}{\ln(n)} * \sum\limits_{i=1}^{n} (P_{ij} * \ln P_{ij}) \tag{4-9}$$

$$g_j = 1 - e_j \tag{4-10}$$

(4) 计算指标 j 的权数 W_j：

$$W_j = \frac{g_j}{\sum_{j=1}^{m} g_j} \qquad (4-11)$$

（5）综合指标评分计算S_i：

$$S_i = \sum_{j=1}^{m} (W_j * P_{ij}) \qquad (4-12)$$

按照上述步骤即可求得一国贸易便利化水平，同时可以获得细分指标层面的贸易便利化水平。

4.3.2 垂直专业化比重（VSS）

通过投入产出表可以计算出一国某一部门出口一单位产品所耗用的进口中间产品的价值，Hummels 将其定义为垂直专业程度（VS），垂直专业化比重（VSS）在 VS 的基础上除以该部门的总出口，以此反映出口全部产品中包含进口中间商品的相对比重。为了各国之间便于比较，本章选择使用相对值的垂直专业化比重（VSS）。具体测度过程详见第3章。

4.3.3 出口技术复杂度（EXPY）

本章计算出口技术复杂度指标基本沿用 Lall（2006）、Rodrik（2006）、Hausmann（2007）等提出的方法，具体的计算步骤详见第3章。

4.3.4 控制变量

本章从要素禀赋的角度对控制变量进行选取。首先从资本角度，一国资本结构对于其全球价值链的影响是深远的，在很大程度上会左右该国参与国际分工的形式（Rodrik，2006），因此借鉴刘斌等（2019）的做法，将国家（地区）资本产出比率（一国（地区）固定资本占 GDP 的比）作

为控制变量并入实证模型之中；从技术角度来看，科研投入会影响一国
GVC 地位水平（吕越和李美玉，2020），以研发支出占 GDP 的比作为反
映样本国家（地区）对技术研发的重视程度较为合理；从劳动力人才培
养角度分析，高技术人才对于一国创新及潜在软实力具有促进作用，人
才培养为国家产业升级提供必要的土壤，本章以高等教育入学率作为国
家人才培养指标在实证模型中加以控制；最后，贸易便利化会影响投资
水平进而给样本国家（地区）的 GVC 参与度或者 GVC 地位带来影响
（Pierce & Schott，2018），因此将外商直接投资净流入占 GDP 的比作为
衡量外商投资水平引入实证模型之中。

本章全部变量和有关计算方法汇总如表 4-3 所示。

表 4-3　全体变量索引

变量类型	变量代码及名称		变量说明
被解释变量	VSS	垂直专业化比重	反映一国全球价值链参与度
	Ln_EXPY	出口技术复杂度	反映一国全球价值链地位
	GVC_Participation（稳健性检验）	全球价值链参与度指数	$GVC\_Participation_i = \dfrac{IV_i}{E_i} + \dfrac{FV_i}{E_i}$
	GVC_Position（稳健性检验）	全球价值链地位指数	$GVC\_Position_i = Ln\left(1 + \dfrac{IV_i}{E_i}\right) - Ln\left(1 + \dfrac{FV_i}{E_i}\right)$
解释变量	TWTF	贸易便利化指数	全部 21 项指标通过熵值法处理得出的综合指标
	TWTF-H	贸易便利化"硬环境"水平	前 10 项指标通过熵值法处理
	TWTF-S	贸易便利化"软环境"水平	后 11 项指标通过熵值法处理

变量类型	变量代码及名称		变量说明
控制变量	Fix-Cap	资本产出比	一国(地区)固定资本/GDP
	Tech	研发投入	一国(地区)研发投入/GDP
	High-Edu	受高等教育程度	一国(地区)受高等教育人数/总体求学人数
	Fdi	外国资本投入	外商直接投资净流入/GDP

相关数据来源做如下总结(见表4-4)。

表4-4 各项数据来源

指标名	数据来源	数据来源所属机构
贸易便利化： 港口效率与物流绩效 海关环境及效率 监管环境和政府职能 金融发展与新技术运用	《全球竞争力报告》 《全球贸易可行性报告》	世界经济论坛
全球价值链参与度： 垂直专业化比重(VSS) GVC_Participation	世界投入产出表	OECD 数据库
全球价值链地位： 出口技术复杂度(EXPY) GVC_Position	各国 STIC.3 商品出口贸易 流量世界投入产出表	WTO—Comtrade 数据库 OECD 数据库
控制变量	世界发展指标(WDI)	World Bank

4.4　变量测度结果及比较分析

4.4.1　部分样本国(地区)贸易便利化的比较分析

本章选取贸易便利化排名前十二国家及地区和中国进行分析,前十二的国家或地区不论在经济发展水平还是 GVC 地位水平上均处于领先位置,中国则是最大的发展中国家,通过上述分析可以直观比较出发达国家与典型发展中国家在贸易便利化上存在的差异。有关结果如图 4-2 所示。

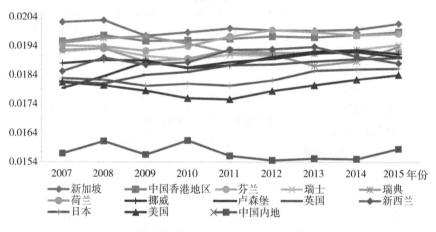

图 4-2　部分样本国家(地区)贸易便利化趋势图

新加坡在贸易便利化上的水平一直处于国际领先地位,曾多次评选为世界最具竞争力国家(地区),中国香港(地区)紧随其后。前十二名国家或地区均为发达经济体,除了三个亚洲国家(地区),其余均为欧美国家,中国内地相比于上述国家(地区)的差距十分明显,说明中国内地贸易便利化水平提升的紧迫性和未来巨大的增长潜力。通过改善贸易便利化水平促进国家经济高质量发展的途径具有可行性。

为了进一步展现新兴发展中国家在贸易便利化水平上的表现，本章以中国、巴西、印度、俄罗斯金砖四国为例，比较发展水平类似的新兴经济体之间的贸易便利化差异，如图 4-3 所示。

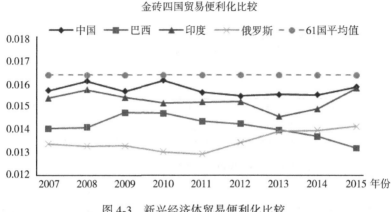

图 4-3　新兴经济体贸易便利化比较

中国贸易便利化水平在金砖四国中位居榜首，但是低于整体样本国家的平均水平(0.01639)，紧随其后的是印度，印度贸易便利化水平在 2013 年开始得到较好的发展，增速明显。巴西和俄罗斯则处于下游阶段。整体上看，金砖国家的贸易便利化水平仍然处于低位，各国贸易便利化水平的增速严重滞后于经济增速，说明新兴经济体在贸易便利化水平上的潜力仍然巨大，金砖国家在贸易便利化建设上的边际效应显著。

鉴于贸易便利化分为"硬环境"与"软环境"并且发达国家与发展中国家对于环境偏好存在差异，本章选取十个主要国家或地区经济体①2007—2015 年贸易便利化"硬环境""软环境"水平进行分析，如图 4-4 所示。

德国在 G7 国家中的贸易硬环境水平最为出色，凸显该国基础设施的完善程度，其次是日本，美英紧随其后。中国在所有样本国家(地区)中处于中游水平，在发展中国家名列前茅，也是金砖国家的最高水

---

① 10 个国家分别为日本、意大利、美国、英国、德国、法国(均为 G7 成员国)以及中国、俄罗斯、巴西、印度(金砖四国)。

平，其次是印度、俄罗斯和巴西。巴西在贸易硬件上面的得分较低，排在样本国家（地区）的末位。

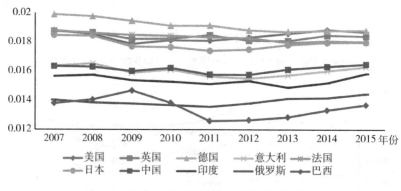

图 4-4　G7 与 BRIC 国家贸易"硬环境"趋势图

日本与美国在"软环境"层面的得分位于样本国家（地区）最高水平且"软环境"相较于"硬环境"得分水平更高，美国贸易"软环境"提升速度相较于"硬环境"更加明显。如图 4-5 所示，整体上看，发达国家在贸易便利化"硬环境"上的得分要高于其"软环境"且在"软环境"上增长态势更加明显，发展中国家这一特征更为明显。说明发达国家"软环境"是未来提升的重点，发展中国家面临"硬环境"与"软环境"提升的双重压力。

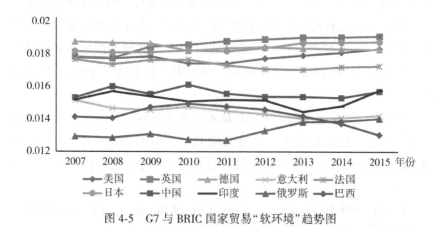

图 4-5　G7 与 BRIC 国家贸易"软环境"趋势图

4.4.2 部分样本国家(地区)全球价值链参与度分析

本章同样选取部分国家(地区)对其全球价值链参与度情况进行比较分析,用垂直专业化比重(VSS)测度 GVC 参与度水平。具体结果如图 4-6 所示。

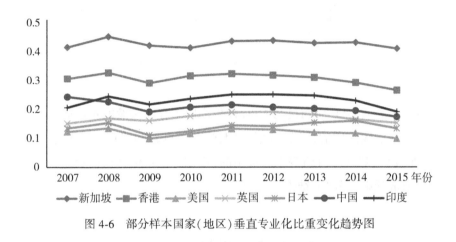

图 4-6 部分样本国家(地区)垂直专业化比重变化趋势图

新加坡和中国香港地区的主要经济来源为金融与物流等生产性服务业,其自身制造业优势并不明显,更多依靠进口中间产品或最终产品,因此对于 GVC 的依赖程度非常高。美、日、英等发达国家(地区)的 GVC 参与程度要低于中国和印度,这与 GVC 模式下的国际分工格局有关,具有技术优势的发达国家(美、日)对于 GVC 的依赖程度不如发展中国家,不考虑成本条件下掌握核心技术的它们可以选择任一个代工国家,甚至是本土生产。

4.4.3 部分样本国(地区)全球价值链地位分析

GVC 参与度得分不高的美、英、日三国,在七个样本国家(地区)中 GVC 地位排名前列。一方面说明上述三国处于价值链核心地位,另

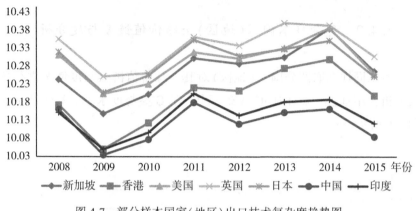

图 4-7 部分样本国家(地区)出口技术复杂度趋势图

一方面, 表明 GVC 参与度与 GVC 地位之间不存在必然的正向联系。中国仍然处于较落后的位置一定程度上验证了卓越和张珉(2012)、刘维林(2012)、刘琳(2015)等学者提出的"中国深陷价值链低端锁定, 仍处于价值链低端环节"的结论。

4.5 实证分析与假设检验

基于上一节对变量测度结果的统计对比分析, 本节将展开实证检验。首先进行描述性统计分析; 其次, 进行相关回归分析验证前面所提出的假设; 最后, 进一步讨论实证结果的内生性、稳健性、异质性问题, 保证论证的严谨性。

4.5.1 变量描述性统计

上文对各项分变量之间选择部分典型样本国家(地区)进行描述性统计分析, 接下来将对全体变量进行统计学上的分析。全体样本变量的均值、标准差、最大值和最小值及各分位数结果如表 4-5 所示。

表 4-5　全体样本变量统计分析

变量	均值	标准差	P5	P25	中位数	P75	P95	Min	Max
TWTF	0.01639	0.00195	0.01354	0.01468	0.01615	0.01810	0.01948	0.01159	0.02028
TWTF-H	0.01639	0.00199	0.01354	0.01480	0.01637	0.01798	0.01943	0.00919	0.02036
TWTF-S	0.01639	0.00199	0.01367	0.01473	0.01612	0.01808	0.01965	0.01200	0.02030
VSS	0.26030	0.12220	0.09600	0.18200	0.24600	0.32400	0.46200	0.03100	0.69000
Ln_EXPY	10.27686	0.44286	9.87935	10.11417	10.21649	10.34496	10.99437	9.29757	17.68186
GVC_Participation	0.45828	0.09562	0.30378	0.40950	0.44628	0.51052	0.62578	0.21304	0.79437
GVC_Position	-0.04646	0.13577	-0.24080	-0.12570	-0.05377	0.01629	0.19502	-0.46002	0.31419
Fix-Capital	0.23031	0.05097	0.15978	0.19944	0.22361	0.24868	0.32517	0.11544	0.45690
Tech	0.01363	0.01031	0.00118	0.00584	0.01093	0.01985	0.03315	0.00045	0.04428
High-Edu	0.59705	0.24063	0.19064	0.44966	0.61463	0.75490	0.97428	0.07314	1.22402
Fdi	0.09640	0.31360	-0.00014	0.01573	0.03041	0.06377	0.36175	-0.58323	4.51639

全体样本贸易便利化指数波动性较小，各国之间的差异并不十分显著，均值和中位数之间相差无几，最大值和最小值之间的差额不足1%，在划分贸易便利化"硬环境"和"软环境"之后上述特征依然存在，反映数据较好稳定性与一致性。垂直专业化比重（VSS）数据的离散程度也比较小，均值保持在0.26水平，VSS数据体量可以较好地与TWTF相匹配。由于出口技术复杂度（EXPY）的计算值比较大，本章进行对数处理并除以100，在后续的回归中均以Ln_EXPY指代。为了保持数据的可比性，本章选取的控制变量均为相对比值量而非绝对值量，数据的体量与主要的解释变量和被解释变量一致。

为了进一步探讨贸易便利化与全球价值链的关系，本章使用Stata15.0绘制出解释变量与被解释变量间的散点拟合图，呈现如图4-8至图4-13所示。

散点拟合图的结果表明贸易便利化与一国全球价值链参与和全球价值链地位存在正相关关系；贸易便利化"硬环境"和"软环境"对价值链的影响同样如此。

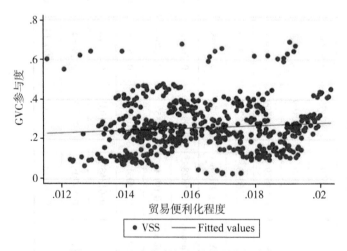

图4-8　GVC参与度与贸易便利化拟合图

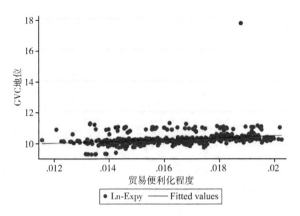

图 4-9　GVC 地位与贸易便利化拟合图

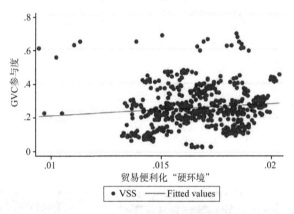

图 4-10　GVC 参与度与"硬环境"拟合图

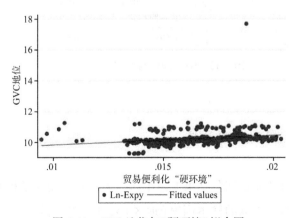

图 4-11　GVC 地位与"硬环境"拟合图

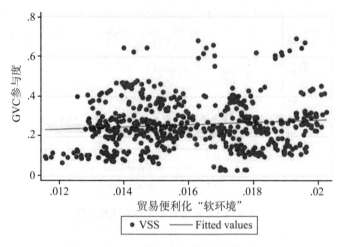

图 4-12　GVC 参与度与"软环境"拟合图

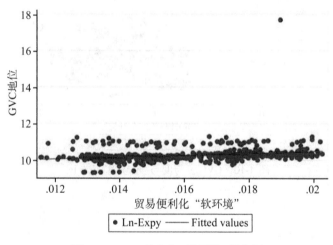

图 4-13　GVC 地位与"软环境"拟合图

4.5.2　实证回归结果

本章所有的实证回归结果考虑个体间固定效应而非随机效应，理由如下：首先本章选取的样本国家(地区)数量较多，样本国家(地区)汇总 GDP 占世界经济的 90%，涵盖世界 80%人口，样本具有代表性；其次，个体间固定效应是以现有样本数据情况作出的客观分析，随机效应模型则是以现有部分样本数据回归结果来说明整个大样本情况。在样本具有代表性的前提下个体间固定效应模型的结果更加客观、有效。本章后续对所有回归数据进行 5%缩尾处理，以消除异常值的影响。

1. 贸易便利化对全球价值链的影响

表 4-6　贸易便利化与 GVC 回归分析结果

	（1） VSS	（2） VSS	（3） Ln_EXPY	（4） Ln_EXPY
TWTF	6.129 **	5.728 *	0.601 ***	0.389 ***
	（2.293）	（1.732）	（8.521）	（4.343）
Fix-Cap		−0.088		−0.004
		（−0.851）		（−1.397）
Tech		1.848 ***		0.038 **
		（2.669）		（2.036）
High-Edu		−0.126 ***		0.002 ***
		（−5.006）		（2.586）
Fdi		0.081 ***		0.001
		（5.007）		（1.410）
Year	Control	Control	Control	Control
_cons	0.160 ***	0.229 ***	0.093 ***	0.096 ***
	（3.622）	（3.978）	（79.784）	（61.304）
N	549	549	549	549
r^2	0.010	0.110	0.119	0.155
r^2_a	0.010	0.078	0.104	0.134
F	5.258	11.861	72.610	19.610

注：t statistics in parentheses；* $p<0.1$，** $p<0.05$，*** $p<0.01$。

首先探讨贸易便利化对全球价值链参与的影响，分别对应上述回归基础结果中的(1)、(2)，其中(1)是在不考虑控制变量下的回归，相关结果显示，贸易便利化与垂直专业化比重(VSS)显著正相关，进一步说明贸易便利化对全球价值链参与具有正向促进效果，在考虑控制变量的情况下，这一结果依然显著。其次，我们研究贸易便利化对全球价值链地位水平的影响，在上述回归(3)(4)中，贸易便利化指数(TWTF)均与出口技术复杂度显著正相关，表明随着贸易便利化水平提高一国出口的显性比较优势被进一步放大，出口结构的优化、产业不断实现升级体现的正是价值链地位水平的提升。基于此 H1 成立。

2. 贸易便利化"硬环境"对全球价值链的影响

表 4-7　"硬环境"对全球价值链的影响回归结果

	(1) VSS	(2) VSS	(3) Ln_EXPY	(4) Ln_EXPY
TWTF-H	5. 746 **	7. 899 **	0. 527 ***	0. 288 ***
	(2. 184)	(2. 510)	(7. 493)	(3. 342)
Fix-Cap		−0. 088		−0. 004
		(−0. 849)		(−1. 479)
Tech		1. 698 **		0. 054 ***
		(2. 573)		(2. 967)
High-Edu		−0. 131 ***		0. 002 **
		(−5. 196)		(2. 388)
Fdi		0. 085 ***		0. 001 *
		(5. 233)		(1. 831)
Year	Control	Control	Control	Control
_cons	0. 166 ***	0. 198 ***	0. 094 ***	0. 097 ***
	(3. 824)	(3. 600)	(81. 028)	(64. 541)
N	549	549	549	549
r^2	0. 009	0. 105	0. 094	0. 143

续表

	(1) VSS	(2) VSS	(3) Ln_EXPY	(4) Ln_EXPY
r^2_a	−0.008	0.084	0.079	0.122
F	4.771	12.590	56.151	17.852

注：t statistics in parentheses； * p<0.1， ** p<0.05， *** p<0.01。

本章以港口效率与物流绩效下的五项二级指标使用熵值法计算出贸易便利化"硬环境"指数(TWTF-H)。探讨贸易便利化"硬环境"对 GVC 的影响，从上文的回归结果(1)(2)可以得出，贸易便利化"硬环境"指数与垂直专业化比重显著正相关，"硬环境"能对一国嵌入 GVC 起正向作用。回归(3)(4)是在考虑控制变量与否的前提下，贸易便利化"硬环境"对全球价值链地位的影响。结果表明：贸易便利化"硬环境"与出口技术复杂度显著正相关，"硬环境"对 GVC 参与度的促进作用大于 GVC 地位，从相关系数可见一斑。此外，在回归模型(4)中考虑诸多控制变量的前提下该正向关系依然显著。

3. 贸易便利化"软环境"对全球价值链的影响

表 4-8 "软环境"对全球价值链影响回归结果

	(1) VSS	(2) VSS	(3) Ln_EXPY	(4) Ln_EXPY
TWTF-S	6.367 **	5.049	0.594 ***	0.393 ***
	(2.433)	(1.560)	(8.615)	(4.491)
Fix-Cap		−0.089		−0.004
		(−0.857)		(−1.387)
Tech		1.904 ***		0.036 *
		(2.736)		(1.913)
Hige-Edu		−0.125 ***		0.002 ***
		(−4.963)		(2.688)

续表

	（1） VSS	（2） VSS	（3） Ln_EXPY	（4） Ln_EXPY
Fdi		0.081 ***		0.001
		(4.926)		(1.195)
Year	Control	Control	Control	Control
_cons	0.156 ***	0.239 ***	0.093 ***	0.096 ***
	(3.609)	(4.209)	(81.636)	(62.230)
N	549	549	549	549
r^2	0.011	0.099	0.121	0.157
r^2_a	−0.006	0.077	0.106	0.136
F	5.922	11.736	74.221	19.908

注：t statistics in parentheses；* $p<0.1$， ** $p<0.05$， *** $p<0.01$。

首先分析垂直专业化比重 VSS，在不考虑控制变量前提下，"软环境"与垂直专业化比重显著正相关，而在考虑控制变量前提下，这一正相关关系不显著，暂时无法说明贸易便利化"软环境"有助于提升样本国家（地区）参与全球价值链程度。

贸易便利化"软环境"与出口技术复杂度显著正相关，不论是在考虑控制变量与否的情况下，这一关系依旧稳健。因此"软环境"对于样本国家（地区）提升价值链地位作用十分明显。

贸易便利化"硬环境"与"软环境"对 GVC 影响结果综合分析：表4-3回归（2）、表4-4回归（2）分别对应"硬环境"与 VSS 关系和"软环境"与 VSS 关系，不论从相关系数值的大小还是从显著性水平来看，"硬环境"对垂直专业化比重 VSS 的作用显著强于"软环境"，即"硬环境"相较于"软环境"更能提升国家全球价值链参与程度。另一方面，贸易便利化"软环境"相较于"硬环境"在出口技术复杂度上的作用更大，"软环境"更能提升一国全球价值链地位水平，这一结果可从回归模型表4-3（4）、表4-4（4）中得出。H2、H3 成立。

4.5.3 异质性检验

1. 发展水平不同下的差异性

为了进一步探究国家发展水平不同条件下，贸易便利化对 GVC 的影响差异。引入国别虚拟变量 State，当样本国家(地区)是发达国家(地区)时，State＝0，发展中国家(地区)则为 1。① 同时构建贸易便利化与国别的交互项 TWTF＊State、"硬环境"与国别交互项 TWTF_H＊State、"软环境"与国别交互项 TWTF_S＊State，目的是实现分组回归，以探究发达国家(地区)和发展中国家(地区)的差异。有关回归结果如表 4-9 所示。

表 4-9　发达国家(地区)与发展中国家(地区)的分组回归

	(1) VSS	(2) VSS	(3) VSS	(4) Ln_EXPY	(5) Ln_EXPY	(6) Ln_EXPY
TWTF	−0. 289			0. 318 ***		
	(−0. 085)			(3. 378)		
TWTF＊State	−5. 830 ***			−0. 069 **		
	(−5. 634)			(−2. 420)		
TWTF_H		2. 469			0. 209 **	
		(0. 760)			(2. 303)	
TWTF_H＊State		−5. 364 ***			−0. 078 ***	
		(−5. 154)			(−2. 707)	
TWTF_S			−0. 394			0. 328 ***
			(−0. 120)			(3. 605)
TWTF_S＊State			−5. 878 ***			−0. 070 **
			(−5. 741)			(−2. 476)

① 发达国家(地区)和发展中国家(地区)按照世界银行提供的名单进行划分。

续表

	(1) VSS	(2) VSS	(3) VSS	(4) Ln_EXPY	(5) Ln_EXPY	(6) Ln_EXPY
Fix-Cap	0.104	0.092	0.105	−0.002	−0.002	−0.002
	(0.973)	(0.863)	(0.986)	(−0.555)	(−0.521)	(−0.535)
Tech	0.039	−0.045	0.032	0.017	0.028	0.014
	(0.052)	(−0.061)	(0.043)	(0.804)	(1.386)	(0.656)
High-Edu	−0.158***	−0.158***	−0.158***	0.001**	0.001*	0.001**
	(−6.273)	(−6.268)	(−6.279)	(1.994)	(1.791)	(2.068)
Fdi	0.052***	0.054***	0.052***	0.000	0.000	0.000
	(3.115)	(3.233)	(3.115)	(0.584)	(0.787)	(0.403)
Year	Control	Control	Control	Control	Control	Control
_cons	0.373***	0.328***	0.375***	0.097***	0.099***	0.097***
	(6.062)	(5.527)	(6.248)	(57.021)	(59.912)	(58.427)
N	549	549	549	549	549	549
r^2	0.150	0.148	0.151	0.164	0.155	0.166
r^2_a	0.128	0.125	0.129	0.142	0.132	0.145
F	15.743	15.421	15.859	17.466	16.273	17.771

注：t statistics in parentheses；*$p<0.1$，**$p<0.05$，***$p<0.01$。

从表4-9回归模型（1）的结果可以发现，TWTF * State 指标与垂直专业化比重显著负相关，贸易便利化指数 TWTF 与 VSS 非显著负相关，前文回归分析已经证明 TWTF 与 VSS 关系显著为正。说明贸易便利化整体水平的提高更加有助于发达国家（地区）提升全球价值链的参与程度。从回归（2）贸易便利化"硬环境"国别交互项 TWTF_ H * State 来看，其同样与垂直专业化 VSS 显著负相关，说明贸易便利化"硬环境"对发达国家（地区）参与 GVC 水平的促进作用要显著大于发展中国家。同理分析回归（3）可得，贸易便利化"软环境"对发达国家（地区）嵌入 GVC程度的作用优于发展中国家。H4 不完全得证。（4）、（5）、（6）回归结果说明贸易便利化"硬环境""软环境"对发达国家（地区）GVC 地位的作用更明显。H5 不完全得证。

究其原因，一方面是样本中几乎涵盖所有发达国家（地区），发达国家（地区）本身既是 GVC 的参与者也是 GVC 地位的捍卫者，发达国家（地区）对变量关系之间的影响作用要显著强于同等数量下的发展中国家（地区）；另一方面，OECD 提供的发展中国家大多是经济水平正处于高速发展的、潜力较大的经济体，这些国家本身在贸易"硬环境"层面上与发达国家（地区）的差距并不大，贸易基础设施刺激发展中国家参与全球价值链或提升 GVC 地位水平的作用可能被低估。

2. G7 与 BRIC 国家异质性研究

在区分发达和发展中国家关于贸易便利化对全球价值链的影响差异下，进一步区分头部发达国家与发展中国家存在的异质性。相关结果如表 4-10 所示。

表 4-10 G7 与 BRIC 分组异质性检验

	(1) VSS	(2) VSS	(3) Ln_EXPY	(4) Ln_EXPY	(5) VSS	(6) VSS	(7) Ln_EXPY	(8) Ln_EXPY
TWTFH	−33.813 ***		0.251 ***		15.897 ***		0.172 *	
	(−5.866)		(3.610)		(5.064)		(1.980)	
TWTFS		−18.533 ***		0.207 ***		12.188 *		0.250 *
		(−6.573)		(8.145)		(1.896)		(1.776)
Fix_Cap	0.026	0.068	0.002	0.004 **	0.370 ***	0.399 ***	−0.001	0.000
	(0.146)	(0.425)	(0.826)	(2.446)	(7.047)	(5.776)	(−0.410)	(0.005)
Tech	6.127 ***	4.132 ***	−0.023	−0.027 ***	−7.383 ***	−7.011 ***	−0.065	−0.070 *
	(4.584)	(4.355)	(−1.414)	(−3.135)	(−5.228)	(−3.791)	(−1.650)	(−1.732)
High_Edu	−0.411 ***	−0.324 ***	0.000	−0.000	−0.088 ***	−0.093 **	0.001	0.002 *
	(−11.492)	(−13.527)	(0.258)	(−1.110)	(−3.882)	(−2.286)	(1.539)	(1.703)
Fdi	−0.632 ***	−0.795 ***	0.002	0.003	0.541	−0.175	0.031 **	0.026 **
	(−2.949)	(−4.012)	(0.856)	(1.632)	(1.170)	(−0.312)	(2.383)	(2.152)

	(1)	(2)	(3)	(4)	(5)	(6)	(7)	(8)
	VSS	VSS	Ln_EXPY	Ln_EXPY	VSS	VSS	Ln_EXPY	Ln_EXPY
_cons	0.956 ***	0.648 ***	0.099 ***	0.100 ***	−0.071	−0.002	0.099 ***	0.098 ***
	(7.961)	(10.252)	(68.507)	(175.915)	(−1.235)	(−0.017)	(62.407)	(39.289)
N	54	54	54	54	45	45	45	45
r^2	0.885	0.897	0.544	0.773	0.924	0.876	0.266	0.249
r^2_a	0.848	0.864	0.396	0.699	0.892	0.824	−0.042	−0.065
F	61.749	69.991	9.552	27.196	75.450	43.669	2.246	2.060

注：t statistics in parentheses；* $p<0.1$，** $p<0.05$，*** $p<0.01$。

前四项回归对应的是 G7 国家，后四项回归则是 BRIC 国家。在结果上我们可以发现 G7 国家不论是"硬环境""软环境"，对全球价值链的参与均显著负相关，说明 G7 国家对于价值链的依赖程度随贸易便利化水平的提升递减。BRIC 的结果与 G7 差异十分明显，"硬环境""软环境"，均与 GVC 参与度及 GVC 地位显著正相关。横向比较来看，BRIC 国家"硬环境"对于 GVC 参与度的作用不论从相关系数大小或是显著性水平均大于"软环境"，而在 GVC 地位层面上"软环境"优于"硬环境"。

4.5.4　内生性检验

本章研究贸易便利化与全球价值链之间的关系，初步得出贸易便利化对 GVC 参与度及 GVC 地位有正向作用。但是随着一国全球价值链参与度水平的提高，为了获得更多的价值增值，价值链上的主导国家或企业会要求其他国家提升其贸易便利化水平，GVC 参与度及地位对贸易便利化存在可能的逆向推动作用(刘斌等，2019；罗勇等，2020)；

为了解决这一内生性问题，本章借鉴 Acemoglu 等（2001）、范子英等（2009）、刘斌等（2019）、罗勇等（2020）学者的做法，使用各国或各地区 1980 年度人口死亡率的倒数和各国平原面积占土地面积的比两项指标作为工具变量，对主要变量关系进行两阶段最小二乘法回归

（2SLS）以消除内生性对回归结果的影响。贸易便利化"硬环境"（TWTF-H）与"软环境"（TWTF-S）分别对应工具变量平原面积占陆地面积比、1980年人口死亡率倒数，贸易便利化综合评价指数（TWTF）对应的工具变量为上述两者的结合。

表 4-11　两阶段最小二乘估计回归结果

	(1) VSS	(2) Ln_EXPY	(3) VSS	(4) Ln_EXPY	(5) VSS	(6) Ln_EXPY
TWTF	1.376*	0.0680**				
	(1.715)	(2.131)				
TWTH-H			19.177**	0.108*		
			(2.225)	(1.803)		
TWTH-S					39.674*	0.073**
					(1.810)	(2.137)
Kleibergen-Paap rk LM statistic	21.866	21.866	16.962	16.962	14.284	14.284
	[0.000]	[0.000]	[0.000]	[0.000]	[0.000]	[0.000]
Kleibergen-Paap rk Wald F statistic	46.328	46.328	138.674	138.674	18.376	18.376
	{19.93}	{19.93}	{16.38}	{16.38}	{16.38}	{16.38}
Sargan statistic	0.071	0.077	0.000	0.000	0.000	0.000
	[0.795]	[0.782]	—	—	—	—
Fix_Cap	−0.103	0.004	−0.089	0.004	−0.155	0.004
	(−1.016)	(1.084)	(−0.882)	(1.088)	(−1.301)	(1.125)
Tech	2.351	0.086	0.542	0.090**	7.267***	0.070
	(1.573)	(1.560)	(0.449)	(2.017)	(2.952)	(0.896)
High_Edu	−0.124***	0.002*	−0.141***	0.002*	−0.115***	0.002*
	(−4.874)	(1.888)	(−5.236)	(1.867)	(−3.921)	(1.871)
Fdi	0.083***	0.002**	0.085***	0.002**	0.109***	0.001**
	(4.914)	(2.472)	(5.244)	(2.522)	(4.813)	(2.038)

续表

	(1) VSS	(2) Ln_EXPY	(3) VSS	(4) Ln_EXPY	(5) VSS	(6) Ln_EXPY
Year	Control	Control	Control	Control	Control	Control
_cons	0.295	0.101 ***	0.035	0.101 ***	0.905 ***	0.098 ***
	(1.643)	(15.124)	(0.226)	(17.860)	(3.061)	(10.540)
N	549	549	549	549	549	549
r^2	0.196	0.157	0.182	0.154	0.222	0.172
r^2_a	0.187	0.148	0.173	0.145	0.233	0.164
F	11.233	7.472	11.745	7.455	9.108	7.591

注：t statistics in parentheses；$* p<0.1$，$** p<0.05$，$*** p<0.01$。

[ ]内表示的是对应统计量 P-Value，∤∤内表示的是 *Kleibergen-Paap rk Wald F* 统计量对应的 10%水平的 Stock and Yogo 临界值。

两阶段最小二乘估计结果与前述保持一致，考虑内生性下的 H1、H2、H3 均得到验证。不可识别检验、若识别检验和过度识别检验均通过。横向对比来看，贸易便利化对一国价值链参与程度的影响大于价值链地位，贸易"软环境"对 GVC 参与度的影响最大，贸易"硬环境"对 GVC 地位水平的影响最大。显著性上看，贸易便利化"硬环境"相较于"软环境"对垂直专业化比重的作用更显著，在出口技术复杂度上这一情况恰好相反，与前文所得出的结论基本保持一致。

4.5.5　稳健性检验

为了进一步验证实证结果的稳健性，本章参照 Koopman 等(2014)、王直等(2015)学者提出的关于贸易附加值视角下测度 GVC 参与程度和地位的两项指标——GVC_Participation、GVC_Position，并将这两项指标作为稳健性检验的被解释变量。

1. 贸易附加值视角下的检验

表 4-12 GVC_Participation 与 GVC_Position 指标稳健性检验结果

	(1) GVC_Participation	(2) GVC_Position	(3) GVC_Participation	(4) GVC_Position	(5) GVC_Participation	(6) GVC_Position
TWTF	9.850***	7.309*				
	(3.808)	(1.667)				
TWTF-H			7.466***	6.882*		
			(3.009)	(1.955)		
TWTF-S					10.210***	9.618**
					(4.043)	(2.232)
Fix_Cap	0.042	0.009	0.035	0.129	0.043	−0.000
	(0.513)	(0.077)	(0.433)	(1.117)	(0.529)	(−0.003)
Tech	0.297	2.239***	0.669	2.012***	0.211	2.417***
	(0.549)	(2.887)	(1.285)	(2.725)	(0.388)	(3.114)
High_Edu	−0.066***	0.197***	−0.069***	0.151***	−0.064***	0.203***
	(−3.338)	(6.188)	(−3.458)	(5.353)	(−3.265)	(6.348)
Fdi	0.051***	−0.071***	0.056***	−0.087***	0.049***	−0.072***
	(4.019)	(−3.802)	(4.387)	(−4.799)	(3.809)	(−3.890)
Year	Control	Control	Control	Control	Control	Control
_cons	0.318***	0.216*	0.354***	−0.018	0.312***	0.225**
	(7.053)	(1.887)	(8.170)	(−0.290)	(7.039)	(1.969)
N	549	549	549	549	549	549
r^2	0.180	0.111	0.171	0.198	0.184	0.204
r^2_a	0.158	0.087	0.149	0.176	0.161	0.166
F	9.359	11.057	8.205	11.588	9.749	11.468

注：t statistics in parentheses；* $p<0.1$，** $p<0.05$，*** $p<0.01$。

表 4-12 回归结果表明，不论是贸易便利化总体水平还是贸易便利化"硬环境"和"软环境"，均与 GVC_Participation、GVC_Position 呈显著正相关，H1、H2、H3 进一步得到验证。"软环境"对 GVC_Participation 和 GVC_Position 的作用最为明显，与前文异质性检验所得出的不论是在发达国家（地区）还是发展中国家（地区），贸易便利化"软环境"对全球价值链参与及地位的作用都是最显著的结论相一致。

2. 海关环境效率与规制环境检验

考虑到海关环境效率和政府环境规制在贸易便利化评价指标体系中频繁研究，两者对贸易便利化的影响又十分深刻，在一定程度上能够解释一国贸易便利化水平的相对高低。因此分别使用海关环境效率及政府规制环境作为贸易便利化的替代指标进行稳健性检验。有关结果见表 4-13。

表 4-13　海关环境及效率、政府职能及规制环境下的稳健性检验结果

	(1) VSS	(2) Ln_EXPY	(3) GVC_Participation	(4) GVC_Position	(5) VSS	(6) Ln_EXPY	(7) GVC_Participation	(8) GVC_Position
Cus	10.338*** (3.445)	0.335*** (4.073)	12.858*** (5.512)	6.538* (1.938)				
Reg					1.937 (0.699)	0.309*** (4.117)	6.400*** (2.942)	2.814 (0.909)
Fix_Cap	-0.063 (-0.610)	-0.003 (-1.209)	0.069 (0.859)	0.116 (0.996)	-0.098 (-0.942)	-0.005* (-1.657)	0.024 (0.290)	0.136 (1.172)
Tech	1.532** (2.399)	0.052*** (2.949)	0.221 (0.444)	-2.101*** (-2.926)	2.261*** (3.326)	0.043** (2.357)	0.612 (1.148)	-3.082*** (-4.064)
High_Edu	-0.142*** (-5.570)	0.001* (1.902)	-0.085*** (-4.265)	0.156*** (5.451)	-0.123*** (-4.874)	0.002*** (2.999)	-0.059*** (-2.987)	0.146*** (5.185)

	(1) VSS	(2) Ln_EXPY	(3) GVC_Parti cipation	(4) GVC_Posi tion	(5) VSS	(6) Ln_EXPY	(7) GVC_Parti cipation	(8) GVC_Posi tion
Fdi	0.083***	0.001*	0.054***	−0.086***	0.081***	0.000	0.046***	−0.090***
	(5.174)	(1.730)	(4.354)	(−4.740)	(4.862)	(0.792)	(3.545)	(−4.830)
Year	Control	Control	Control	Control	Control	Control	Control	Control
_cons	0.161***	0.096***	0.274***	−0.022	0.286***	0.097***	0.370***	−0.160***
	(3.023)	(66.049)	(6.604)	(−0.373)	(5.669)	(70.935)	(9.362)	(−2.851)
N	549	549	549	549	549	549	549	549
r^2	0.114	0.151	0.106	0.098	0.096	0.152	0.071	0.093
r^2_a	0.093	0.131	0.085	0.076	0.074	0.131	0.048	0.071
F	13.820	19.089	12.721	11.573	11.306	19.172	8.120	10.929

注：t statistics in parentheses；$* p<0.1$，$** p<0.05$，$*** p<0.01$。

上述回归结果表明，海关环境及效率、环境规制对一国 GVC 参与及 GVC 地位水平保持高度正相关关系，进一步说明提升贸易便利化水平对价值链带来的双重正向影响是稳健的。H1 再次得到验证。此外，海关环境、政府规制环境主要是从贸易便利化"软环境"出发，上述结果同样说明贸易"软环境"对 GVC 参与和 GVC 地位的正向影响是准确无偏的。H3 进一步被验证。

4.6 结论与政策建议

4.6.1 主要结论

第一，贸易便利化与全球价值链关系紧密，体现在贸易便利化既能促进一国全球价值链参与程度同时也能提高一国价值地位水平。贸易便利化对样本国家(地区)价值链参与程度和价值地位水平的影响存在异质性。第二,贸易便利化"硬环境"对全球价值链参与度和全球价值链地位同样具有双重促进作用,"硬环境"对 GVC 参与度提升效应显著大于 GVC 地位。在排除内生性问题下,贸易便利化"硬环境"对全球价值链参与和地位的影响同样显著,稳健性检验进一步证明上述观点。第三,贸易便利化"软环境"对全球价值链的双重作用同样显著正相关。贸易便利化"软环境"对全球价值链参与和全球价值链地位之间存在异质性,"软环境"更能刺激 GVC 地位。第四,本章还探究贸易便利化及其"软环境""硬环境"对发展水平不同国家(地区)的影响差异。不论是"软环境"还是"硬环境",对发达国家(地区)在全球价值链上的双重作用均明显强于发展中国家(地区)。

4.6.2　政策建议

1. 贸易便利化政策建议

第一,坚持以多边贸易为主,区域经济合作为辅,充分发挥国际组织、区域合作组织在贸易便利化中的推动作用(Mei,2020)。第二,发挥区域经济合作的强劲动力,因地制宜发展贸易便利化。在全球价值链中,全球贸易分工不仅受比较优势和贸易成本的影响,还受生产分割带来的隐性成本影响。因此不同地域、不同发展水平条件下的贸易便利化措施应当要有差异。第三,定向发展贸易便利化建设。例如:发展中国家签订 AEO 互认(经认证的经营者),建立双边贸易信用机制,对贸易往来的双方进行评级,合作国家中信用评级高的给予通关、查验上的便利以及回款上的支持,这能在"软环境"上弥补一定的不足。

2. 全球价值链参与度和地位政策建议

第一,加强与区域经济组织的合作,建立全球生产网络下的贸易规则体制,推进全球价值链分工与贸易的稳定发展。首先从发达国家来说，依靠技术优势带来的价值链上的分配权短时间不会消失，寻求价值链地位的新兴经济体逐渐成为区域价值链的核心国家并带动具有比较优势的周边国家参与区域全球价值链的生产。形成发达国家控制全球价值链，新兴经济体控制以其为核心延伸出的区域产业价值链，其他发展中国家参与区域价值链生产的三级结构（见图4-6）。

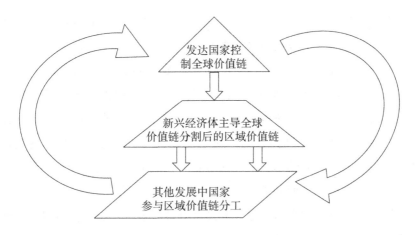

图4-14　全球—区域—国家（地区）价值链三级结构图

因此，加强区域经济合作，让发展中国家在区域层面拥有更大的话语权是巩固当前价值链体系的有效措施，也是实现价值链整体价值最大化的可行之路。

第二，合理看待全球价值链上的链式反应，追求整体价值的最大化而非单一环节效益提升，以此实现全球价值链协同。正如盛斌和陈帅（2015）所提及的国际协定与国内协定要相互协调、融合，促进市场经济秩序向着规范化、法治化和国际化的方向发展，消除政治因素下的扭曲行为，营造公开、透明、公正的商业环境。

4.6.3　中国方案

第一，以"一带一路"倡议为基础，加强"一带一路"共建国家（地区)贸易便利化建设,实现全球价值链与区域价值链的双环流体系。突破价值链"低端锁定",跨越"中等收入陷阱"是我国目前面临的难题。全球价值链与区域价值链的双重嵌入体现为中国在嵌入以发达国家(地区)为核心的全球价值链基础上,积极依托我国现有的产业比较优势构建以中国为核心的区域价值链,实现由外部依赖向主动升级模式的转变。

第二,打造区域价值链离不开贸易便利化建设下的区域协同一体化。从需求端看,欠发达国家(地区)基建能力落后、缺乏设备、施工经验和资金,即使具备人口、资源优势也无法参与全球价值链生产,因此需要通过物流基础设施建设提高自身竞争力,改善国内经济质量水平。供给端层面,中国在基础设施建设上的过剩产能恰好满足这一需求,在帮助其他国家(地区)的同时也能将我国在贸易便利化上的建设理念、相关政策对外输出,实现区域贸易便利上的协同,为区域价值链的形成打通供应链层面的障碍。

第三,继续扩大自贸区建设和经济开放程度,不断提高自身贸易便利化水平,强调国内循环与国际循环间的相辅相成,通过"引进来、走出去"实现价值链升级。

◎ 参考文献

[1]程欣."一带一路"背景下我国贸易便利化水平及发展策略[J].中国流通经济,2016,30(6):110-116.

[2]崔日明,黄英婉."一带一路"共建国家贸易投资便利化评价指标体系研究[J].国际贸易问题,2016(9):153-164.

[3]戴翔,郑岚.制度质量如何影响中国攀升全球价值链[J].国际贸易问题,2015(12):51-63,132.

[4]范子英,孟令杰,石慧.为何1959—1961年大饥荒终结于1962年[J].经济学(季刊),2009,8(1):289-306.

[5]郭显光.熵值法及其在综合评价中的应用[J].财贸研究,1994(6):56-60.

[6]胡超.中国-东盟自贸区进口通关时间的贸易效应及比较研究——基于不同时间

密集型农产品的实证[J]. 国际贸易问题, 2014(8): 58-67.

[7] 黄先海, 诸竹君, 宋学印. 中国中间品进口企业"低加成率之谜"[J]. 管理世界, 2016(7): 23-35.

[8] 鞠建东, 余心玎. 全球价值链研究及国际贸易格局分析[J]. 经济学报, 2014 (2): 126-149.

[9] 孔庆峰, 董虹蔚. "一带一路"国家的贸易便利化水平测算与贸易潜力研究[J]. 国际贸易问题, 2015(12): 158-168.

[10] 李豫新, 郭颖慧. 边境贸易便利化水平对中国新疆维吾尔自治区边境贸易流量的影响——基于贸易引力模型的实证分析[J]. 国际贸易问题, 2013(10): 120-128.

[11] 林珊, 林发彬. 贸易投资便利化与全球价值链需求的对接——以福建自贸试验区为例[J]. 亚太经济, 2017(5): 130-136.

[12] 刘斌, 王乃嘉, 李川川. 贸易便利化与价值链参与——基于世界投入产出数据库的分析[J]. 财经研究, 2019, 45(10): 73-85.

[13] 刘斌, 王乃嘉, 屠新泉. 贸易便利化是否提高了出口中的返回增加值[J]. 世界经济, 2018, 41(8): 103-128.

[14] 刘斌, 魏倩, 吕越, 祝坤福. 制造业服务化与价值链升级[J]. 经济研究, 2016, 51(3): 151-156.

[15] 刘仕国, 吴海英, 马涛, 张磊, 彭莉, 于建勋. 利用全球价值链促进产业升级[J]. 国际经济评论, 2015(1): 64-84, 5-6.

[16] 陆添超, 康凯. 熵值法和层次分析法在权重确定中的应用[J]. 电脑编程技巧与维护, 2009(22): 19-20, 53.

[17] 罗勇, 王世静, 曹莉莉. 贸易便利化对我国制造业出口产品质量影响研究[J]. 软科学, 2020(11): 152-173.

[18] 吕越, 李美玉. 贸易便利化与全球价值链嵌入[J]. 北京工商大学学报(社会科学版), 2020, 35(5): 46-57.

[19] 綦良群, 李兴杰. 区域装备制造业产业结构升级机理及影响因素研究[J]. 中国软科学, 2011(5): 138-147.

[20] 盛斌, 陈帅. 全球价值链如何改变了贸易政策: 对产业升级的影响和启示[J]. 国际经济评论, 2015(1): 6, 85-97.

[21] 盛斌, 景光正. 金融结构、契约环境与全球价值链地位[J]. 世界经济, 2019, 42

（4）：29-52.

[22] 盛丹，包群，王永进. 基础设施对中国企业出口行为的影响："集约边际"还是
　　 "扩展边际"[J]. 世界经济，2011，34（1）：17-36.

[23] 苏杭，郑磊，牟逸飞. 要素禀赋与中国制造业产业升级——基于 WIOD 和中国
　　 工业企业数据库的分析[J]. 管理世界，2017（4）：70-79.

[24] 孙林，徐旭霏. 东盟贸易便利化对中国制造业产品出口影响的实证分析[J]. 国
　　 际贸易问题，2011（8）：101-109.

[25] 王永进，盛丹，施炳展，李坤望. 基础设施如何提升了出口技术复杂度[J]. 经
　　 济研究，2010，45（7）：103-115.

[26] 王直，魏尚进，祝坤福. 总贸易核算法：官方贸易统计与全球价值链的度量[J].
　　 中国社会科学，2015（9）：108-127，205-206.

[27] 吴波，李生校. 全球价值链嵌入是否阻碍了发展中国家集群企业的功能升
　　 级？——基于绍兴纺织产业集群的实证研究[J]. 科学学与科学技术管理，
　　 2010，31（8）：60-65.

[28] 肖扬，直银苹，谢涛. "一带一路"共建国家贸易便利化对中国制造业企业出口
　　 技术复杂度的影响[J]. 宏观经济研究，2020（9）：164-175.

[29] 谢娟娟，岳静. 贸易便利化对中国-东盟贸易影响的实证分析[J]. 世界经济研
　　 究，2011（8）：81-86，89.

[30] 杨继军，刘依凡，李宏亮. 贸易便利化、中间品进口与企业出口增加值[J]. 财贸
　　 经济，2020，41（4）：115-128.

[31] 杨军，黄洁，洪俊杰，董婉璐. 贸易便利化对中国经济影响分析[J]. 国际贸易
　　 问题，2015（9）：156-166.

[32] 张晓静，李梁. "一带一路"与中国出口贸易：基于贸易便利化视角[J]. 亚太经
　　 济，2015（3）：21-27.

[33] 张彦. RCEP 区域价值链重构与中国的政策选择——以"一带一路"建设为基
　　 础[J]. 亚太经济，2020（5）：14-24，149.

[34] 郑丹青，于津平. 中国制造业增加值贸易成本测度与影响研究——基于价值链
　　 分工地位视角[J]. 产业经济研究，2019（2）：13-26.

[35] Acemoglu D，Johnson S，Robinson J A. The colonial origins of comparative
　　 development：An empirical investigation[J]. American Economic Review，2001，91
　　 （5）：1369-1401.

[36] Perla J, Tonetti C, Waugh M E. Equilibrium technology diffusion, trade, and growth [J]. American Economic Review, 2021, 111(1): 73-128.

[37] Traiberman S. Occupations and import competition: Evidence from Denmark [J]. American Economic Review, 2019, 109(12): 4260-4301.

[38] Head K, Mayer T. Brands in motion: How frictions shape multinational production [J]. American Economic Review, 2019, 109(9): 3073-3124.

[39] Tombe T, Zhu X. Trade, migration, and productivity: A quantitative analysis of China[J]. American Economic Review, 2019, 109(5): 1843-1872.

[40] Arkolakis C, Ramondo N, Rodríguez-Clare A, et al. Innovation and production in the global economy[J]. American Economic Review, 2018, 108(8): 2128-2173.

[41] Fieler A C, Eslava M, Xu D Y. Trade, quality upgrading, and input linkages: Theory and evidence from colombia [J]. American Economic Review, 2018, 108(1): 109-149.

[42] Liu Q, Ma H. Trade policy uncertainty and innovation: Firm level evidence from China's WTO accession[J]. Journal of International Economics, 2020, 127: 103387.

[43] Mei Y. Sustainable cooperation in international trade: A quantitative analysis[J]. Journal of International Economics, 2020, 123: 103305.

[44] Felbermayr G, Teti F, Yalcin E. Rules of origin and the profitability of trade deflection[J]. Journal of International Economics, 2019, 121: 103248.

[45] Liu Q, Qiu L D, Zhan C. Trade liberalization and domestic vertical integration: Evidence from China[J]. Journal of International Economics, 2019, 121: 103250.

[46] Alquist R, Berman N, Mukherjee R, et al. Financial constraints, institutions, and foreign ownership[J]. Journal of International Economics, 2019, 118: 63-83.

[47] Koch M, Smolka M. Foreign ownership and skill-biased technological change[J]. Journal of International Economics, 2019, 118: 84-104.

[48] Aichele R, Heiland I. Where is the value added? Trade liberalization and production networks[J]. Journal of International Economics, 2018, 115: 130-144.

[49] Pierce J R, Schott P K. Investment responses to trade liberalization: Evidence from us industries and establishments[J]. Journal of International Economics, 2018, 115: 203-222.

[50] Chen B, Yu M, Yu Z. Measured skill premia and input trade liberalization: Evidence

from Chinese firms[J]. Journal of International Economics, 2017, 109: 31-42.

[51] Baldwin M. EU trade politics-heaven or hell[J]. Journal of European Public Policy, 2006, 13(6): 926-942.

[52] Dennis A, Shepherd B. Trade facilitation and export diversification[J]. The World Economy, 2011, 34(1): 101-122.

[53] Felipe J, Kumar U. The role of trade facilitation in Central Asia: A gravity model [J]. Eastern european economics, 2012, 50(4): 5-20.

[54] Hausmann R, Hwang J, Rodrik D. What you export matters[J]. Journal of Economic Growth, 2007, 12(1): 1-25.

[55] Iwanow T, Kirkpatrick C. Trade facilitation and manufactured exports: Is Africa different[J]. World Development, 2009, 37(6): 1039-1050.

[56] Koopman R, Wang Z, Wei S-J. Tracing value-added and double counting in gross exports[J]. American Economic Review, 2014, 104(2): 459-494.

[57] Lall S, Weiss J, Zhang J. The"sophistication" of exports: A new trade measure[J]. World development, 2006, 34(2): 222-237.

[58] Phan Q A, Scully T, Breen M, et al. Facilitating high levels of wind penetration in a smart grid through the optimal utilization of battery storage in microgrids: An analysis of the trade-offs between economic performance and wind generation facilitation[J]. Energy Conversion and Management, 2020, 206: 112354.

[59] Portugal-Perez A, Wilson J S. Export performance and trade facilitation reform: Hard and soft infrastructure[J]. World development, 2012, 40(7): 1295-1307.

[60] Ramasamy B, Yeung M C H. China's one belt one road initiative: The impact of trade facilitation versus physical infrastructure on exports[J]. The World Economy, 2019, 42(6): 1673-1694.

[61] Rehnberg M, Ponte S. From smiling to smirking? 3D printing, upgrading and the restructuring of global value chains[J]. Global Networks, 2018, 18(1): 57-80.

[62] Riadh H. Modelling and quantifying the effects of trade facilitation on trade and international transport costs using the logistics performance index[J]. International Journal of Shipping And Transport Logistics, 2020, 12(5): 462-486.

[63] Roberts B, Prager F, Baschnagel C, et al. The economic benefits of trade facilitation: US customs and border protection's centers of excellence and expertise

programme[J]. The World Economy, 2021, 44(2).

[64]Rodrik D. What's so special about China's exports[J]. China and World Economy, 2006,14(5): 1-19.

[65]Sahoo P, Goswami N, Mazumdar R. Trade facilitation: Must for Indias trade competitiveness[J]. Journal of World Trade, 2017, 51(2): 285-308.

[66]Kim S, Park I, et al. Measuring the impact of APEC trade facilitation: A gravity analysis[R]. Paper presented at the APEC EC Committee meeting in Santiago, Chile, 2004.

[67]Shepherd B, Wilson J S. Trade facilitation in ASEAN member countries: Measuring progress and assessing priorities[J]. Journal of Asian Economics, 2008, 20(4): 367-383.

[68]Wilson J S, Mann C L, Otsuki T. Trade facilitation and economic development: A new approach to quantifying the impact[J]. The World Bank Economic Review, 2003, 17(3): 367-389.

第5章 新基建能力对区域嵌入全球价值链的影响
——基于区域层面 GVC 嵌入的测度

嵌入全球价值链，凭借比较优势参与国际分工，已成为各国各区域经济发展的有效路径。新基建的出现为进一步提升嵌入全球价值链的水平提供了新动能。为了探究新基建与嵌入全球价值链之间的关系，本章首先构建包括信息、交通、能源、物流四个层面的区域新基建能力评价指标体系，并利用基于垂直专业化指数和出口技术复杂度指数双重视角的测度方法对区域嵌入 GVC 水平进行测度。其次以区域创新能力为中介变量，来探讨区域新基建能力与其嵌入 GVC 水平的关系。最后选取 2008—2020 年除西藏外的 30 省市区域展开实证研究。结果表明，区域新基建能力的提高能有效促进区域嵌入 GVC 水平的提升。区域信息、交通、能源基础设施建设能力也对其在全球价值链上的地位有正向显著影响，但物流对此的正向作用并不显著。区域创新能力在新基建和 GVC 之间的中介效应不显著。

5.1 新基建与全球价值链嵌入文献述评

参与全球价值链，外包低附加值环节，不断向高附加值环节攀升，巩固在价值链高端的地位越来越成为各国各区域产业升级的普遍做法。廉价的劳动力成本和资源禀赋优势为"中国制造"参与全球价值链提供了"动能"。但华为断供危机说明，在 GVC 上居于主导地位的发达国家跨国公司利用核心技术和品牌专利牢牢掌控着价值链上高附加值活动，并对价值链上发展中国家实施"低端锁定"。《2019 年国务院政府工作报告》中指出要促进新旧动能接续转换。伴随着"旧动能"的弱化，新形势下区域经济发展必须被注入持续不断的"新动能"，也就是新动力作用于区域经济运行而产生的前进能量。新基建正越来越成为这一重要的"新动能"。与俗称"铁公基"的传统基建不同，新基建的重心包含了5G、特高压、人工智能、工业互联网、智慧城市、城际高速铁路和城际轨道交通、大数据中心、新能源汽车充电桩等新型智慧基建。新冠疫情期间区域经济发展犹如按下了暂停键，全球价值链体系也面临着中断、修复和重组的挑战与机遇。在疫情得到有效控制后，从中央到地方出台了一系列关于区域新基建建设的有效措施。新基建已经成为下一阶段经济发展的新动能和新引擎。

由于新基建提出时间较短，目前有关新基建的研究还并不多见，学者们现有研究主要集中在传统的基础设施建设，从基建框架下包含的某一方面内容来构建与经济发展的关联性。Akpan(2014)采用贸易引力模型验证了道路基础设施质量对区域内贸易的促进作用。Donaubauer 等(2015)认为通信、能源和金融方面的基础设施对消费品、资本品和中间产品的贸易产生了重大影响。Brooks(2016)认为亚洲经济体通过区域基础设施加强了联系，从而带动了与 GVC 有关的中间产品贸易。余东华等(2017)认为新一代信息技术通过影响"微笑曲线"中的高附加值部分，从而促进了全球范围内价值链重构。韩剑等(2018)研究发现，互联网的协调链接、信息汇集等功能，促进了分工专业化，提升了我国在GVC 中的参与度。林梦瑶、张中元(2019)通过实证检验发现贸易伙伴良好的物流设施质量有利于中国更好地参与全球价值链。

基于新基建的智能化、数字化特征，一些学者也将创新引入其中展开研究。Jabbouri 等(2016)发现信息基础设施对创新绩效具有显著积极影响。Agenorr 和 Alpaslan(2018)指出交通运输等一般性基础设施会影响模仿创新。李媛、畅红琴(2017)基于 30 省市的数据研究发现因地制宜地发展相应的基础设施，有利于各地区的技术创新。马明等(2018)

基于 30 个省市近二十年的面板数据，验证了交通基础设施对区域创新能力的扩散作用。卞元超等（2019）基于 287 个地级市的面板数据，验证了高铁建设对区域创新具有显著的正向作用。

创新能力一直是区域经济发展的推动力。处于全球价值链中低端的新兴经济体，一直致力于技术进步、创新驱动以及提高全要素生产率，从而带动区域不断向 GVC 中高端攀升。在创新与 GVC 研究方面，Sun 等（2010）认为国内区域市场上激烈的互动和学习有利于增强自身创新能力，进而保持在 GVC 中的竞争优势。Gallagher 等（2016）分析了中国领先的光电子行业，并提出了科技创新是提升价值链地位的重要方法。洪银兴（2017）认为加工组装等环节的创新可以改变其位于 GVC 低端的现状。赵玉林、高裕（2019）基于湖北省高技术产业的面板数据，分析了技术创新对高技术产业在 GVC 上分工的作用。

综上所述，目前关于区域基础设施方面的研究大多是围绕传统基建中的某一方面展开，很少能顾及整个基建系统的全貌，更不必说结合新基建的"新"特征展开分析。基础设施、创新能力、全球价值链三者之间存在一定的联系，但大部分文献集中在其中两两关系的研究。因此，本章将新基建、区域创新与全球价值链嵌入水平三者之间的关系作为理论基础，运用除西藏外的中国 30 省市为研究对象展开实证分析，揭示区域当前的新基建能力和嵌入 GVC 的水平，验证其中的作用机理，基于新基建视角为区域参与 GVC 发展提供决策建议。

5.2　新基建与区域 GVC 嵌入作用机制

5.2.1　新基建内涵

与交通设施、水利建设等传统领域"铁公基"相比，"新基建"是数字化发展的新方向，如图 5-1 所示，既包括旧基建的数字化升级，又包括"大云物智区"等数字基础设施，即图中居上的两部分。

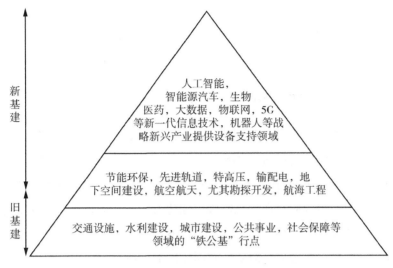

图 5-1 "新基建"与"旧基建"的区别

基于新旧基建涵盖的不同内容，本章对新基建这一变量内容进行界定。界定的准则不仅要兼顾新基建的"新"特征，同时兼顾下文进行实证研究中相关指标的可获得性。本章界定的新基建主要包括交通、信息、能源以及物流四个层面，如表 5-1 所示。①

表 5-1 新基建指标内容

变量	指标	内 容
区域新基建能力	信息基础设施建设能力	以互联网为核心的信息基础设施，主要包括大数据、人工智能、工业互联网等
	交通基础设施建设能力	以城轨为核心的交通基础设施
	能源基础设施建设能力	以电力为核心的能源基础设施，主要包括特高压、光伏风电及核电、新能源充电桩和氢燃料加氢站等
	物流基础设施建设能力	以现代化智能化物流基地为核心的物流基础设施

① 目前有关基础设施的研究，主要包括信息、交通、能源、电信等方面。关于电信基础设施和信息基础设施方面的研究，大部分学者使用的测度指标类似。所以本章将电信基础设施和信息基础设施合为一个维度即"信息基础设施"。

5.2.2　新基建对区域嵌入 GVC 的影响

1. 区域新基建能力与区域嵌入 GVC 水平的关系

新基建的建设能力有利于提升 GVC 运作效率，使片段化的全球生产网络连为一体。何敏等（2015）认为交通基础设施的改善和提高缩短了地区间贸易往来的时间，降低了贸易成本，提高了贸易效率，从而降低了贸易的边界效应；而信息基础设施建设的改善则有利于减少市场分割，促进产业分工。梁双陆、张梅（2016）研究发现基础设施互联互通对进出口贸易中的边界屏蔽效应有明显减弱作用。

交通、物流基础设施有效实现了各环节的连贯性，打破了其在空间上的束缚，提升了区域间的通关效率，提高了商品流动效率。Celbis 等（2013）认为基础设施质量的低水平会通过增加运输成本而产生贸易障碍问题。Cosar 和 Demir（2016）认为运输基础设施能有效促进时间敏感性货物的物流运转，从而使得各国在全球贸易中获得比较优势。能源基础设施建设，赋予上下游各方不间断的运营动力，提升贸易畅通程度，带动 GVC 一体化运作。人工智能、物联网等信息基础设施则促进了数据的有效对接，实现了信息的快速整合。智能化数字化的新基建有效促进了各区域间的人、物、信息的互联互通，GVC 节点企业的紧密协作必然带动区域的更高水平的参与。

新基建能力有利于区域从 GVC 低附加值环节向高附加值环节攀升。Backer 等（2018）认为机器人技术应用在某种程度上重构了生产组织方式和管理模式，推进了价值链的动态演进，促进了产业附加值增加及生产力提高。"新基建"使得 GVC 关联企业通过信息分享和便捷沟通创造价值。R & D 部门能够通过终端需求信息的对称性传递展开有效研发，供应商早期介入与合作研发提升了研发效率，"互联网+"带来的商业模式的转变为产品升级换代提出更快更个性化的需求，物联网和人工智能技术带来的 GVC 全链条的可视化促进成员企业信息及时分享，云储存和大数据分析为整个 GVC 生态整合提供可能。Graetz 和 Michaels(2018)发现机器人的使用有利于提高全要素生产率和降低产出价格,并对年度劳动生产率增长有较大贡献。通过数字化智能化新基建将有效实现"中国制造 2025",高端制造的升级,劳动力密集产业向资本技术密集性产业的转型升级将有利于 GVC 地位的提升。

因此,本章提出如下假设:

H1:区域新基建能力对区域嵌入 GVC 水平有显著正向影响关系。

H2:区域信息、交通、能源、物流基础设施建设能力分别对其嵌入 GVC 水平有显著正向影响关系。

2020 年 4 月 20 日,国家发改委明确提出新型基础设施是以新发展理念为引领,以技术创新为驱动,以信息网络为基础,面向高质量发展需要,提供数字转型、智能升级、融合创新等服务的基础设施体系。[①] 以数字化为特征的信息基础设施是当前新基建发展的首要任务。区域加大信息基础设施建设,也有利于应对市场上产品更新的快节奏、消费者的个性化等要求,从而更好地提升区域在全球价值链上的地位。

因此,本章提出如下假设:

H3:在新基建包含的四个层面内容中,相较于交通、能源、物流,区域信息基础设施建设能力对其嵌入 GVC 水平的正向影响最显著。

尽管各区域一直都很重视新基建的发展,但不可否认各区域新基建能力存在较大差距。我国的国情决定了不同地区建设新型基础设施的自身条件不尽相同,不可避免地会出现地区间的不平衡。不论从可投入资金或其他配套生产要素,还是市场驱动力,发达地区相对优势更明显,新基建发展所需的硬件和软件资源尤为突出。各区域新基建能力水平的差异,也导致其对嵌入 GVC 水平存在着不同程度的影响。

因此,本章提出如下假设:

H4:新基建能力存在区域差异性,新基建能力对其嵌入 GVC 水平的影响也存在区域差异性。

---

① 该资料来自新浪网的文章——"新基建"包括哪些领域? 国家发改委 2020 年 4 月 20 日的权威解读。

2. 区域新基建能力与区域创新能力的关系

新基建注重互联网、大数据、数字经济等重要作用，通过信息技术、科技来构建区域竞争力，所以新基建除了"稳增长"的这一基本任务外，还兼具"促创新"的重任。赖永剑（2013）提出良好的基础设施可以影响创新投资的耐用性并促进技术创新效率的提高。韩先锋等（2019）认为区域创新系统由互联网应用部门和互联网研发生产部门构成。互联网作为重要的新基建资源，对创新有重要的影响。

新基建能为各种技术创新活动提供基础支持，有效带动区域内传统产业数字化和智能化的创新转型，从而为区域创新提供新动力。在"互联网+传统行业"的新业态下，区域企业的联系更加紧密，区域资源配置效率完善，技术扩散效率的提升将有利于本地创新效率的提升。因此，本章提出如下假设：

H5：区域新基建能力对区域创新能力有显著正向影响关系。

3. 区域创新能力与区域嵌入 GVC 水平关系

创新能力是企业、产业、某一区域以及国家提升嵌入 GVC 嵌入程度和水平的关键。Liselore 等（2012）认为，具备技术创新能力的企业通过对 GVC 的知识、技术和信息的运用，从而具备持续竞争优势以及价值链治理能力。马风涛（2015）提出要推动自主创新，增加研发投入，提升制造业部门在全球价值链上的分工地位。

区域创新能力包含两个维度：技术能力和接受能力。技术能力体现在具有独创性的想法与专门技术，接受能力是指所在区域的知识结构对于那些具有前沿性的想法与技术拥有很好的接受与转化能力。随着新技术的进步并投入生产过程中，产品的工艺流程会不断改进，新产品的专业化程度得到提高，从而会增加出口产品的技术复杂度，相应地提升区域在 GVC 上的地位。我国各区域在 GVC 上主要处于附加值较低的生产加工环节，主要从事 OEM（原始设备制造商）的角色。创新将推动向研发设计、品牌管理、售后服务等附加值环节扩张，实现向 ODM（原始设计制造商）、OBM（原始品牌制造商）的转变。因此，本章提出如下假设：

H6：区域创新能力对其嵌入 GVC 水平有显著正向影响关系。

4. 区域创新能力的中介作用

新基建构建的诸如特高压、人工智能、工业互联网、大数据中心等为区域发展奠定了扎实的基础，吸引 GVC 主导企业选择本地作为价值链成员，进而为本区域产业升级创造条件。新基建提供的是一种基础支撑能力，是一种驱动力，影响和作用于产业和企业，进而激发出一定的创新能力，进而实现区域从 GVC 低端环节进入中高端环节。因此，结合假设 H1、H5、H6，提出进一步假设：

H7：区域创新能力在区域新基建能力与区域嵌入 GVC 水平之间起中介作用。

5.3 区域层面变量测度与模型构建

5.3.1 计量模型构建

本章采用回归分析验证各变量之间的影响关系。本章选取区域嵌入 GVC 水平作为被解释变量。解释变量从两个角度进行描述，一方面以综合的区域新基建能力(New Infrastructure，NIF)作为解释变量来研究其与 GVC 的关系，并引入区域创新能力(Innovation)变量来探讨其在 GVC 与 NIF 的关系中是否存在中介效应；另一方面，从新基建能力的四个指标层面即信息(Information)、交通(Transport)、能源(Energy)、物流(Logistics)的基础设施建设能力来研究其对 GVC 的影响。三个计量模型如下：

(1)区域新基建能力对区域嵌入 GVC 水平影响的计量模型。

$$\text{GVC}_{it} = \beta_0 + \beta_1 \text{NIF}_{it} + \beta_2 \text{Controls}_{it} + \mu_{it} \tag{5-1}$$

(2)信息、交通、能源、物流基础设施建设能力对区域嵌入 GVC

水平影响的计量模型。

$$GVC_{it} = \beta_0 + \beta_1\,Information_{it} + \beta_2 Transport_{it} + \beta_3\,Energy_{it} +$$
$$\beta_4\,Logistics_{it} + \beta_5\,Controls_{it} + \mu_{it} \qquad (5\text{-}2)$$

(3) 区域创新能力的中介效应模型。

$$Innovation_{it} = \beta_0 + \beta_1\,NIF_{it} + \beta_2\,Controls_{it} + \mu_{it} \qquad (5\text{-}3)$$

$$GVC_{it} = \beta_0 + \beta_1\,Innovation_{it} + \beta_2\,Controls_{it} + \mu_{it} \qquad (5\text{-}4)$$

$$GVC_{it} = \beta_0 + \beta_1\,NIF_{it} + \beta_2 Innovation_{it} + \beta_3\,Controls_{it} + \mu_{it} \qquad (5\text{-}5)$$

其中，i 为省市，t 为年份，$Controls_{it}$ 为控制变量；μ_{it} 为随机误差项，与解释变量均不相关。

5.3.2　变量测度与数据来源

1. 区域新基建能力测度

由于"新基建"概念提出时间较短，新基建能力的指标测度还尚未统一，本章整理了常见的一些关键测度指标，如表 5-2 所示。

表 5-2　基础设施建设能力测度指标及文献来源

变量	指标	参考文献
交通基础设施建设能力	交通基础设施投资[3]	
	等级公路占公路里程比重[1]	
信息基础设施建设能力	人均固定电话用户和人均互联网用户的平均值[5]	①施洁、史学贵(2012)
	人均邮电和电信业务数额[5]	②曹丽莉等(2013)
能源基础设施建设能力	每万吨人口能源消费总量[1]	③王晓东等(2014)
	每万吨人口电力消费量[1]	④郑世林等(2014)
物流基础设施建设能力	人均货运量/货物周转量[2]	⑤李坤望等(2015)
	路网密度=城市道路总长度/城市总面积[2]	
电信基础设施建设能力	移动/固定电话普及率[4]	
	长途光缆线路长度[1]	

在以上学者提出的指标基础上，结合实证数据的可获得性，本章从信息、交通、能源、物流四个方面构建区域新基建能力评价指标体系，如表 5-3 所示。新基建在 2018 年被政府正式提出来并得到社会广泛关注，但其实在这之前旧基建已经开始慢慢向新基建转型升级。有些区域早都已经开始了新基建的布局，在相关的信息、能源、物流、交通等方面已经有了一定的作为。本章选取 2008—2020 年的数据进行新基建的测度，既可以对各区域以往的新基建水平有清楚的把握，测度结果又可以作为接下来新一轮新基建发展的起点。

表 5-3　区域新基建能力评价指标体系

指标层	一级指标	二级指标	数据来源
区域新基建能力	信息基础设施能力	人均互联网宽带接入端口	国家统计局
		人均长途光缆线路长度	
		IDC 机房数	中国 IDC 圈官网
	交通基础设施能力	交通基础设施覆盖面	国家统计局
		人均轨道交通运营线路总长度	
		人均公共汽电车运营车辆数	
	能源基础设施能力	人均光伏发电累计装机容量	国家能源局官网和国泰安数据库
		人均 1000KV 和 ±800KV 输电线路回路长度	《中国电力年鉴》
		公共充电桩	CCTIA 官网、汽车工业协会
	物流基础设施能力	物流产学研基地	中国物流学会官网
		物流业基础建设投资占全部基础设施建设投资比重	国家统计局
		路网密度＝城市道路总长度/城市总面积	

如表 5-3 所示，测度新基建能力的数据来源广泛，数据间存在不相容问题，故本章采用模糊物元法计算各级指标及区域新基建能力值。模糊物元分析是模糊数学与物元分析的有机结合。利用式(5-6)所示的欧

175

式贴近度公式，可以计算欧式贴近度模糊物元值。贴近度是表示每种方案与最优方案之间互相接近的程度，用以衡量两者的接近程度，其值越大表示两者越接近，反之则相离越远。

$$\rho H_i = 1 - \sqrt{\sum_{j=1}^{n} w_j \Delta_{ij}}, \quad i = 1, 2, \cdots, m \qquad (5\text{-}6)$$

其中，ρH_i 为区域 i 的欧式贴近度，w_j 为第 j 个指标的综合权重，Δ_{ij} 为差平方复合模糊物元。

2. 区域嵌入 GVC 水平测度

通过参考有关全球价值链测度的文献分析，结合实际情况，本章借鉴姚瑶、赵英军构(2015)建的基于垂直专业化(VSS)的出口技术复杂度指数来测度各省市嵌入 GVC 的水平。

由于本章测度的是各省市的 GVC 地位水平，在考虑数据可得性的前提下，对姚瑶等提出的 GVC 测度方法做了一些调整。姚瑶提出用各行业垂直专业指数和出口技术复杂度指数两个指标的值之积来进行测度区域的 GVC 地位水平，涉及"产品—行业—地区"的三维数据结构，且其在测算各行业的垂直专业化指数时，使用的是各省市的投入产出表数据。但在数据搜集中，我们发现目前我国各省市的投入产出表仅更新到 2012 年，且每 5 年才编制一次。并且部分省份并没有专门编纂相应的投入产出表，通过人为推算工作量繁重且难以保证数据的准确性，因此，本章在对各省市的垂直专业化水平进行测度时，采用的是加工贸易法来进行测算，且在测度 GVC 地位时，虽然引用了这两个指标，但首先全将其转变成各个区域的值，再相乘。即：

$$\text{GVC}_i = \text{VSS}_i \times \text{ES}_i \qquad (5\text{-}7)$$

GVC_i 表示 i 省市嵌入 GVC 水平。VSS_i 表示 i 省垂直专业化指数，用加工贸易出口占总出口的比重来计算。其中，加工贸易出口主要用来料加工装配贸易和进料加工贸易二者的出口额之和统计得出。

ES_i 是 i 省市出口技术复杂度指数，借鉴 Hausmann 等(2007)提出的测度一国成品出口技术复杂度方法来计算。某一区域的出口技术复杂度指数测度方法如下：

$$\mathrm{ES}_i = \sum_j \left[(x_{ij} / X_i) \times \mathrm{TSI}_j \right] \tag{5-8}$$

$$\mathrm{TSI}_j = \sum_i \left[\frac{x_{ij} / X_i}{\sum_i (x_{ij} / X_i)} \times Y_i \right] \tag{5-9}$$

其中，x_{ij} 表示 i 省市产品 j 的出口额，X_i 表示 i 省市总出口额，TSI_j 表示地区产品 j 的出口，Y_i 为 i 省市的人均 GDP。在计算时，产品种类按照 HS 编码的共 98 章，此外考虑到嵌入产品的加工贸易属性，剔除了包括活动物、植物等前 15 章产品数据。① 区域嵌入 GVC 水平测度指标所需数据均来自国研网。

3. 区域创新能力测度

根据相关文献，本章整理了有关区域创新能力测度指标如表 5-4 所示。

表 5-4　区域创新能力评价指标体系

指　　　标	参考文献
制度和政策、创新驱动、知识创造、企业创新、技术应用、知识产权	全球创新指数（2007，欧洲工商管理学院）②
包括全球竞争力指标（主）和企业竞争力指标（辅）两大类，从宏观经济环境、政府公共部门以及科技准备程度角度评价	全球竞争力报告（2017，世界经济论坛）③

① 按照 HS 编码的 98 章产品中，前 15 章主要涉及的是活动物、动物产品；植物产品；动、植物油、脂及其分解产品，精制的食用油脂，动、植物蜡。

② 全球创新指数（GII）是世界知识产权组织、康奈尔大学、欧洲工商管理学院共同提出的，其核心是对全球经济体创新能力和结果进行排名，从 2007 年开始每年发布。

③ 《全球竞争力报告》是世界经济论坛从 1979 年开始推出的，此后每年发布一次。

指　　标	参考文献
知识创造、知识获取、企业技术创新、创新环境、创新绩效	《中国区域创新能力报告》(2012)①
新产品销售收入	詹湘东、王保林(2015)
专利授权数	靳巧花、严太华(2017)
创新投入、创新产出、创新环境	李二玲、崔之珍(2018)

国内外学者们从不同角度对区域创新能力进行了测度，其中专利指标被广泛应用于区域创新的测度中，韩先锋等(2019)提出在区域创新子系统中，企业创新产出以新产品和专利为代表。考虑到专利数据具有审核标准严格、数据全面易获取等优点，本章选取区域每万人专利授权数来衡量区域创新能力，其数据来源于2006—2017年《中国统计年鉴》。

4. 控制变量

(1)外商直接投资(FDI)。FDI具有外溢效应和竞争效应，推动着GVC的发展，是影响GVC的重要因素。考虑数据的可得性，本章选取各省市外商投资企业数来测度各省市FDI发展水平。

(2)物质资本水平(Capital)。区域参与国际分工的物质基础通过影响资源优化配置效率，优化出口结构，从而实现在GVC上的攀升。本章选用"资产形成总额/地区生产总值"来测度。

(3)第二产业产值/一三产业产值(OV)。

(4)各省人均GDP(GDP)。

控制变量测度所需数据均来自国家统计局官网。

---

① 《中国区域创新能力报告》是由中国科技发展战略小组负责的以中国区域创新体系为主题的综合性、连续性的年度研究报告。

5.4 相关变量测度结果统计分析

5.4.1 各变量省市差异分析

通过对各省市的新基建能力、创新能力以及嵌入 GVC 水平进行测度可得到 2008—2020 年全国 30 省市各变量的统计结果。表 5-5、表 5-6、表 5-7 分别列举了一些比较有代表性的区域的排名和变动情况。

表 5-5 2008—2020 年相关省市新基建能力情况

年份	北京	排序	山东	排序	河南	排序	新疆	排序	贵州	排序
2008	0.468	6	0.423	10	0.411	12	0.281	26	0.173	29
2009	0.458	11	0.495	9	0.496	8	0.232	26	0.167	28
2010	0.610	3	0.603	4	0.332	16	0.241	23	0.060	30
2011	0.531	8	0.584	4	0.211	21	0.178	24	0.085	30
2012	0.595	5	0.634	4	0.532	6	0.246	23	0.055	30
2013	0.573	6	0.682	3	0.319	14	0.217	26	0.067	30
2014	0.600	4	0.609	3	0.350	19	0.412	10	0.083	30
2015	0.538	6	0.544	5	0.361	21	0.409	15	0.098	30
2016	0.608	3	0.596	4	0.347	13	0.409	9	0.026	30
2017	0.505	8	0.821	2	0.511	7	0.338	19	0.094	30
2018	0.386	13	0.546	4	0.448	10	0.382	15	0.198	29
2019	0.360	17	0.572	4	0.436	10	0.310	22	0.146	30
2020	0.507	10	0.746	2	0.523	9	0.333	22	0.142	30

表 5-6 2008—2020 年相关省市嵌入 GVC 水平情况

年份	广东	排序	重庆	排序	安徽	排序	浙江	排序	新疆	排序
2008	2940.215	1	425.245	20	891.005	12	774.286	14	70.140	28

续表

年份	广东	排序	重庆	排序	安徽	排序	浙江	排序	新疆	排序
2009	2996.311	1	616.952	19	844.898	14	745.922	16	90.861	28
2010	3354.285	1	884.680	17	1207.018	14	865.234	18	90.216	28
2011	3786.289	1	2639.403	7	1623.590	15	976.933	20	70.884	30
2012	3863.950	5	3536.426	7	1322.346	20	1004.045	21	72.686	29
2013	3640.447	8	5555.814	1	1717.194	19	992.562	22	90.489	29
2014	3796.053	9	6625.701	1	2519.167	14	1003.880	22	114.033	30
2015	3446.796	9	5695.621	2	2387.850	14	926.442	23	95.268	30
2016	3187.280	11	5954.115	2	2304.466	14	865.829	23	16.321	30
2017	3312.630	10	6976.134	1	2587.524	14	899.008	25	30.621	30
2018	3845.864	9	6900.800	1	2634.874	12	880.418	24	20.120	30
2019	3490.596	10	7209.528	1	2422.287	11	784.358	24	31.148	30
2020	3097.074	10	6821.875	1	2376.153	12	737.430	23	44.279	29

表 5-7　2008—2020 年相关省市创新能力情况

年份	北京	排序	四川	排序	江西	排序	内蒙古	排序	青海	排序
2008	10	2	0	26	1	17	1	13	0	30
2009	12	3	2	13	1	20	1	16	1	29
2010	17	4	4	11	1	23	1	22	0	30
2011	20	4	4	12	1	23	1	22	1	30
2012	24	3	5	12	2	21	1	25	1	30
2013	30	3	6	11	2	21	2	25	1	30
2014	35	1	6	11	3	19	2	25	1	30
2015	43	1	8	12	5	18	2	27	2	30
2016	46	1	8	12	7	14	2	28	2	30
2017	49	1	8	12	7	14	2	30	3	28
2018	56	1	11	13	12	11	4	26	5	24
2019	60	1	10	14	13	11	5	25	5	28
2020	74	1	13	15	18	11	7	27	8	26

可以看出，各变量排名相对靠前的省市均来自沿海地区或一线城市，如北京(嵌入 GVC 水平、创新能力)和广东(新基建能力)，而贵州、新疆、青海等经济较不发达地区，在全国排名中处于相对落后的位置。从波动趋势来看，山东、重庆、四川等省市在这些方面均展现出强劲的增长态势。值得一提的是，单个省份的三个指标波动趋势并不完全吻合。浙江近年来的嵌入 GVC 水平呈现下降趋势，与其在新基建和创新方面的增长和排序存在出入，这可能源于浙江近年来产业升级带来的劳动密集型产业不断转移和转型，区域服务业占比不断上升。例如2008 年浙江第二、三产业生产值各自占比为 53.9%、41.0%，而 2017 年该比例变为 43.0%、53.3%，① 因而导致浙江嵌入 GVC 水平下降的情况。

5.4.2 各变量地区差异分析

为探讨不同区域间的新基建能力、创新能力和嵌入 GVC 水平是否存在差异，现对各省市按照八大经济区域②进行划分，通过对区域内省市数据进行加总求和得出相应的数据。如图 5-2、图 5-3、图 5-4 为各变量的变动趋势结果。可以看出，总体上沿海地区的三个变量发展水平均相对较高，其他地区相对落后，但落后区域近年来增长速度较快，有较大的发展空间。沿海与内陆的创新水平基本保持较稳定的差距，这也表明近年来各区域创新体系已相对成熟，增长趋于稳定状态。各区域的GVC 嵌入水平从之前的稳定上升展现出了一定程度的波动起伏，这与各地经济转型与结构调整密切相关。各区域的新基建能力一直处于不断

---

① 该数据来自《浙江统计年鉴(2018)》。

② 八大经济区域划分采用的是国务院发展研究中心报告中提出的划分方法，包括东北(辽宁、吉林、黑龙江)、北部沿海(北京、天津、河北、山东)、东部沿海(上海、江苏、浙江)、南部沿海(福建、广东、海南)、黄河中游(陕西、山西、河南、内蒙古)、长江中游(湖北、湖南、江西、安徽)、西南(云南、贵州、四川、重庆、广西)、大西北(甘肃、青海、宁夏、新疆)八大地区。

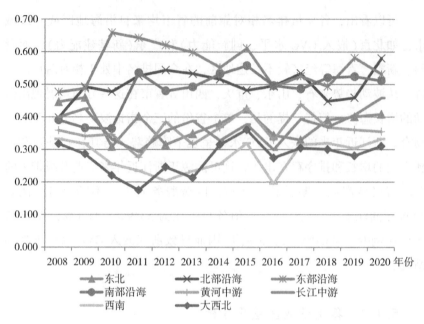

图 5-2　2008—2020 年八大经济区域新基建能力变动趋势

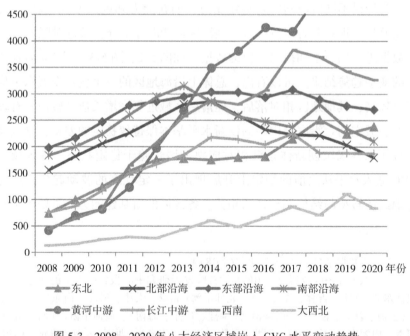

图 5-3　2008—2020 年八大经济区域嵌入 GVC 水平变动趋势

波动的状态，可能源于各区域展开的新基建项目还处于发展初期，相关政策体系还未成熟。从三个变量的关联变化来看，各区域的创新能力与其嵌入 GVC 水平总体上保持相对一致。多数区域的新基建能力在这 10 年间的变化趋势与创新和 GVC 较一致，少数区域如东北，由于新基建能力变化波动较多，因而与其他二者的变化趋势存在出入。

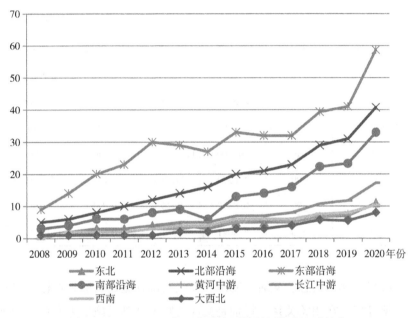

图 5-4　2008—2020 年八大经济区域创新能力变动趋势

5.5　实证分析与假设检验

5.5.1　变量描述分析

1. 变量统计描述

利用 Stata 15.0 对各变量进行总体描述统计分析，其基本情况如

表 5-8 所示。

表 5-8　变量统计描述结果

Variable	N	Mean	SD	Min	Max
GVC	390	2, 100	1, 700	6. 0809	7, 200
NIF	390	0. 3893	0. 1610	0. 0264	0. 8864
Information	390	0. 2038	0. 1375	0. 0196	0. 5804
Transport	390	0. 1847	0. 0962	0. 0122	0. 4927
Energy	390	0. 2842	0. 1585	0	0. 6779
Logistics	390	0. 3137	0. 1305	0	0. 7669
Innovation	390	9. 6205	12. 3717	0	74
FDI	390	860, 000	1, 500, 000	446	1. 6000e+07
Capital	390	4. 6372	27. 7694	190	267. 9336
OV	390	0. 8410	0. 2678	0. 1881	1. 5959
GDP	390	5. 0041	2. 7447	0. 9904	16. 4927

　　研究发现，信息、交通、能源、物流基础设施建设能力指标设置直观感觉可能存在相关关系，特别是交通与物流基础设施能力变量，为排除解释变量之间相关关系对归回分析结果的影响，现考察各变量之间是否存在多重共线性问题。为了检验多重共线性问题，利用 VIF 方差膨胀因子检验变量之间是否存在相关性，一般认为 VIF 值小于 10 即不存在多重共线性问题。利用 Stata 15.0 计算各变量之间的 VIF 方差膨胀因子，如表 5-9 所示。

表 5-9　VIF 值

Variable	VIF	1/VIF
Transport	1. 260	0. 795

续表

Variable	VIF	1/VIF
Information	1.210	0.827
Logistics	1.140	0.875
Energy	1.120	0.895
Mean VIF	1.180	

通过表 5-9 可以看出，各变量的 VIF 值均小于 10，说明可以不用剔除部分变量，可以直接建模，进行下一步操作。

为了增强对模型提出假设的认知，对各变量与 GVC 的关系分别做散点图(见图 5-5)。

从散点图的拟合结果可以发现，新基建能力与 GVC 的拟合程度较好，交通、信息基础设施能力与 GVC 的发展趋势大体上也较为吻合。能源、物流基础设施能力以及区域创新能力与 GVC 的关系在图上分布相对较分散，但大体上呈现出相关性。因而可以进行各变量之间回归分析。

2. 数据的平稳性检验

李子奈(2005)指出在进行归回分析时，一些非平稳的时间序列常常表现出共同的变化趋势，而这些时间序列本身可能不直接相关，从而造成一种虚假回归的现象。因此，本章在进行回归时，先对 30 省市的各变量基于 2008—2020 年的数据进行平稳性检验。

本章采用较常用的 ADF 检验方法对相关变量进行平稳性检验。根据表 5-10 所示数据可以看出各变量都通过平稳性检验，因此不必进行差分调整，因此表中的变量都是零整的。

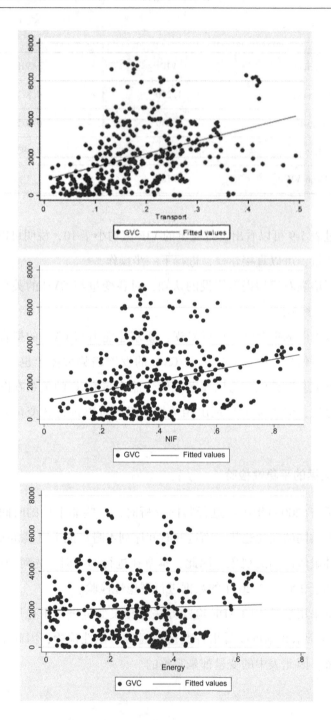

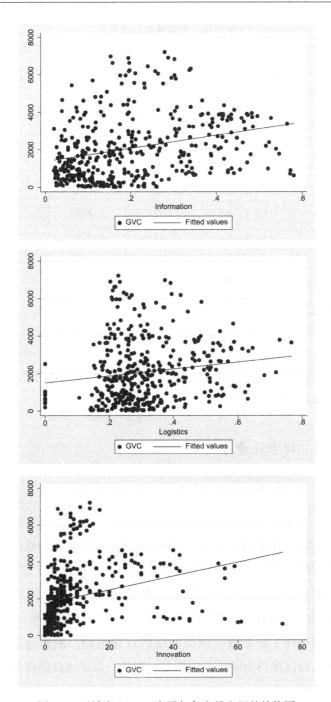

图 5-5　区域嵌入 GVC 水平与各变量之间的趋势图

表 5-10　单位根检验结果表

变量名称	形式	ADF 统计量	P 值	结果
GVC	(C, 0, 0)	79.926	0.043	平稳
NIF	(C, T, 0)	162.892	0.000	平稳
Information	(C, T, 0)	199.149	0.000	平稳
Transport	(C, T, 0)	226.412	0.000	平稳
Energy	(C, T, 0)	172.706	0.000	平稳
Logistics	(C, T, 0)	188.427	0.000	平稳
Innovation	(C, T, 0)	49.928	0.8695	不平稳
FDI	(C, T, 0)	27.658	0.9999	不平稳
Capital	(C, T, 0)	272.384	0.000	平稳
OV	(C, T, 0)	75.427	0.087	平稳
GDP	(C, T, 0)	50.309	0.809	不平稳

注：C 表示带有截距项，T 表示趋势项。

　　为了确定这些变量是否对 GVC 有影响以及它们之间影响的程度，下面对样本进行回归分析。

5.5.2　样本计量分析

1. 回归分析

　　本部分首先使用固定效应检验和随机效应检验来检验整体样本回归结果，然后进行 Hausman 检验，来确定最终的回归分析模型方法。

　　通过表 5-11 结果分析可以看出，在 F 检验时，两个模式结果均表明在固定效应模型和混合模型、随机效应模型和混合模型的分别选取中，都分别选择了固定效应模型和随机效应模型。最后通过 Hausman 检验模型选择结果均为随机效应模型。因此，本章选择随机效应模型进行下一步分析。

表 5-11　F 检验和 Hausman 检验结果表

模型	检验形式	Effect Test	P 值	模型选择
模型 1	F 检验	Cross-section F	0.008	随机效应模型
		Cross-section Chi-Square	0.002	
	Hausman 检验	Cross-section Random	0.9394	
模型 2	F 检验	Cross-section F	0.000	随机效应模型
		Cross-section Chi-Square	0.000	
	Hausman 检验	Cross-section Random	0.9696	

现基于随机效应模型对新基建与 GVC，以及信息、交通、能源、物流四个变量与 GVC 的关系进行回归分析。与此同时，由于各变量数据跨度性较大，为了便于分析，在进行回归分析之前先将各变量的数据结果标准化。表 5-12 为两个模型的回归分析结果。

表 5-12　回归模型实证结果

VARIABLES	(1) Model(1) GVC	(2) Model(2) GVC
NIF	0.205 **	
	(2.557)	
Information		0.045
		(0.513)
Transport		0.557 ***
		(4.845)
Energy		−0.010
		(−0.117)
Logistics		0.082
		(1.270)
FDI	−0.053	−0.056
	(−0.518)	(−0.557)

VARIABLES	(1) Model(1) GVC	(2) Model(2) GVC
Capital	-0.000	-0.000
	(-0.598)	(-0.020)
OV	-0.221***	-0.213***
	(-4.995)	(-4.698)
GDP	0.021***	0.017***
	(4.191)	(3.392)
Constant	0.293***	0.248***
	(4.095)	(3.437)
Observations	390	390
Number of id	30	30

注：*表示在$p<0.1$的情况下显著，**表示在$p<0.05$的情况下显著，***表示在$p<0.01$的情况下显著。

通过随机效应检验结果可以看出，总的区域新基建能力对区域嵌入GVC水平的影响在5%的情况下正向显著，从而验证了各省市的新基建能力能对提升各省市嵌入GVC水平有促进作用。所以假设H1成立。从各层面来看，只有交通基础设施建设能对区域嵌入GVC水平有正向影响，信息、能源、物流基础设施的正向作用并不明显，H2部分成立。可能在于目前我国各区域铁路、公路、航运等传统的实体物流设施设备的建设已经达到了较高的水平，但智能化数据化的物流基础设施水平仍较低，再加上物流强调的是资源整合和系统化运作，各区域间的物流基础设施建设的集成程度也对物流整体功能以及对嵌入GVC的水平有更高的影响，所以实体性的物流基础设施对GVC的影响并不显著。

此外，以上结果表明，区域新基建能力对区域嵌入GVC水平的弹性值为0.205，意味着新基建能力值每提高1个单位，GVC水平相应提升0.205个单位。区域交通基础设施能力相对其在全球价值链上地位的弹性值为 0.557，表明在四个分级指标层面，交通基础设施能力对嵌入 GVC 的影响作用较大，其他三个层面的基础设施能力并未表现出对嵌入 GVC 水平的显著影响。所以，假设 H3 不成立。这可能因为本章使用的数据来源是 2008—2017 年，在这个阶段，交通、能源基础设施一直处于区域重点发展领域，而信息基础设施是近些年才得到广泛关注和重视，该领域正处于发展初期阶段，故对区域经济带动力仍有大幅度提升的潜力。因此各区域应加大在信息基建的投资力度，发挥其新动能作用，以此提升嵌入 GVC 的水平。

2. 地区差异分析

为了探讨区域差异性，现从八大经济区域来分别研究各地区新基建能力与其在 GVC 地位的关系，如表 5-13 所示。

表 5-13　八大经济区域回归结果

VARIABLES	(1) 东北 GVC	(2) 北部沿海 GVC	(3) 东部沿海 GVC	(4) 南部沿海 GVC
NIF	0.820 ***	−0.027	−0.493	1.098 ***
	(2.856)	(−0.061)	(−1.209)	(4.792)
FDI	−0.047	−0.016	1.158 ***	0.142
	(−0.383)	(−0.074)	(6.373)	(0.819)
Capital	0.000	−0.002	−0.000	0.002
	(0.088)	(−0.757)	(−0.082)	(0.612)
OV	0.111	0.444 **	−1.476 ***	−0.288 **
	(1.135)	(2.351)	(−3.218)	(−1.973)
GDP	0.201 ***	0.065 ***	−0.065 **	−0.030 *
	(8.889)	(2.789)	(−2.056)	(−1.735)
Constant	−0.859 ***	−0.367	2.149 ***	0.352 ***
	(−4.833)	(−0.852)	(4.032)	(3.422)

续表

VARIABLES	(1) 东北 GVC	(2) 北部沿海 GVC	(3) 东部沿海 GVC	(4) 南部沿海 GVC
Observations	39	52	39	39
Number of id	3	4	3	3

VARIABLES	(5) 黄河中游 GVC	(6) 长江中游 GVC	(7) 西南 GVC	(8) 大西北 GVC
NIF	0.190	0.113	0.414 **	0.259
	(0.368)	(0.424)	(2.463)	(0.709)
FDI	0.608 ***	0.509 ***	0.210 **	−0.279 **
	(3.826)	(3.246)	(2.482)	(−2.165)
Capital	−0.002	−0.000	0.000	−0.002
	(−0.691)	(−0.899)	(0.041)	(−1.346)
OV	−0.779 ***	0.422 **	0.315 ***	−0.476 ***
	(−3.925)	(2.203)	(2.648)	(−3.029)
GDP	−0.058 *	0.035	0.153 ***	−0.035
	(−1.935)	(1.236)	(11.625)	(−1.218)
Constant	1.263 ***	−0.255	−0.606 ***	0.750 ***
	(3.545)	(−0.993)	(−5.426)	(3.368)
Observations	52	52	65	52
Number of id	4	4	5	4

注：*表示在 $p<0.1$ 的情况下显著，**表示在 $p<0.05$ 的情况下显著，***表示在 $p<0.01$ 情况下显著。

结果显示，八大经济区域中，东北、南部沿海、西南地区的新基建能力对其在 GVC 上的地位具有显著的正向作用。通过前文的统计数据分析可以看出，这些区域近年来在新基建能力、区域嵌入 GVC 程度两个指标上都表现较为突出。东部沿海地区，包括上海、江苏、浙江等省市，新基建能力均较高，对 GVC 的推动作用较大。长江中游地区安徽等省市，西南地区四川、重庆等省市，北部沿海地区河北、山东等省市，新基建基础比较薄弱，发展提升空间很大，近年来新基建的发展势头强劲自然对其全球价值链地位提升的带动作用也较大。

东北、南部沿海、大西北地区的新基建能力与 GVC 之间的正向作用并不显著。东北、大西北地区造成"正向作用不明显"的原因在于其新基建发展较缓慢，其所发挥的推动力不足以带动该区域现在全球价值链上的攀升，区域融入全球化也相对缓慢。南部沿海地区虽然广东省新基建能力发展较快，但海南、福建的新基建能力处于较低水平状态，拉低了该地区的新基建的整体水平，因而导致新基建能力对嵌入 GVC 水平的促进作用不显著。

从以上结果可以看出，区域间新基建能力存在差异性，不同区域新基建能力对其嵌入 GVC 的影响不同，因而假设 H4 成立。

3. 中介效应分析

在分析区域创新能力对新基建能力与 GVC 地位的中介效应前，首先探讨区域新基建能力与创新能力之间，以及区域创新能力和其嵌入 GVC 水平之间的关系，从而为后文中介效应分析提供前提基础，如表 5-14 所示。

表 5-14 区域创新能力相关回归分析

指标	NIF—Innovation	Innovation—GVC
β_0 值	0.348	0.389
P 值	0.000^{***}	0.000^{***}
Z 值	6.19	5.48

注：* 表示在 $p<0.1$ 情况下显著，** 表示在 $p<0.05$ 的情况下显著，*** 表示在 $p<0.01$ 的情况下显著。

结果表明，区域新基建能力对区域创新能力具有显著的正向作用，区域创新能力也对其在 GVC 上地位的提升有显著的促进作用，并都在 1% 的水平上显著。由此表明，假设 H5、H6 均成立。

表 5-15　中介效应结果分析

各系数检验结果		
系数	P 值	Z 值
c	0.288***	4.06
a	0.577***	10.71
b	0.077	1.01
c'	0.243***	2.91
ab 检验结果		
效应分析	P 值	95% Conf. Interval
_bs_1	0.374	−0.05~0.14
_bs_2	0.001	0.11~0.38

注：* 表示在 $p<0.1$ 的情况下显著，** 表示在 $p<0.05$ 的情况下显著，*** 表示在 $p<0.01$ 的情况下显著。

表 5-15 为区域创新能力的中介效应结果。可以看出区域创新能力在区域新基建能力与其嵌入 GVC 水平关系中并没有发挥中介效应，假设 H7 不成立。这说明新基建不仅仅是经济发展的支撑和基础，而且可以作为新动能和新的发展引擎，直接作用于全球价值链，直接带动区域 GVC 地位的上升。

5.6　结论与政策建议

5.6.1　主要结论

基于前文的统计和计量分析，本章得出以下结论：

(1)在影响区域嵌入 GVC 水平的因素中，整体的区域新基建能力对提升区域在全球价值链中的地位中具有显著的正向影响作用。信息、交通、能源基础设施建设能力也均正向影响各省市在全球价值链上的地位，但物流基础设施能力对其的正向作用并不显著。可能的原因在于智能化数据化的物流基础设施水平仍较低，再加上物流强调的是资源整合和系统化运作，各区域间的物流基础设施建设的集成程度也对物流整体功能以及对嵌入 GVC 的水平有更高的影响，所以基于实体性的物流基础设施对 GVC 的影响并不显著。

(2)交通基础设施对区域嵌入 GVC 水平的影响相对其他要素作用最大，信息基础设施能力影响反而是最小的。这些年我国各区域在改善交通基础设施上的努力和成效是有目共睹的，传统"铁公基"在有效衔接互联互通后更是对区域经济产生有效带动。信息基建的重要性在数字经济带动下越来越得到重视，但整体发展水平仍有待提高，对经济带动的潜力仍有待发挥。

(3)分区域来看，八大经济区域中北部沿海、东部沿海、黄河中游、长江中游和西南地区的新基建能力对其在 GVC 上的地位具有显著的正向作用。东北、南部沿海、大西北地区的新基建能力与 GVC 之间的正向作用并不显著。

(4)区域新基建能力对区域创新能力有显著的正向作用，区域创新能力对区域嵌入 GVC 水平有显著的正向作用。但区域创新能力在区域新基建能力和其嵌入 GVC 水平之间并没有起到中介效应。区域新基建能力可直接作用于区域嵌入 GVC 水平，所以加强新基建的确可以成为区域提升全球化竞争力的有效途径。

5.6.2 政策建议

(1)升级新基建发展方向，加强信息化智能化基建建设。新基建能力能直接有效提升区域嵌入 GVC 水平。如今我国已进入新旧动能转化时期，在传统基建奠定的良好基础设施水平之上，各区域应认清"新基建"现存的短板，加强信息数字领域基建的布局规划，加大对信息通讯、互联网、新兴能源、物联网、大数据等方面的建设投入。进行融资模式创新，通过多样、灵活的投资和运营模式，确保新型基础设施建设充满活力。

（2）提高区域创新能力。区域创新能力的提升有利于区域更好融入 GVC 分工体系。各区域应一如既往地贯彻创新驱动发展战略，不断提升科技创新能力，促进产业升级，实现本地产业向全球价值链高附加值环节的攀升。除了技术创新，还应多元化创新商业模式和商业业态，提升要素生产率，在需求驱动下展开有针对性的创新。

（3）建立区域合作机制。我国各区域在新基建、创新和嵌入水平上发展不平衡。各省市信息、交通、能源、物流建设是全国新基建能力建设的节点，节点间增强联系，不仅有利于提高资源使用效率，避免重复建设投资，而且更有利于全国新基建网络的整合。更大范围、更高数字化信息化水平的互联互通，必将提升整体嵌入 GVC 水平。

◎ 参考文献

[1]曹丽莉.区域嵌入全球价值链水平和其物流能力关系研究[C]//中国产业集群研究协调组.第十二届产业集群与区域发展国际学术会议论文集,2013:35-52.

[2]卞元超,吴利华,白俊红.高铁开通是否促进了区域创新[J].金融研究,2019(6):132-149.

[3]韩剑,冯帆,姜晓运.互联网发展与全球价值链嵌入——基于 GVC 指数的跨国经验研究[J].南开经济研究,2018(4):21-35,52.

[4]韩先锋,宋文飞,李勃昕.互联网能成为中国区域创新效率提升的新动能吗[J].中国工业经济,2019(7):119-136.

[5]何敏,郭宏宇,竺彩华.基础设施互联互通对中国东盟贸易的影响——基于引力模型和边界效应模型的研究[J].国际经济合作,2015(9):56-63.

[6]洪银兴.创新驱动攀升全球价值链中高端[J].经济学家,2017(12):6-9.

[7]靳巧花,严太华.国际技术溢出与区域创新能力——基于知识产权保护视角的实证分析[J].国际贸易问题,2017(3):14-25.

[8]赖永剑. 基础设施建设与企业创新绩效[J]. 贵州财经大学学报, 2013(3): 70-76.

[9]李二玲, 崔之珍. 中国区域创新能力与经济发展水平的耦合协调分析[J]. 地理科学, 2018, 38(9): 1412-1421.

[10]李坤望, 邵文波, 王永进. 信息化密度、信息基础设施与企业出口绩效——基于企业异质性的理论与实证分析[J]. 管理世界, 2015(4): 52-65.

[11]李媛, 畅红琴. 人力资本门槛、基础设施与技术创新[J]. 管理现代化, 2017, 37(5): 40-43.

[12]李子奈, 潘文卿. 计量经济学[M]. 北京: 高等教育出版社, 2005.

[13]梁双陆, 张梅. 基础设施互联互通对我国与周边国家贸易边界效应的影响[J]. 亚太经济, 2016(1): 101-106.

[14]林梦瑶, 张中元. 物流设施质量对中国参与全球价值链的影响[J]. 经济评论, 2019(2): 3-16.

[15]马风涛. 中国制造业全球价值链长度和上游度的测算及其影响因素分析——基于世界投入产出表的研究[J]. 世界经济研究, 2015(8): 3-10, 127.

[16]马明, 薛晓达, 赵国浩. 交通基础设施、人力资本对区域创新能力影响的实证研究[J]. 北京理工大学学报(社会科学版), 2018, 20(1): 95-101.

[17]施洁, 史学贵. 基础设施对工业效率的影响——基于我国东、中、西部地区省际面板数据的经验分析[J]. 经济问题探索, 2012(6): 47-53.

[18]王晓东, 邓丹萱, 赵忠秀. 交通基础设施对经济增长的影响——基于省际面板数据与 Feder 模型的实证检验[J]. 管理世界, 2014(4): 173-174.

[19]姚瑶, 赵英军. 全球价值链演进升级的内生动力与微观机制——人力资本配置的"结构效应"与"中介效应"[J]. 浙江社会科学, 2015(11): 30-40, 156-157.

[20]余东华, 水冰. 信息技术驱动下的价值链嵌入与制造业转型升级研究[J]. 财贸研究, 2017, 28(8): 53-62.

[21]詹湘东, 王保林. 区域知识管理对区域创新能力的影响研究[J]. 管理学报, 2015, 12(5): 710-718.

[22]赵玉林, 高裕. 技术创新对高技术产业全球价值链升级的驱动作用——来自湖北省高技术产业的证据[J]. 科技进步与对策, 2019, 36(3): 52-60.

[23]郑世林, 周黎安, 何维达. 电信基础设施与中国经济增长[J]. 经济研究, 2014, 49(5): 77-90.

[24]Agénor P R, Alpaslan B. Infrastructure and industrial development with endogenous

skill acquisition[J]. Bulletin of Economic Research, 2018, 70(4): 313-334.

[25]Akpan, Uduak. Impact of regional road infrastructure improvement on intra-regional trade in ECOWAS[J]. African Development Review, 2014, 26(S1): 64-76.

[26] Backer K D, Destefano T, Menon C, et al. Industrial robotics and the global organisation of production [M]. Oecd Science Technology & Industry Working Papers, 2018.

[27] Brooks D H. Connectivity in East Asia[J]. Asian Economic Policy Review, 2016, 11 (2): 176-194.

[28]Celbis, Mehmet Güney, Nijkamp P, Poot J. How big is the impact of infrastructure on trade? Evidence from meta-analysis[M]. Merit Working Papers, 2013.

[29]Cosar A K, Demir B. Domestic road infrastructure and international trade: Evidence from Turkey[J]. Journal of Development Economics, 2016, 118: 232-244.

[30]Donaubauer J, Glas A, Meyer B, et al. Disentangling the impact of infrastructure on trade using a new index of infrastructure[J]. Review of World Economics, 2018, 154 (4): 745-784.

[31]Graetz G, Michaels G. Robots at work[J]. Review of Economics and Stats, 2018, 100(5): 753-768.

[32]Hausmann R, Hwang J, Rodrik D. What you export matters[J]. Journal of Economic Growth, 2007, 12(1): 1-25.

[33]Jabbouri N I, Siron R, Zahari I, et al. Impact of information technology infrastructure on innovation performance: An empirical study on private universities in Iraq[J]. Procedia Economics and Finance, 2016, 39: 861-869.

[34]Liselore B, Paul M, Koen V. Value innovation, deliberate learning mechanisms and information from supply chain partners[J]. Industrial Marketing Management, 2012, 41(1): 27-39.

[35]Sun S L, Chen H, Pleggenkuhle-Miles E G. Moving upward in global value chains: The innovations of mobile phone developers in China [J]. Chinese Management Studies, 2010, 4(4): 305-321.

[36]Zhang F, Gallagher K S. Innovation and technology transfer through global value chains: Evidence from China's PV industry[J]. Energy Policy, 2016, 94: 191-203.

第6章 内外循环服务投入对制造企业全球价值链攀升的影响研究

——基于企业层面 GVC 嵌入的测度

经济全球化以来，中国一直承担着"世界工厂"的角色，但作为制造大国却存在着大而不强的问题，制造企业仅仅凭借着低廉的劳动力和组装成本优势嵌入全球价值链的低端。为了摆脱长期以低附加值的加工模式嵌入全球价值链并被"低端锁定"的困境，我国制造企业急需探寻一条向价值链更优位置攀升的路径。制造业服务化投入有利于产品价值链创造环节引入具有高附加值的服务生产要素，有利于制造企业在全球价值链上实现地位攀升。本书选取了 2007—2016 年 17 个制造业行业的相关数据展开实证分析。采用全球价值链地位指数测度样本企业的全球价值链分工地位，运用服务投入的完全消耗系数测度每个企业吸收的服务投入水平。实证结果表明：整体服务投入与制造企业全球价值链攀升呈显著正相关关系，通过技术创新和生产效率两个中介作用机制。内循环服务投入与外循环服务投入对制造企业攀升全球价值链的作用机制相反，内循环服务投入呈显著正相关关系，而外循环服务投入呈显著负相关关系。国内价值链嵌入程度，在国外服务投入与企业价值链攀升之间的关系产生了显著负向调节效应。异质性检验表明：服务投入的增强会提升一般贸易企业、民营企业和外资企业以及东部地区和中部地区企业的全球价值链地位，而对加工贸易企业、低技术企业以及西部地区企业的 GVC 地位提高并不产生抑制作用。

6.1　服务投入与 GVC 攀升相关研究述评

随着服务贸易逐步开放，全球经济逐步向"服务型经济"转变，服务投入在制造业的生产活动中承担着越来越重要的角色，全球制造业呈现出服务化的新趋势。制造业的服务化投入与价值链嵌入受到了越来越多关注。大部分学者认为制造业投入服务化是一条通往价值链更优位置的可行选择（杜新建，2019；潘安等，2020；张昊等，2021）。发达国家服务业占 GDP 的产出比重普遍已高达 70%，服务业已发展成为推动国家 GDP 增长的重要来源。中国作为新兴发展中的国家，服务业比重也从 2000 年的 36.2%增加至 2021 年的 53.3%①，已经高于制造业创造的出口增加值，服务贸易的作用变得越来越突出。从产业结构演变和发展规律的角度来看，服务化投入是中国制造业实现在全球价值链中地位攀升的重要途径。服务业"碎片化"和"全球化"的发展趋势，已经成为当前全球价值链分工深度演进的重要特征之一（戴翔，2015）。当前，在双循环新发展格局的背景下，要通过"内循环"重塑"外循环"，推动双循环新发展格局，才能解决本土企业因内需与出口结构性背离而被全球价值链低端锁定的问题（姚树洁和房景，2020；张建军等，2021）。我国企业嵌入外循环 GVC，获得源自外循环的服务投入；企业具有国内属性，必然嵌入内循环国内价值链，获得源自内循环的服务投入。双循环背景下，需要企业同时嵌入内外双循环，同时嵌入全球和国内双价值链，吸收源自不同循环体系的服务投入，占领价值链高端，才能实现企业沿着价值链的攀升。基于此，本书将围绕内外循环服务投入与企业价值链攀升关系展开研究，探讨其中的影响机制。

投入服务化可以通过改善服务要素的供应质量，减少企业的生产成

---

① 数据来源：光明网 2022 年 6 月发布报告《高水平开放推动现代服务业发展》，https://www.gmw.cn/xueshu/2022-06/28/content_35846423.htm。

本，进而提高制造企业的生产力（Reiskin et al.，1999；Grossman & RossiHansberg，2010）。制造业服务化与企业生产率不仅是正相关关系，还受到企业人均能源消耗的负向调节作用和产业结构调整、企业创新能力的正向强化作用（高照军和张宏如，2022）。制造业服务化可以通过提高差异化和客户满意度来实现竞争优势和卓越服务绩效（Bustinza et al.，2015），还可以通过企业创新影响企业技术进步（刘维刚和倪红福，2018）和企业出口产品质量（祝树金等，2019）。服务要素在制造业出口中发挥着越来越重要的作用（尹伟华，2020）。制造业服务化还能够通过技术创新和服务需求来促进产业结构升级（夏秋，2021）。

在全球价值链模式下，制造业服务化对全球价值链分工有显著的作用（Arnold 等，2016）。它与中国企业出口国内增加值率之间呈现显著的"U"形关系（许和连等，2017）。戴翔等（2019）研究发现如果仅从整体层面考虑制造业的服务化，而不区分服务投入具体的国内外来源结构，那么其对制造业攀升全球价值链没有显著影响。但是杜新建（2019）的研究结果发现制造业服务化在整体层面确实能够显著推动中国的全球价值链参与度与提升全球价值链地位。这种作用主要通过促进技术创新和提高生产成本两个机制来实现（窦大鹏和匡增杰，2022）。不仅是对整体影响的研究，学者还对服务投入的来源进行了国内外投入的区分，研究发现国内服务投入总额对制造业价值链分工地位提升具有显著推动作用，但国外服务投入总额显示对其起负向效应（郑玉等，2017；戴翔，2020；张昊，2021）。

现阶段关于双循环的研究，大多数集中在如何推进双循环新发展格局的形成。江小涓和孟丽君（2021）认为，过去多年中国业绩增长优异的重要因素是因为国内循环和国际循环的双轮驱动，尤其是外循环扮演了重要角色。现在，转向内循环为主导，既是现实的体现，也是不得已的选择，同时该转变也具有不可或缺的重要意义，它可以更好地发挥外循环的作用，促进双循环的畅通。在中美全面竞争的时代背景下，全球价值链重构能够为中国提供稳定的"外循环"环境、提供"内循环"的新动能、推动"双循环"的良性互动、促进形成"双循环"的新格局（欧定余和易佳慧，2021；欧定余和侯思瑶，2021）。刘勇、李丽珍（2021）认为在双循环新发展格局下，依靠内需牵引和创新驱动，不断向价值链两端延伸，是企业转型发展的逻辑机理。重塑全球价值链分工新优势，是推动中国经济在构建新发展格局中实现高质量发展的重要途径（印梅和张二震，2022）。

6.2 服务投入与 GVC 攀升模型构建与研究假设

6.2.1 模型构建

本书在参考 Kee 和 Tang（2016）的理论框架以及张晴和于津平（2020）、窦大鹏和匡增杰（2022）的理论模型的基础上，构造了连接制造业服务投入与企业全球价值链攀升的完整模型。

首先是服务投入的作用关系推导。假设现有经济中存在最终品和中间品两个生产部门。最终品的生产投入为劳动、资本、实物中间投入和服务中间投入。中间品生产包括资本、劳动和服务品，服务品生产只包括资本和劳动。由于理论上制造品市场一般属于垄断竞争市场，所以本书假设企业所属的市场为垄断竞争市场，企业最终产品的生产函数为柯布-道格拉斯（C-D）型。K、L、M、m 和 s 分别表示资本、劳动、中间品、实物中间品和服务品，α 表示产出弹性，则产品 i 的生产函数为：

$$Y_i = \varphi_i \left(\frac{K_i}{\alpha_K}\right)^{\alpha_K} \left(\frac{L_i}{\alpha_L}\right)^{\alpha_L} \left(\frac{M_i}{\alpha_M}\right)^{\alpha_M} \tag{6-1}$$

中间品投入 M 是关于实物中间品 m 和服务品 s 的常替代弹性函数（CES），替代弹性为 $\varepsilon(\varepsilon > 1)$，则：

$$M_i = (m_i^{\frac{\varepsilon}{\varepsilon-1}} + s_i^{\frac{\varepsilon-1}{\varepsilon}})^{\frac{\varepsilon}{\varepsilon-1}} \tag{6-2}$$

其中，$\alpha_K + \alpha_L + \alpha_M = 1$，$\alpha_M = \alpha_m + \alpha_s$；$\varepsilon \in (1, +\infty)$，$\varphi_i$ 为全要素生产率。给定各要素价格 r_i、w_i、p_i^M、p_i^m 和 p_i^s，则利润函数为：

$$\pi = p_i Y_i - r_i K_i - w_i L_i - m_i p_i^m - p_i^s \tag{6-3}$$

中间品与实物中间品和服务品的价格关系为：

$$p_i^M = (p_i^{m1-\varepsilon} + p_i^{s1-\varepsilon})^{\frac{1}{1-\varepsilon}} \tag{6-4}$$

根据成本最小化条件：

$$\begin{cases} \min C_i = r_i K_i + w_i L_i + m_i p_i^m + p_i^s s_i \\ \text{s. t.} \quad Y_i = \varphi_i \left(\dfrac{K_i}{\alpha_K}\right)^{\alpha_K} \left(\dfrac{L_i}{\alpha_L}\right)^{\alpha_L} \left(\dfrac{M_i}{\alpha_M}\right)^{\alpha_M} \end{cases} \tag{6-5}$$

求解可以得到企业生产产品 i 的最优成本函数为：

$$C_i(r_i, \ w_i, \ p_i^m, \ p_i^s, \ Y_i) = \frac{Y_i}{\varphi_i} r_i^{\alpha_K} \omega_i^{\alpha_L} p_i^m p_i^s \tag{6-6}$$

$$\frac{M_i P_i^M}{C} = \alpha_M \tag{6-7}$$

边际成本为：

$$\mathrm{MC}_i = \frac{1}{\varphi_i} r_i^{\alpha_K} w_i^{\alpha_L} p_i^M \tag{6-8}$$

定义 $u_i \in (0, 1)$ 为成本加成率，进而可以得到：

$$1 + u_i = \frac{p_i}{\mathrm{MC}_i} = \frac{\varphi_i}{r_i^{\alpha_K} w_i^{\alpha_L} p_i^m p_i^s} \tag{6-9}$$

$$p_i Y_i = (1 + u_i) \mathrm{MC}_i Y_i = (1 + u_i) C_i \tag{6-10}$$

考虑企业在中间品与服务品的优化问题。给定中间实物要素和服务要素的价格与数量 p_i^m、p_i^s、m_i、s_i，企业最优的中间投入成本为：

$$\min p_i^m m_i + p_i^s s_i \tag{6-11}$$

$$\text{s. t.} \quad (m_i^{\frac{\varepsilon-1}{\varepsilon}} + s_i^{\frac{\varepsilon-1}{\varepsilon}})^{\frac{\varepsilon}{\varepsilon-1}} \tag{6-12}$$

求解优化问题(拉格朗日)，可得服务品占总中间投入的比重，即服务投入的水平 θ_i 为：

$$\theta_i = \frac{p_i^s s_i}{p_i^M M_i} = \frac{1}{1 + \left(\dfrac{p_i^s}{p_i^M}\right)^{\varepsilon-1}} \tag{6-13}$$

结合式(6-9)和式(6-13)可得：$\dfrac{\partial u_i}{\partial \theta_i} > 0$、$\dfrac{\partial \varphi_i}{\partial \theta_i} > 0$、$\dfrac{\partial p_i}{\partial \theta_i} > 0$。

由结果可得，制造业企业服务投入水平提高可以显著促进其产品的成本加成率 u_i、全要素生产率 φ_i 和最终价格 p_i 的提高。

其次是对企业全球价值链攀升的作用关系推导。将中间品 M 分为本国中间品 D^M、进口中间品 I^M。中间品投入 M 是关于本国中间品 D^M 和进口中间品 I^M 的常替代弹性函数（CES），替代弹性为 $\varepsilon(\varepsilon > 1)$，则：

$$M_i = (D^{M\frac{\varepsilon}{\varepsilon-1}}_i + I^{M\frac{\varepsilon-1}{\varepsilon}}_i)^{\frac{\varepsilon}{\varepsilon-1}} \tag{6-14}$$

结合式（6-1）推得中间品的价格指数：

$$p_i^M = (p_i^{D^{M1-\varepsilon}} + p_i^{I^{M1-\varepsilon}})^{\frac{1}{1-\varepsilon}} \tag{6-15}$$

根据成本最小化原则确定国内中间品与进口中间品的投入比例，可得进口中间品投入占中间品总投入的比重如下：

$$\frac{M_i^I p_i^{I^M}}{M_i p_i^M} = \frac{1}{\left[1 + \left(\dfrac{p_i^{I^M}}{p_i^{D^M}}\right)^{\varepsilon-1}\right]} \tag{6-16}$$

企业价值链的攀升，即企业全球价值链分工地位的提高。这里采用企业出口中的国内增加值率测度企业的全球价值链分工地位（Kee & Tang, 2016）。$DVAR = 1 - \dfrac{m_I p_I}{pY}$，整理公式（6-7）、式（6-8）、式（6-13）、式（6-14）代入可得：

$$\begin{aligned}
DVAR &= 1 - \frac{m_I p_I}{pY} = 1 - \frac{m_I p_I}{m p_m} \times \frac{m p_m}{C} \times \frac{C}{pY} \\
&= 1 - \frac{1}{1 + \left(\dfrac{p_I}{p_D}\right)^{\varepsilon-1}} \alpha_m \frac{C}{p} = 1 - \frac{1}{1 + \left(\dfrac{p_I}{p_D}\right)^{\varepsilon-1}} \alpha_m \frac{1}{u} \\
&= 1 - \tau p_I^{\alpha_m} \frac{1}{p\varphi} \left[1 + \left(\frac{p_D}{p_I}\right)^{1-\varepsilon}\right]^{\frac{\alpha_m}{1-\varepsilon}-1} \tag{6-17}
\end{aligned}$$

其中，$\tau = \alpha_m^{1-\alpha_m} \left(\dfrac{r}{\alpha^K}\right)^{\alpha^K} \left(\dfrac{w}{\alpha^L}\right)^{\alpha^L}$。

由上式可推出：$\dfrac{\partial DVAR}{\partial \varphi} > 0$、$\dfrac{\partial DVAR}{\partial p} > 0$、$\dfrac{\partial DVAR}{\partial u} > 0$。

由结果可得成本加成率 u、全要素生产率 φ 和最终品价格 p 的提高可以促进企业出口的国内增加值率的提高。

综合上述两个阶段的模型推导，可以得出如下结论：服务投入增加，成本加成率 u、全要素生产率 φ、最终品价格 p 提高，企业出口国内增加值率得到提高，从而促进企业全球价值链分工地位提升，促进企业在价值链的攀升。

6.2.2 研究假设

服务投入对制造业行业层面的全球价值链攀升上，学者们的研究主要有两种结果：如果不区分服务投入的国内外来源结构，而只考虑整体层面的制造业服务化，那么其对制造业攀升全球价值链没有显著影响（戴翔等，2019）；制造业服务化在整体层面能够显著推动全球价值链地位的提升（杜新建，2019；张昊，2021）。在企业层面的全球价值链攀升上，许和连等（2017）研究发现服务投入与中国企业出口国内增加值率之间呈现显著的"U"形关系，窦大鹏和匡增杰（2022）通过理论和实证分析发现制造业的服务化显著促进了企业全球价值链位置的提升。虽然现有研究对此并未形成统一的意见，根据上文制造业服务投入与企业全球价值链攀升的模型推导结果：服务投入能够通过生产效率效应和技术创新效应推动企业全球价值链攀升，因此，本书作出如下假设：

H1：服务投入的增加对于制造企业全球价值链攀升有显著正向促进作用。

经济活动从国内价值链扩展到国际价值链的一个直接后果是，企业所依赖的投入不再局限于国内部门；我国企业嵌入外循环 GVC，利用源自外循环的服务投入，对价值链的控制和支配能力也不一样，获得的要素优势也不一样，因为国内外的投入在价值链中的稀缺程度、地位和作用是不一样的。国内服务要素的投入对于制造业服务增加值创造的贡献度正逐步提高（高翔和张敏，2021）。廖涵等（2021）认为制造业投入服务化的本质是制造企业所进行的内源服务业务（企业内部的服务投入）。在对制造业整体的价值链研究中，国内服务投入总额对制造业价值链分工地位提升具有显著推动作用，但国外服务投入总额却对其起负向效应（郑玉等，2017；戴翔，2020；张昊，2021）。其中所揭示的逻辑机制：来自内循环的服务投入和来自外循环的服务投入，在作为中间投入的服务要素进入制造业生产过程时，对制造企业全球价值链分工地位的影响将是天壤之别。

因此，本书作出如下假设：

H2a：内循环服务投入增加有助于制造企业全球价值链攀升。

H2b：外循环服务投入的增加对企业全球价值链攀升则会产生负向影响。

杜新建（2019）的研究实证检验了制造业服务化能够推动制造业的全球价值链升级，通过理论推演发现技术创新效应、规模经济效应、差异化竞争效应等中介机制。潘安等（2020）实证分析了制造业服务化对全球价值链分工地位的影响，验证了技术创新的中介效应。窦大鹏和匡增杰（2022）认为，在企业微观层面，服务化投入主要通过的促进技术创新和提高生产成本两个机制来实现价值链攀升。

由本章第一节的模型推导结果可以得出服务投入会通过提高企业的成本加成率、全要素生产率以及最终品价格从而最终促进企业的全球价值链攀升。其中，成本加成率是指企业在成本基础上加上一定的利润加成形成销售价格。我国制造品市场大多属于垄断竞争市场，企业产品技术越创新，企业的最终产品质量越高，利润加成的制定越高，成本加成率越高，企业越有利于制定较高最终品价格（张晴和于津平，2020）。所以，为了保证影响机制间的独立性，本书选用技术创新效应综合推导出的成本加成率和最终品价格这两个影响机制，最终选取生产效率和技术创新作为中介变量加入模型，因此，本书作出如下假设：

H3：服务投入能够通过生产效率效应和技术创新效应提升企业全球价值链攀升。

制造企业在嵌入全球价值链的同时必然也会嵌入国内的价值链，我国企业嵌入外循环 GVC，获得源自外循环的服务投入；企业嵌入内循环国内价值链，获得源自内循环的服务投入。袁凯华等(2019)通过国内价值链与出口价值攀升的量化研究，认为国内价值链已经成为推动中国制造价值链攀升的重要媒介。国内的价值链构建，目的在于推动本国制造企业实现由简单的加工组装活动向研发设计等高端价值活动的转变，实现全球价值链的攀升。因此，制造业国内价值链的嵌入程度会影响调节服务投入对企业全球价值链攀升的影响作用。区分投入来源，内循环服务投入和外循环服务投入对于企业全球价值链攀升的影响作用是相反的。因此，本书作出如下假设：

H4：国内价值链嵌入度对 H1 和 H2a 的影响机制有正向调节作用，对 H2b 的影响机制有负向调节作用。

综上，相关假设如图 6-1 所示。

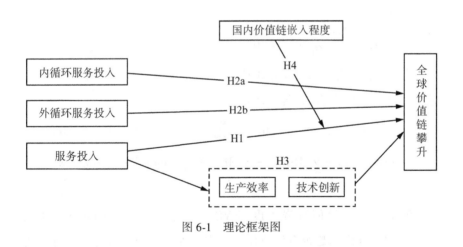

图 6-1　理论框架图

6.2.3　实证模型

为了探究内外循环服务投入对制造企业全球价值链攀升的影响，本书构建如下双向固定效应模型。服务投入水平(TSR)、内循环服务投入水平(DSR)和外循环服务投入水平(FSR)为解释变量，企业层面 GVC

地位指数(GVC)为被解释变量，其中，i 代表行业，t 代表年份，ε 为随机误差项，δ_i、δ_t 为企业个体与时间固定效应。M 表示依据模型推导出的全体中介变量，包括生产效率(lntfp)和技术创新(lna)，Control 表明全体控制变量。

为研究服务投入对制造企业全球价值链攀升的影响，本书构建实证模型：

$$GVC_{i,\,t} = \alpha_0 + \alpha_1 \, TSR_{i,\,t} + \sum control + \delta_i + \delta_t + \varepsilon \qquad (6\text{-}18)$$

为研究内循环服务投入对制造企业全球价值链攀升的影响，本书构建实证模型：

$$GVC_{i,\,t} = \alpha_0 + \alpha_1 \, DSR_{i,\,t} + \sum control + \delta_i + \delta_t + \varepsilon \qquad (6\text{-}19)$$

为研究外循环服务投入对制造企业全球价值链攀升的影响，本书构建实证模型：

$$GVC_{i,\,t} = \alpha_0 + \alpha_1 \, FSR_{i,\,t} + \sum control + \delta_i + \delta_t + \varepsilon \qquad (6\text{-}20)$$

为了挖掘服务投入对企业价值链攀升的作用机理，本书构建中介效应模型检验其中可能的传导机制：

$$M_{i,\,t} = \beta_0 + \beta_1 \, TSR_{i,\,t} + \sum control + \delta_i + \delta_t + \varepsilon \qquad (6\text{-}21\text{-}1)$$

$$GVC_{i,\,t} = \gamma_0 + \gamma_1 \, TSR_{i,\,t} + \gamma_2 \, M_{i,\,t} + \sum control + \delta_i + \delta_t + \varepsilon$$

$$(6\text{-}21\text{-}2)$$

为研究国内价值链嵌入度(NVC)对式(6-18)、式(6-19)和式(6-20)的影响机制是否有调节作用，本书加入解释变量与国内价值链嵌入度的交互项($X * NVC$)构建实证模型：

$$GVC_{i,\,t} = \alpha_0 + \alpha_1 \, DSR_{i,\,t} + \alpha_2 \, NVC_{i,\,t} + \alpha_3 X_{i,\,t}$$
$$* \, NVC_{i,\,t} + \sum control + \delta_i + \delta_t + \varepsilon \qquad (6\text{-}22)$$

$$GVC_{i,\,t} = \alpha_0 + \alpha_1 \, FSR_{i,\,t} + \alpha_2 \, NVC_{i,\,t} + \alpha_3 X_{i,\,t}$$
$$* \, NVC_{i,\,t} + \sum control + \delta_i + \delta_t + \varepsilon \qquad (6\text{-}23)$$

6.3　企业层面变量测度与研究设计

6.3.1　服务投入测度

本书利用 OECD 发布的最新全球投入产出表数据，借鉴刘维刚、倪红福(2018)和戴翔等(2019)的做法，采用完全消耗系数来测度制造业服务要素投入的水平，并进一步构造了国内完全消耗系数和国外完全消耗系数用来测度不同循环来源的服务投入水平。OECD 数据是全球层面的投入产出表，表中是多个国家(或地区)的联合投入产出，因此本书将全球投入产出 WIOT 表调整缩并为中国与其他国家(或地区)非竞争性投入—产出表，服务投入分为了来自于本国内的服务投入和来自于本国外的服务投入。内循环的服务投入水平，用来自于本国内的服务投入测算的国内完全消耗系数进行衡量；外循环的服务投入水平，用来自于本国外的服务投入测算的国外完全消耗系数进行衡量。

完全消耗系数的计算公式：

$$\mathrm{Sr} = a_{ij} + \sum_{k=1}^{n} a_{ik} a_{kj} + \sum_{s=1}^{n} \sum_{k=1}^{n} a_{is} a_{sk} a_{kj} + \sum_{t=1}^{n} \sum_{s=1}^{n} \sum_{k=1}^{n} a_{it} a_{ts} a_{sk} a_{kj} + \cdots$$
$$(i, j = 1, \cdots, n) \tag{6-24}$$

式中的第一项 a_{ij} 表示第 j 产品部门对第 i 产品部门的直接消耗量；

式中的第二项 $\sum_{k=1}^{n} a_{ik} a_{kj}$ 表示第 j 产品部门对第 i 产品部门的第一轮间接消

耗量；式中的第三项 $\sum_{s=1}^{n} \sum_{k=1}^{n} a_{is} a_{sk} a_{kj}$ 为第二轮间接消耗量；式中的第四

项 $\sum_{t=1}^{n} \sum_{s=1}^{n} \sum_{k=1}^{n} a_{it} a_{ts} a_{sk} a_{kj}$ 为第三轮间接消耗量；依此类推，第 $n + 1$ 项为

第 n 轮间接消耗量。按照公式所示，将直接消耗量和各轮间接消耗量相加就是完全消耗系数。

在完全消耗系数的计算中最主要的是计算直接消耗系数，然后在直接消耗系数的基础上计算完全消耗系数，具体的计算方法如下：

（1）先计算直接消耗系数。

直接消耗系数a_{ij}是生产单位j总产出对i产品的直接消耗量，总投入 = 总产出，所以计算公式为：

$$a_{ij} = \frac{x_{ij}}{X_j} \tag{6-25}$$

（2）计算完全消耗系数 Sr。

$$\mathrm{Sr} = (I - A)^{-1} - I \tag{6-26}$$

其中I是单位矩阵，A是直接消耗系数。$(I - A)$是里昂惕夫矩阵，里昂惕夫逆矩阵也成为完全需求消耗系数。$(I - A)^{-1}$是里昂惕夫逆矩阵，完全消耗系数等于里昂惕夫逆矩阵减去一个单位矩阵。

国内完全消耗系数和国外完全消耗系数计算过程中的消耗量不同，方法同上。

通过上述方法，本书根据 OECD 国家间投入产出表测算了 2007—2016 年我国 17 个细分制造业的服务投入水平和内外循环服务投入水平。后续本书将运用匹配完成的数据库将行业层面数据对接到企业层面进行实证分析。

6.3.2 企业全球价值链攀升测度

本书借鉴任志成、张幸（2020）的做法，采用企业层面的 GVC 地位指数来测度的企业的价值链攀升，先测算企业层面的出口国外附加值率（FVAR）和国内附加值率（DVAR）进而测算微观企业层面的 GVC 地位指数。

具体测度方法如下：

（1）先计算各企业的国外附加值率。

$$\mathrm{FVAR} = \frac{V^F}{X^t} = \frac{M^P + M^g \left[X^g / (D + X^g) \right]}{X} \tag{6-27}$$

其中，V^F 表示企业出口产品中所含的国外附加值；X^t 表示企业总出口；X^g 表示企业一般贸易出口，M^g 表示企业加工贸易进口，M^P 表示企业一般贸易进口；D 表示国内销售值。在实际的计算过程中，企业的进出口值来源于中国海关的数据，企业的内销值等于销售总额减去企业的出口值，这里把企业的营业收入看成是企业的内销价值的一个近似数值。尽管企业的营业收入可能来自多个方面，但从不同类型的收入占比来看，制造型企业的产品销售收入占据了绝大多数的企业营业收入，因此本书将企业的销售收入与制造企业的营业收入进行近似衡量。在计算过程中如果出现国外增加值大于企业总出口值的情况，即 $V^F \geq X^t$ 时，本书假定 FVAR = 1。

在计算过程中为了更为精确地估算中国企业的 FVAR，本书充分考虑以下两个方面问题：

一是由于我国企业是进口产品并不全部为中间产品的进口产品并不是完全用于再生产的模式，例如：一般贸易企业的部分进口产品并不是投入再生产环节而是直接作为最终产品销售到中国市场。因此，本书根据 BEC 产品分类编码与 HS 编码①的对应关系，认定、剔除进口产品中消费类和资本类商品的份额，并最终得到进口一般贸易中间品。

二是因为我国严格限制企业的进出口经营权，导致出现我国企业在进出口方面存在依赖中间贸易商的现象，企业自身的能力和可用资金都有比较有限。对于贸易中间商的处理，参考 Upward 等（2013）的方法，将含有"科贸""外贸""贸易"字样的企业认定为贸易中间商，根据各 HS6 分位产品进口总额中通过中间商的进口份额，计算实际的中间品进口额。

（2）计算各企业的国内附加值率。

$$DVAR = 1 - FVAR \qquad (6\text{-}28)$$

---

① 各年度海关数据使用不同版本的转换表，其中 2007—2011 年、2012—2013 年分别采用 BEC—HS1996、BEC—HS2002、BEC—HS2007、BEC—HS2012 转换表。

（3）计算各企业的 GVC 地位指数。

$$GVC = \ln(1+DVAR) - \ln(1+FVAR) \tag{6-29}$$

6.3.3　中介变量及控制变量测度

根据第2章的模型推导结论，本书研究生产效率和技术创新这两个变量在服务投入与企业价值链攀升中的中介效应，具体变量测度如下：

生产效率：借助 Stata 软件利用 LP 法来测度企业的全要素生产率指数（任志成和张幸，2020）。

技术创新：研发投入可以作为评价企业技术创新投入的重要指标，能够较好反映技术创新水平的变化情况（谢获宝等，2020），所以本书采用 R & D 投入强度（科研投入占营业收入比重）来衡量技术企业创新水平。

为避免其他因素对实证结果产生影响，本书参考许和连等（2017）及张晴、于津平（2021）的研究，依据行业特征、企业特征和企业价值链攀升影响因素来设定控制变量。其中，行业特征方向选取包括行业竞争程度（HHI）作为控制变量。行业竞争程度能够控制行业整体的竞争程度，用四位数行业的赫芬达尔指数来衡量（张晴和于津平，2021）。对于企业特征方面，基于相关文献分析，本书选取企业存续年限（Age）、企业规模（Scale）、资本密集度（Capint）、资产负债率（Alr）、财务杠杆（Flev）作为控制变量。企业存续年限（lnage），采用样本年份与企业成立年份的差值，以此来控制制造企业存续年限对企业全球价值链分工地位的影响。企业规模（Scale），取企业职工人数的对数来衡量，因为企业的职工人数可以很好地反映一个公司的规模大小。资本密集度（Capint），采用固定资产总计与职工人员数比值衡量。资产负债率（Alr），采用负债总额/资产总额的比值衡量。财务杠杆（Flev），以普通股每股收益变动率/息税前利润变动率的比值表示，财务杠杆可以评价一个企业财务风险的大小。

上述变量的测度数据均来源于对国泰安 CSMAR 数据库信息的整理和计算。

6.3.4　调节变量测度

借鉴袁凯华等(2021)的研究，本书将 Timmer 等(2014)增加值贸易范式运用到国内区域层面，追溯出口产品中的价值来源。按照增加值的地区(国别)来源不同，进行本地价值链、国内价值链和全球价值链测度。首先，按照增加值的国别来源不同，我国制造业出口总额 E 可以初步拆分为本国增加值与国外增加值 GVE。然后进一步考虑地区的来源不同，本国增加值又可分为来自本地的增加值 LVE 与来自外地的增加值 NVE。最后，某地区某制造业的出口 E 可以拆分为：

$$E = GVE+LVE+NVE \tag{6-30}$$

参考 Wang 等(2013)、唐宜红等(2018)的研究并借鉴全球价值链的测算方法构建国内价值链嵌入指标(NVC)计算公式：

$$NVC = \frac{NVE}{E} \tag{6-31}$$

计算数据来自于中国区域间投入产出表，由于数据编表年份之间有时间间隔，在样本区间 2007—2016 年中区域间投入产出表只编制了2007 年、2010 年、2012 年、2015 年的数据，对于数据年份有间隔的问题，本书采取前向填充法和后向填充法补全数据，2008 年的数据采用2007 年数据后向填充得到；2009 年的数据由 2010 年前向填充得到。对于省市数量的差异，本书删除了不一致的 2012 年和 2015 年中西藏自治区的数据。区域间投入产出表中 2007 年和 2010 年的数据行业分类划分成了 30 省市 30 部门、2012 年和 2015 年的数据划分成 31 省区市 42 部门，对于部门行业划分不一致的问题，本书将区域间投入产出表的行业划分标准和国泰安数据库的证监会行业分类标准进行了对接和匹配，以便于将计算得到的地区—行业层面的国内价值链指数按照年份—省份代码—行业代码和企业层面的数据进行匹配。

综上，本书相关变量的介绍已完成，现对全体变量做出如下汇总(见表 6-1)。

表 6-1　变量介绍和数据来源

变量类型	变量代码	变量名称	变量说明	数据来源
被解释变量	Davrs	价值链攀升	GVC 地位指数	《中国海关数据库》《国泰安 CSMAR 数据库》
解释变量	TSR	服务投入	完全消耗系数	《OECD 国家间投入产出数据库》
中介变量	lna	技术创新	创新能力	《国泰安 CSMAR 数据库》
中介变量	lntfp	生产效率	全要素生产率(LP 法)	《国泰安 CSMAR 数据库》
控制变量	Age	企业存续年限	当年年份与企业成立年份的差值	《国泰安 CSMAR 数据库》
控制变量	Scale	企业规模	职工人数的对数	《国泰安 CSMAR 数据库》
控制变量	Alr	资产负债率	负债总额/资产总额	《国泰安 CSMAR 数据库》
控制变量	HHI	行业竞争程度（赫芬达尔-赫希曼指数）	(公司营业收入/行业营业总收入)的平方和	《国泰安 CSMAR 数据库》
控制变量	Capint	资本密集度	固定资产总计/职工人员数	《国泰安 CSMAR 数据库》
控制变量	Flev	财务杠杆	普通股每股收益变动率/息税前利润变动率	《国泰安 CSMAR 数据库》
调节变量	NVC	国内价值链嵌入度	外地增加值率	中国区域间投入产出表

6.3.5　数据匹配

　　由于 2004 年以前中国对制造企业的进出口贸易实施管制，一些企业为了节省税收和运输成本，通过拥有进出口经营权的中间贸易代理商间接进口(喻胜华等，2020)。张杰等(2013)对我国制造企业中存在的中间贸易代理商进行识别并最终发现进口中间贸易商的数量和进口额在

2000 年到 2006 年表现出显著的下降趋势。所以本书为了最小化中间贸易商对指标测度精确性的影响，选取了年份在 2007 年之后的最新数据。

借鉴任志成、张幸（2020）的做法，本书对国泰安 CSMAR 数据库和中国海关数据库进行匹配①，具体匹配过程如下：

第一步，将企业名称和企业法人（短期内不容易变更）进行匹配。第二步，利用企业所在地的邮政编码以及企业电话号码对第一步没有成功匹配的企业再次匹配。假设在相同的邮政编码区域内，企业使用相同长度的电话号码。由于各地电话号码位数的差异，有的城市在原有 7 位数号码的上增添了新数字，基本都是在 7 位数前添加的，所以，本书使用了电话号码的后 7 位进行匹配。

第三，本书对数据样本进行了系统化的清洗。针对企业名称可能会随年份发生变化的情况，基于不会改变的企业证券代码（除非退市）确定企业个体。最后一步，筛选出符合研究范围的制造企业的非平衡面板数据。

本书按企业所属地区将样本划分为东、西和中部地区，不同区域的服务业发展水平差异可能比较大。按照企业贸易类型，将样本数据分为一般贸易和加工贸易及其他。按照不同所有制类型，将企业样本分为国企、民营和外资。

借鉴李超等（2017）做法，参照 OECD（经济合作与发展组织）对于制造业技术类别的划分方法②，本书将低技术和中低技术制造业进行了归并统称为低技术制造业，中高技术和高技术制造业进行了归并统称为高技术制造业，基于此，本书将企业所属的 26 个制造业分为低技术制造业及高技术制造业。

---

① 由于可获得的中国海关数据披露到 2016 年，所以本书使用 2007—2016 年的中国海关数据进行数据匹配。

② OECD 在 NACE1 二分位水平上根据不同技术水平将制造业细分行业分为低技术、中低技术、中高技术及高技术制造业。

6.4　实证分析与假设检验

6.4.1　变量统计分析

本书通过测算得到研究变量的具体水平和指数(见图 6-2)。从制造业总体服务投入水平来看,2007—2016 年间数值均在 0.4 以上,说明制造业整体服务投入水平较高。分技术类型来看,高技术制造业的服务投入水平要明显高于低技术制造业。10 年间制造业服务投入水平呈现先下降后上升趋势,在此区间内,2010 年服务投入水平最低(0.433),2014 年市场需求适应系数最高(0.634)。

从制造业总体内循环服务投入水平来看,2007—2016 年间均在 0.3 以上,接近制造业整体服务投入水平。分技术类型来看,高技术制造业的内循环服务投入水平要明显高于低技术制造业。10 年间制造业内循环服务投入水平呈现先下降后波动上升趋势,在此区间内,2010 年内循环服务投入水平最低(0.335),2014 年内循环服务投入水平最高(0.502)。

从制造业总体外循环服务投入水平来看,2007—2016 年间均在 0.01 以上,远低于制造业整体服务投入水平。分技术类型来看,高技术制造业的外循环服务投入水平要明显高于低技术制造业。10 年间制造业外循环服务投入水平呈现先下降后波动上升趋势,在此区间内,2015 年外循环服务投入水平最低(0.0119),2018 年外循环服务投入水平最高(0.0176)。

从制造业总体全球价值链分工地位指数来看,2007—2016 年间制造业的全球分工地位指数呈现波动下降趋势。分技术类型来看,低技术制造业的全球价值链分工地位要明显高于高技术制造业。10 年间制造业全球价值链分工地位呈现波动下降趋势,在此区间内,2016 年全球价值链分工地位最低(0.136),2017 年全球价值链分工地位最高(0.244)。

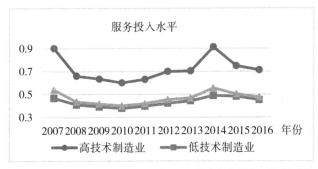

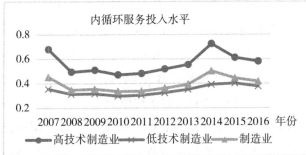

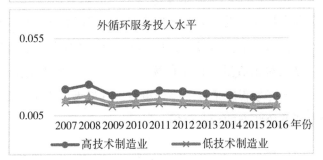

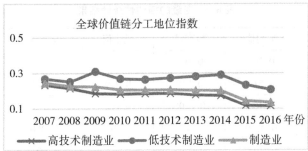

图 6-2 变量水平测算

6.4.2 变量描述性统计分析

为了提供翔实可靠数据支持并且保证数据年份的时效性，本书采用的是 2007—2016 年中国海关数据库和国泰安 CSMAR 数据库匹配的微观数据。由于海关数据库数据年份最新到 2016 年，所以本书数据最新是到 2016 年，包含我国 2007—2016 年的制造业出口企业，共 7827 个样本量。全体样本变量的平均值、标准差、最大值和最小值中位数结果见表 6-2。从表 6-2 可知，GVC 地位指数的均值与中位数相差较小，且都靠近最小值，最大值为 1，标准差为 0.36，说明样本企业 GVC 分工地位存在分化现象，GVC 地位整体还是偏低，存在 GVC 地位很高的企业。国内价值链嵌入程度(NVC)的平均值和中位数一致保持在 0.03 左右，其最大值为 0.16，标准差为 0.02，说明样本企业国内价值链嵌入程度整体都偏小。同时，整体服务投入水平的最大值与最小值相差较大，中位数和平均数接近，水平分布较均匀，国内服务的投入水平明显高于国外服务投入水平。本书选取的控制变量资本密集度、资产负债率和财务杠杆是相对比值量，企业存续年限(Age)、企业规模(Scale)是绝对值量。行业竞争程度是一个综合指数，其最大值为 1，说明存在正处于完全垄断竞争状态的行业市场。

表 6-2　变量的描述性统计结果

变量	平均值	标准差	最小值	最大值	中位数
GVC	0.190	0.360	0	1	0
TSR	0.510	0.120	0.220	1.210	0.500
DSR	0.400	0.0900	0.100	0.870	0.380
FSR	0.0100	0	0.0100	0.0300	0.0100
NVC	0.0300	0.0200	0	0.160	0.0300
HHI	0.130	0.110	0.0300	1	0.0900
Capint	12.46	0.880	8.090	16.75	12.46

变量	平均值	标准差	最小值	最大值	中位数
Scale	7.650	1.120	2.200	12.17	7.560
Age	14.30	5.190	1	42	14
Alr	0.400	0.230	0.0100	6.680	0.390
Flev	0.400	0.220	0.0100	5.080	0.390

本节采用皮尔森（Pearson）相关系数矩阵探究两两变量之间存在的关系，同时对相关系数的显著性进行检验，结果如表 6-3 所示。相关系数的绝对值越大，相关性越强，从表 6-3 中可知相关系数最高为 0.764。

表 6-3　主要变量的相关性分析

	GVC	TSR	HHI	Capint	Scale	Age	Alr	Flev
GVC	1							
TSR	−0.024**	1						
HHI	0.032***	−0.208***	1					
Capint	0.064***	−0.083***	−0.00900	1				
Scale	0.109***	−0.067***	0.178***	−0.064***	1			
Age	0.024**	0.0160	−0.00300	0.035***	0.099***	1		
Alr	0.099***	−0.019*	0.117***	0.170***	0.406***	0.096***	1	
Flev	0.109***	0.00300	0.110***	0.132***	0.374***	0.132***	0.764***	1

注：$*p<0.1$，$**p<0.05$，$***p<0.01$。

6.4.3　实证回归结果

1. 整体服务投入对制造企业攀升全球价值链的影响

表 6-4 报告了服务投入对制造企业攀升全球价值链影响的回归结

果。列(1)和列(2)是探讨服务投入水平对企业的全球价值链攀升影响作用的回归结果。列(1)是不考虑控制变量下的回归,结果表明整体服务投入水平(TSR)估计系数为 0.089,且 P 值<0.01 通过显著性检验,说明制造企业 GVC 地位随服务投入水平提高而提升。列(2)是考虑控制变量下的回归,结果表明 TSR 系数依然为正且在 1% 的水平上显著,说明我国制造业服务投入水平对于制造企业的全球价值链攀升推动作用明显大于抑制作用,假设 H1 通过检验。同时,除企业规模和资本密集度外,其余控制变量对制造企业的全球价值链攀升均表现出一定的作用效果。

表 6-4　服务投入对制造企业攀升全球价值链影响的回归结果

	(1) GVC	(2) GVC	(3) GVC	(4) GVC	(5) GVC	(6) GVC
TSR	0.089*** (4.012)	0.081*** (3.820)				
DSR			0.102*** (3.716)	0.094*** (3.392)		
FSR					−3.429* (−1.940)	−3.212* (−1.809)
HHI		−0.129* (−1.889)		−0.131* (−1.919)		−0.131*** (−2.819)
Age		−0.004* (−1.925)		−0.005** (−2.189)		−0.005 (−0.874)
Scale		−0.005 (−1.175)		−0.005 (−1.173)		−0.004** (−2.293)
Capint		0.003 (0.486)		0.003 (0.487)		0.003 (0.601)
Alr		−0.022* (−1.933)		−0.022* (−1.919)		−0.022 (−1.075)

	(1) GVC	(2) GVC	(3) GVC	(4) GVC	(5) GVC	(6) GVC
Flev		0.065*		0.065*		0.067***
		(1.752)		(1.756)		(2.726)
_cons	0.142***	0.187**	0.150***	0.199**	0.142***	0.181**
	(5.661)	(2.330)	(6.018)	(2.533)	(4.655)	(1.988)
N	7827	7817	7827	7817	7827	7817
R^2	0.013	0.016	0.013	0.015	0.012	0.015
F	30.101	29.327	25.834	23.625	7.900	6.479

注：t statistics in parentheses；* $p<0.1$，** $p<0.05$，*** $p<0.01$。

2. 内外循环服务投入对制造企业攀升全球价值链的影响

表6-4列(3)和列(4)是探讨内循环服务投入水平对企业的全球价值链攀升影响作用的回归结果，列(5)和列(6)是探讨外循环服务投入水平对企业的全球价值链攀升影响作用的回归结果。列(3)和列(5)是不考虑控制变量下的回归，列(3)结果表明内循环服务投入水平(DSR)估计系数为0.102，且 P 值<0.01通过显著性检验，说明制造企业 GVC 地位随内循环服务投入水平的提高而提升；列(5)结果表明外循环服务投入水平(FSR)估计系数为-3.429，且 P 值通过显著性检验，说明制造企业 GVC 地位随着外循环服务投入水平的提高而下降。列(4)和列(6)是考虑控制变量下的回归，列(4)结果表明 DSR 系数依然为正且在1%的水平上显著，说明我国制造业内循环服务投入水平对于制造企业的全球价值链攀升也起到明显的推动作用，假设 H2a 通过检验；列(5)结果表明 FSR 系数依然为负且显著，说明我国制造业外循环服务投入水平对于制造企业的全球价值链攀升起到抑制作用，假设 H2b 检验通过。

3. 服务投入对企业价值链攀升影响的影响机制

表6-5报告了影响机制的检验结果。列(1)和列(2)给出了技术创

新作为中介变量时中介效应模型的回归结果，列(1)可以发现，服务水平(TSR)对技术创新的影响系数 0.519，但 P 值不显著，表明制造业服务投入水平与技术创新之间不是正相关关系；列(2)可以看出 TSR 的影响系数显著为正，技术创新的影响系数在 10% 水平上显著。此时，本书进行了进一步的 Sobel 检验，中介效应结果在 1% 水平上显著，说明技术创新在服务投入对企业价值链攀升的影响中起到中介作用。列(3)和列(4)给出了生产效率作为中介变量时中介效应模型的回归结果，列(3)可以发现，服务水平(TSR)对生产效率的影响系数 0.022，但 P 值不显著，表明制造业服务投入水平与生产效率之间不是正相关关系；列(4)可以看出 TSR 的影响系数显著为正，生产效率的影响系数在 10% 水平上显著。此时，本书进一步利用 Sobel 检验进行显著性判断，结果中介效应在 5% 水平上显著，说明生产效率在服务投入和企业价值链攀升的关系起到中介作用。综合上述检验结果，本部分的研究表明，技术创新和生产效率是制造业服务投入水平影响企业价值链攀升的中介变量。

表 6-5　服务投入对企业价值链攀升影响的影响机制的回归结果

	技术创新		生产效率	
	(1)lna	(2)GVC	(3)lntfp	(4)GVC
TSR	0.519	0.096***	0.022	0.081***
	(1.674)	(4.542)	(0.869)	(3.820)
lna		0.001*		
		(1.709)		
lntfp				0.010*
				(1.813)
HHI	0.975*	−0.024	0.168*	−0.131*
	(1.904)	(−0.292)	(1.743)	(−1.920)
Age	−0.037*	−0.006*	−0.001	−0.004*
	(−1.889)	(−2.007)	(−0.216)	(−1.921)

续表

	技术创新		生产效率	
	（1）Ina	（2）GVC	（3）lntfp	（4）GVC
Scale	0.112	−0.002	0.002	−0.005
	(0.985)	(−0.228)	(0.073)	(−1.172)
Capint	0.558**	0.000	−0.000	0.003
	(2.214)	(0.054)	(−0.044)	(0.493)
Alr	−1.192*	−0.035*	0.007	−0.022*
	(−1.947)	(−1.818)	(0.158)	(−1.945)
Flev	−0.152	0.055	0.119**	0.064*
	(−0.578)	(1.163)	(2.382)	(1.728)
_cons	−2.675	0.182	8.540***	0.099
	(−0.870)	(1.147)	(34.530)	(0.961)
N	5651	5651	7817	7817
R^2	0.013	0.017	0.002	0.016
F	216.704	37.327	9.791	31.486
Sobel 检验	−0.01900779***		0.0063244**	
	(Z=−3.141)		(Z=2.244)	
Goodman 检验 1	−0.01900779***		0.0063244**	
	(Z=−3.13)		(Z=2.224)	
Goodman 检验 2	−0.01900779***		0.0063244**	
	(Z=−3.152)		(Z=2.264)	
中介效应系数	−0.019008***		0.0063244**	
	(−3.14095)		(Z=2.24397)	

注：t statistics in parentheses；* $p<0.1$，** $p<0.05$，*** $p<0.01$。

4. 国内价值链嵌入度的调节作用检验

表 6-6 报告了国内价值链嵌入度调节作用的检验结果。列（1）报告了国内价值链嵌入程度作为整体服务投入水平对企业价值链攀升影响的调节变量时的回归结果。结果显示，TSR 和 NVC 的交叉项 XN 未通过

显著性检验，表明国内价值链嵌入程度整体上还没有对整体服务投入水平与企业价值链攀升之间的关系产生显著的影响效应。进一步地，根据服务投入的内外循环来源不同，对国内价值链嵌入度的调节作用进行分别检验。列(2)的估计结果显示，DSR 和 NVC 的交叉项 DXN 未通过显著性检验，表明国内价值链嵌入程度整体上还没有对国内服务投入水平与企业价值链攀升之间的关系产生显著的影响效应。列(3)的估计结果显示，FSR 和 NVC 的交叉项 FXN 通过了 10% 水平的显著性检验，表明国内价值链嵌入程度对国外服务投入水平与企业价值链攀升之间的关系产生了显著的负向调节效应。

表 6-6　国内价值链嵌入度的调节作用

	(1) GVC	(2) GVC	(3) GVC
NVC	−1.063*	−0.839	−1.943***
	(−1.809)	(−1.454)	(−2.633)
TSR	0.055		
	(1.108)		
XN	0.763		
	(0.705)		
DSR		0.077	
		(1.223)	
DXN		0.437	
		(0.309)	
FSR			−0.542
			(−0.227)
FXN			−88.093*
			(−1.823)
HHI	−0.142**	−0.143**	−0.141***
	(−2.078)	(−2.104)	(−3.014)
Age	−0.005*	−0.005**	−0.005
	(−2.029)	(−2.277)	(−0.942)

续表

	（1）	（2）	（3）
	GVC	GVC	GVC
Scale	−0.005	−0.005	−0.004 **
	（−1.202）	（−1.213）	（−2.496）
Capint	0.003	0.003	0.003
	（0.458）	（0.465）	（0.593）
Alr	−0.023 *	−0.022 *	−0.021
	（−1.971）	（−1.927）	（−1.037）
Flev	0.066 *	0.066 *	0.068 ***
	（1.754）	（1.764）	（2.784）
_cons	0.231 ***	0.235 ***	0.246 ***
	（2.891）	（2.977）	（2.614）
N	7817	7817	7817
R^2	0.016	0.016	0.016
F	38.125	28.911	6.260

注：t statistics in parentheses； $* p<0.1$， $** p<0.05$， $*** p<0.01$。

6.4.4 异质性分析

1. 基于企业贸易类型的异质性分析

表6-7列（1）和列（2）报告了基于企业贸易类型的分组回归结果。可以发现，一般贸易制造业的服务投入水平对企业全球价值链分工地位的影响在1%水平上显著为正，说明服务化投入的增强会提升一般贸易企业的全球价值链地位。而对于加工贸易及其他企业，服务化水平对企业的全球价值链分工地位的影响系数为−0.009，但是 P 值并不显著，表明制造业服务水平提高时，对加工贸易及其他企业的全球价值链分工地位的提高并不产生抑制作用。

表 6-7　基于企业贸易类型和所有制类型异质性的回归结果

	（1）一般贸易	（2）加工贸易及其他	（3）国企	（4）民营	（5）外资
TSR	0.088***	−0.009	0.065	0.097***	0.299***
	(4.536)	(−0.141)	(1.546)	(4.006)	(6.190)
HHI	−0.148**	0.017	−0.196*	−0.036	−0.268
	(−2.078)	(0.138)	(−1.949)	(−0.549)	(−1.223)
Age	−0.002	−0.020***	−0.002	−0.003	−0.024***
	(−0.796)	(−3.469)	(−0.529)	(−1.309)	(−2.953)
Scale	−0.002	−0.021	0.008	−0.011*	0.050
	(−0.553)	(−0.800)	(0.978)	(−1.851)	(1.011)
Capint	0.003	0.020	0.003	0.002	0.016
	(0.331)	(1.186)	(0.206)	(0.280)	(0.596)
Alr	−0.042**	0.125**	−0.042	−0.013	0.053
	(−2.698)	(2.397)	(−1.140)	(−0.509)	(0.340)
Flev	0.065*	−0.017	0.014	0.087*	−0.108
	(2.005)	(−0.128)	(0.260)	(1.847)	(−0.715)
_cons	0.116	0.496	0.131	0.180*	−0.104
	(0.914)	(1.141)	(0.828)	(1.817)	(−0.187)
N	6703	1114	2679	4692	287
R^2	0.012	0.079	0.017	0.015	0.173
F	42.084	25.992	5.470	39.732	155.503

注：t statistics in parentheses；* $p<0.1$，** $p<0.05$，*** $p<0.01$。

2. 基于企业所有制类型的异质性分析

表 6-7 列（3）、列（4）和列（5）报告了基于企业所有制类型的分组回归结果。可以发现，服务投入水平对国有企业的全球价值链分工地位的影响系数为 0.065，但是 P 值并不显著，表明制造业服务水平提高时，对国有企业的全球价值链分工地位并不产生促进作用。制造业服务投入

水平对民营企业的全球价值链分工地位的影响在1%水平上显著为正，说明服务化投入的增强会提升民营企业的全球价值链地位。对于外资企业来说，服务化水平对企业全球价值链分工地位的影响系数为正且 P 值在1%的水平上显著，表明制造业服务水平提高时，对外资企业的全球价值链分工地位的提高产生明显的促进作用。

3. 基于企业技术类型的异质性分析

表6-8列(1)和列(2)报告了基于企业技术类型的分组回归结果。可以发现，高技术行业的服务投入水平对企业全球价值链分工地位的影响在1%水平上显著为正，说明服务化投入的增强会提升高技术企业的全球价值链分工地位。而对于高技术企业，服务化水平对企业全球价值链分工地位的影响系数为−0.106，但是 P 值并不显著，表明制造业服务水平提高时，对低技术企业全球价值链分工地位的提升并不产生抑制作用。

表6-8　基于企业技术类型和地区异质性的回归结果

	(1) 低技术	(2) 高技术	(3) 东部	(4) 中部	(5) 西部
TSR	−0.106	0.076***	0.062***	0.128*	0.067
	(−0.832)	(3.934)	(2.851)	(1.806)	(0.854)
HHI	−0.079	0.024	−0.167**	0.133	−0.275*
	(−1.007)	(0.286)	(−2.231)	(1.160)	(−1.888)
Age	0.003	−0.007**	−0.007***	−0.002	−0.001
	(0.848)	(−2.989)	(−3.058)	(−0.266)	(−0.299)
Scale	0.001	−0.005	−0.006	−0.002	0.009
	(0.329)	(−1.042)	(−1.190)	(−0.084)	(0.296)
Capint	−0.003	0.005	0.003	0.008	0.000
	(−0.367)	(0.648)	(0.481)	(0.449)	(0.019)
Alr	0.012	−0.036***	−0.030	−0.110	0.049
	(0.421)	(−3.261)	(−1.530)	(−1.482)	(1.004)

续表

	（1） 低技术	（2） 高技术	（3） 东部	（4） 中部	（5） 西部
Flev	0.177***	0.024	0.053	0.164	0.127
	(3.301)	(0.710)	(1.147)	(1.399)	(1.045)
_cons	0.186	0.194*	0.252***	0.013	0.071
	(1.084)	(2.058)	(3.122)	(0.036)	(0.205)
N	2023	5794	5644	1318	855
R^2	0.036	0.017	0.018	0.024	0.030
F	.	.	38.151	23.284	7.856

注： t statistics in parentheses； * $p<0.1$， ** $p<0.05$， *** $p<0.01$。

4. 基于企业所属地区的异质性分析

表 6-8 列（3）、列（4）和列（5）报告了基于企业所属地区异质性的分组回归结果。可以发现，制造业服务投入水平对东部地区的企业全球价值链分工地位的影响在 1%水平上显著为正，说明服务投入水平的增强会显著提升东部地区企业的全球价值链分工地位。制造业服务投入水平对中部地区的企业全球价值链分工地位的影响在 10%水平上显著为正，说明服务化投入的增强会提升中部地区企业的全球价值链分工地位。而对于西部地区企业，制造业服务化水平对全球价值链分工地位的影响系数为 0.067，但是 P 值并不显著，表明制造业服务投入水平提高时，对西部地区企业的全球价值链分工地位提升并不产生促进作用。

6.4.5　稳健性检验

1. 变量再测度的检验

本书采取改变变量测度（ X 、 Y ）的方法进行变量再测度的稳健性检验。对于 X 变量：基本回归中制造业的服务投入水平是用完全消耗系数测算的，本书借鉴刘斌等(2016)的方法进一步运用企业层面的制造业服务投入水平指标(SR)进行稳健性检验，利用经营性服务收入占企业总收入的比重作为服务投入的变量再测度指标。对于 Y 变量：基本回归中企业的全球价值链地位指数是考虑了中间贸易商存在的情况下计算的，为了避免识别处理过程中出现对中间贸易企业过度识别的问题，本书采用未进行中间贸易商识别处理的数据计算得到的 GVC 地位指数(GVC1)进行稳健性检验。实证结果如表 6-9 所示，从列(1)和列(2)可知，SR 估计系数分别显著为-0.236 和-0.159，说明企业自身的服务投入水平具对企业的全球价值链分工地位提升有抑制作用。从列(3)和列(4)可知，GVC1 估计系数分别显著为 0.059 和 0.052，说明制造业的服务投入水平对企业的全球价值链分工地位提高仍具有促进作用，该结果具有稳健性。

表 6-9　替换指标的稳健性检验结果

	(1) GVC	(2) GVC	(3) GVC1	(4) GVC1
SR	-0.236***	-0.159***		
	(-6.464)	(-4.298)		
TSR			0.059**	0.052**
			(2.764)	(2.650)
HHI		0.028		-0.116
		(0.707)		(-1.640)
Age		0.001		-0.004*
		(1.178)		(-1.741)
Scale		0.023***		-0.004
		(5.206)		(-1.145)
Capint		0.021***		0.005
		(4.027)		(0.875)
Alr		-0.015		-0.018
		(-0.468)		(-1.630)

续表

	(1) GVC	(2) GVC	(3) GVC1	(4) GVC1
Flev		0.131***		0.050
		(3.975)		(1.566)
_cons	0.241***	−0.277***	0.153***	0.168**
	(31.668)	(−3.629)	(6.091)	(2.096)
N	6583	6575	7827	7817
R^2	0.006	0.024	0.010	0.012
F	41.783	22.897	19.595	16.386

注：t statistics in parentheses；$*p<0.1$，$**p<0.05$，$***p<0.01$。

2. 调整样本容量检验

本书采取剔除特殊年份和转换成平衡面板数据的方法进行改变样本数据容量的稳健性检验。表 6-10 是剔除了 2008 年金融危机年份的实证结果，列(1)、列(3)和列(5)是不考虑控制变量的情况，列(2)、列(4)和列(6)是考虑控制变量的情况，与基本回归相比，TSR 和 DSR 的估计系数大小虽有所改变，但在 1%水平上对企业的全球价值链分工地位仍呈现显著的正相关；FSR 的估计系数仍为负且 P 值显著，可以发现，本书主回归结果具有稳健性。

表 6-10　剔除特殊年份的稳健性结果

	(1) GVC	(2) GVC	(3) GVC	(4) GVC	(5) GVC	(6) GVC
TSR	0.094***	0.088***				
	(4.465)	(4.335)				
DSR			0.113***	0.106***		
			(4.414)	(4.138)		

续表

	(1) GVC	(2) GVC	(3) GVC	(4) GVC	(5) GVC	(6) GVC
FSR					-7.013^{***}	-3.991^{**}
					(-5.028)	(-2.328)
HHI		-0.107		-0.108		-0.088^{*}
		(-1.436)		(-1.459)		(-1.789)
Age		-0.004^{*}		-0.004^{**}		-0.006
		(-1.834)		(-2.135)		(-0.983)
Scale		-0.006		-0.006		-0.005^{***}
		(-1.207)		(-1.200)		(-3.554)
Capint		0.005		0.005		0.006
		(0.721)		(0.723)		(1.043)
Alr		-0.038^{*}		-0.038^{*}		-0.039^{*}
		(-1.926)		(-1.928)		(-1.697)
Flev		0.065^{*}		0.066^{*}		0.069^{***}
		(1.829)		(1.835)		(2.775)
_cons	0.135^{***}	0.165^{*}	0.140^{***}	0.175^{**}	0.095^{***}	0.179^{*}
	(5.473)	(1.998)	(5.857)	(2.163)	(4.980)	(1.949)
N	7376	7367	7376	7367	7376	7367
R^2	0.014	0.017	0.014	0.017	0.004	0.009
F	28.484	28.792	25.894	22.197	25.282	7.277

注：t statistics in parentheses；$* p<0.1$，$** p<0.05$，$*** p<0.01$。

表 6-11 是将非平衡面板转换成平衡面板数据的实证结果，转换后的数据包括 2007—2016 年中国的上市公司一共 2330 个样本。列(1)、列(3)和列(5)是不考虑控制变量的情况，列(2)、列(4)和列(6)是考虑控制变量的情况，与基本回归相比，TSR 和 DSR 的估计系数大小虽有所改变，但 1%水平上对企业的全球价值链分工地位仍呈现显著的正

相关；FSR 的估计系数仍为负且 P 值显著，可以验证本书主回归模型
估计具有稳健性。

表 6-11　平衡面板数据的稳健性检验结果

	（1） GVC	（2） GVC	（3） GVC	（4） GVC	（5） GVC	（6） GVC
TSR	0.198*** （4.568）	0.193*** （5.471）				
DSR			0.245*** （4.386）	0.239*** （5.285）		
FSR					−4.456*** （−2.887）	−5.769*** （−3.473）
HHI		−0.225** （−2.189）		−0.226** （−2.200）		0.024 （0.368）
Age		−0.006** （−2.094）		−0.008** （−2.565）		0.040*** （5.391）
Scale		0.008 （0.828）		0.008 （0.840）		−0.002 （−1.096）
Capint		0.004 （0.527）		0.004 （0.516）		0.050*** （5.704）
Alr		−0.055 （−1.425）		−0.055 （−1.412）		−0.116** （−2.005）
Flev		0.158*** （2.883）		0.158*** （2.877）		0.151*** （2.657）
_cons	0.102*** （3.014）	0.044 （0.335）	0.111*** （3.280）	0.065 （0.493）	0.138*** （6.183）	−0.829*** （−6.446）
N	2330	2329	2330	2329	2330	2329
R^2	0.031	0.045	0.030	0.044	0.004	0.037
F	26.601	130.683	23.024	82.589	8.333	12.720

注：t statistics in parentheses；＊$p<0.1$，＊＊$p<0.05$，＊＊＊$p<0.01$。

3. 解释变量滞后一期效应检验

服务投入带来的制造企业全球价值链攀升的效果可能存在滞后，本书把服务投入水平指数滞后一期加入模型，2SLS 回归结果见表 6-12。列（1）、列（3）和列（5）是不考虑控制变量的情况，列（2）、列（4）和列（6）是考虑控制变量的情况，与基本回归相比，TSR 和 DSR 的估计系数大小虽有所改变，但在 1% 水平上对企业的全球价值链分工地位仍呈现显著的正相关；FSR 的估计系数仍为负且 P 值显著，可以发现，本书主回归结果具有稳健性。

表 6-12　解释变量滞后一期效应检验结果

	（1） GVC	（2） GVC	（3） GVC	（4） GVC	（5） GVC	（6） GVC
L. TSR	0.081 **	0.074 **				
	(2.555)	(2.601)				
L. DSR			0.092 **	0.083 **		
			(2.418)	(2.436)		
L. FSR					−4.684 ***	−2.843 *
					(−3.865)	(−1.935)
HHI		−0.156 *		−0.157 *		−0.153 ***
		(−1.980)		(−1.995)		(−2.934)
Scale		−0.008		−0.008		−0.007
		(−1.650)		(−1.657)		(−1.100)
Age		−0.003		−0.003		−0.004 ***
		(−1.149)		(−1.400)		(−3.017)
Capint		0.002		0.002		0.003
		(0.368)		(0.363)		(0.508)
Flev		0.109 *		0.109 *		0.113 ***
		(1.923)		(1.923)		(4.058)

续表

	(1) GVC	(2) GVC	(3) GVC	(4) GVC	(5) GVC	(6) GVC
Alr		−0.008		−0.008		−0.008
		(−0.464)		(−0.456)		(−0.337)
_cons	0.121***	0.174	0.129***	0.187*	0.117***	0.202**
	(4.059)	(1.685)	(4.472)	(1.843)	(6.765)	(2.162)
N	6161	6154	6161	6154	6161	6154
R^2	0.015	0.020	0.014	0.020	0.003	0.009
F	13.840	19.391	11.845	17.753	14.934	6.790

注：t statistics in parentheses；* $p<0.1$，** $p<0.05$，*** $p<0.01$。

4. 工具变量检验

在内生性问题上，本书的基本回归模型中控制了年份和企业固定效应等，对因遗漏变量而产生的内生性问题可以得到一定程度的缓解；考虑到企业特征、行业特征等控制变量可能与企业的全球价值链地位指数存在反向因果关系，例如，资本密集度越高、规模越大的企业可能更有能力改善企业全球价值链地位。所以，为克服模型的内生性问题，本书参考刘斌和王乃嘉（2016）的方法，选择印度制造业的服务投入水平作为中国制造业服务投入水平的工具变量。原因在于：中国和印度是两个相邻的亚洲国家，也是世界上最大的两个发展中国家，中印"龙象之争"使得两国的服务进程和改革政策呈现出互学互鉴、相互影响的趋势，也使得工具变量满足相关性要求；同时，印度服务业投资对中国企业的影响最小，满足外生性要求。先测算出印度服务要素对制造业的投入水平，以此作为工具变量开展两阶段最小二乘法估计（2SLS）。为验证工具变量的有效性，本书进行了不可识别检验、弱工具变量检验。本书选用的内生变量的数目和工具变量的数目完全相同，所以无需执行过度识别检验。从表6-4到表6-12结果可知，Kleibergen-Paap rk LM 统计量 P-Value 小于 0.1，拒绝原假设，即工具变量不存在无法识别问题。

Cragg-Donald Wald rk F 统计量大于 10% 下的 Stock and Yogo 临界值，拒绝原假设，即工具变量与内生变量具有较强相关性。因此，本书选取的工具变量通过了上述检验，满足 2SLS 回归使用。

在此基础上，表 6-13 考虑了服务投入与制造企业全球价值链攀升之间的基本关系。从列(2)来看，全球价值链分工地位的估计系数符号与基准回归一致，均没有发生变化，显著性也没有失效，说明服务投入与制造企业全球价值链攀升之间显著正相关，这一关系即使在控制内生性后的 2SLS 回归中依然稳健。

表 6-13　工具变量稳健性检验结果

	第一阶段	第二阶段
	(1)TSR	(2)GVC
IND	6.236***	
	(26.71)	
TSR		0.149***
		(3.47)
HHI	−0.100***	−0.123*
	(−4.34)	(−1.83)
Scale	−0.003	−0.005
	(−0.74)	(−0.78)
Age	−0.036***	−0.007***
	(−19.59)	(−3.94)
Capint	0.000	0.004
	(0.01)	(0.78)
Flev	0.010	0.060
	(0.91)	(1.35)
Alr	0.011	−0.023
	(0.67)	(−1.17)
Observations	7540	7540

续表

	第一阶段	第二阶段
	(1)TSR	(2)GVC
Kleibergen-Paap rk LM statistic		409.494 [0.0000]
Cragg-Donald Wald F statistic		2655.205 {16.38}
Kleibergen-Paap rk Wald F statistic		713.617 {16.38}

注:Robust standard errors in parentheses; *** $p<0.01$, ** $p<0.05$, * $p<0.1$。

[ ]内表示的是对应统计量 P-Value,{ }内表示的是 Cragg-Donald Wald F 统计量对应的10%水平的 Stock and Yogo 临界值。

6.5 结论与政策建议

6.5.1 主要结论

第一,整体服务投入与制造企业全球价值链攀升呈显著正相关关系,稳健性检验进一步证明此观点。第二,内循环服务投入与制造企业攀升全球价值链呈显著正相关关系。外循环服务投入与制造企业攀升全球价值链呈显著负相关关系。国内价值链嵌入对国外服务投入水平与企业价值链攀升之间的关系产生了显著负向调节效应。第三,制造业服务投入水平通过技术创新效应和生产效率效应促进企业的全球价值链攀升。第四,服务投入的增强会提升一般贸易企业、民营企业和外资企业以及东部地区和中部地区企业的全球价值链地位,而对加工贸易企业、低技术企业以及西部地区企业的 GVC 地位提高并不产生抑制作用。

6.5.2 政策建议

1. 合理审视服务投入的促进效应和抑制效应

服务投入水平、制造业服务化程度加深并非意味着价值链地位的提高，需结合制造业发展阶段和细分产业特性理性判断。内循环服务投入水平对制造企业价值链攀升有促进作用，但外循环服务投入增加对企业价值链地位提升反而有抑制作用。因此，制造企业要提升其价值链地位，更需要深度嵌入国内和本地价值链体系，吸收内循环服务投入，利用本地各种服务资源，为价值链攀升汲取真正有价值的服务。加强服务投入，尤其是源自"内循环"服务投入应成为制造业服务化和高质量发展的重要战略之一。

(1)着重发展内循环生产性服务业。当前，要改变当前所谓的全球价值链低端锁定的局面，需要我们进一步有效区分服务化的投入来源。在当前的全球价值链分工背景下，仅单纯简单地、机械化地实现"服务化"并不适用于制造业服务化的发展，如果将制造业投入服务化在整体服务投入层面泛泛而谈，则可能会导致其中外循环服务投入所带来的阻碍被我们忽略，甚至还有可能存在更严重的抑制作用，从而不利于制造企业进一步向全球价值链高端攀升。因此，制造企业全球价值链分工地位的提高，重心要放在内循环服务投入上，更多依赖于国内大循环的服务投入增加，这也就要求我国生产性服务业要加快发展。换句话说，内循环服务投入要进一步强化，需要实施本土服务的升级策略。制造企业全球价值链真正实现攀升，必须建立在基础扎实、支撑力可靠的自身生产性服务业发展良好的基础之上。

(2)构建制造企业在不同价值链地位与不同服务的融合机制。在研发环节，核心技术攻关是重中之重，众包、用户参与、协同创新、协同设计等服务模式的参与能为研发注入新的能量，进而提高创新发展能力；在生产环节，信息技术的应用能起到事半功倍的效果。要加快信息基础设施建设，重视数据的价值，使企业生产以智能化、信息化的基础设施为依托，将生产与"5G""大数据"等信息服务相融合，真正踏入高质高量生产的工业 4.0 时代；在销售环节，批发零售、物流运输服务确保企业销路畅通的作用凸显，要建设高水平的综合服务平台，构建完善的批发零售、物流运输服务体系，才能打通企业与顾客之间的障碍，让产品顺利交付到顾客手中。服务作为中间投入要素对制造业结构优化的作用越来越大，目前制造业结构发展整体水平较低且结构不够合理，通过大力发展服务业产生的产业关联效应可以带动制造业发展。

2. 通过制造业和服务业的双向奔赴，提升制造业服务化水平

制造业服务化，服务业制造化，都需要具备一定的条件。制造业要达到一定的先进水平，才会有进一步服务化的需求；服务业专业化水平达到一定程度，才会具备延伸到制造业的能力；制造业在不同阶段融入不同服务要素，才能实现两者的逐步融合。

（1）增加研发服务投入，推进先进制造业发展。先进制造业以创新为动力，以硬科技为核心，表现为全球领先的技术水平、生产效率和产品质量，是现代产业体系的重要组成部分。传统制造升级到先进制造，不仅仅是下一步实现制造业服务化的必由之路，同时也提出了对技术研发和创新服务的需求。研发服务投入可以来源于企业内部，也可以来源于企业外部。技术创新是实现制造业整体结构优化以及提高 GVC 分工地位的重要路径，政府一方面要通过减税等政策来激励企业自主创新，另一方面要重视研发服务投入的重要性，调动具有工业设计、工程设计领域专优势的高技术企业、具有基础研究和应用研究优势的高校科研院所的积极性，融入制造企业的服务化进程，突破供应链上的堵点和卡点，摆脱低端锁定，实现价值链攀升。

（2）先进制造融入多元化服务，提升制造业服务化水平。制造企业应在夯实基础上，大力引入新型服务型制造模式，例如以客户为导向的全面定制化、供应链管理、共享制造、工业互联网、物联网信息化、智能制造等模式。制造业服务化的核心还是创新思维，建立以创新为核心的赋能机制，助力在提供产品基本效用的同时，向增值服务、系统集成、整体方案提供商、智能生态服务等进行探索和转型。以传统的钢铁和水泥产业为例，企业应从传统原材料提供商角度，以客户为导向，向专业供应链解决方案提供商转型，通过产品与服务的结合，提升产品附加值和企业价值链地位。以汽车、家电、消费电子产业为例，企业可以拓展"产品+内容+生态"全链式智能生态服务，在丰富服务供给的同时，塑造企业全面的竞争优势。

（3）先进制造与现代服务融合发展，推进价值链攀升。专业化分工深化细化是产业融合的基础和前提。相对于传统制造业和传统服务业，先进制造业和现代服务业是深度应用现代化技术、管理、模式的制造业和服务业，这为进一步融合奠定了坚实的基础。先进制造业和现代服务业融合是受技术进步、市场开放和制度创新驱动，通过技术渗透、产业联动、链条延伸、内部重组等途径，打破原有产业边界、促进产业交叉融合、育成新业态新模式，实现制造业和服务业相互支撑、高效协同、融合互动的动态过程，最终推动产业提质增效升级。在先进制造产业如汽车制造、现代化工及能源、高端装备、绿色建材、低碳冶金、现代纺织中，可以由政府牵头，与大型服务企业（平台）进行对接，运用物联网、工业互联网、数字营销、智慧工厂、全生命周期管理、供应链金融、云制造等技术，实现制造与服务的融合。制造业可以积极吸收服务投入，服务业也可以主动探索向制造领域延伸。政府与行业协会通过组织各种博览会、产业发展研讨会等契机，鼓励服务企业利用在信息技术、服务营销、物流供应链运营、科技金融、创意设计等方面的优势，与制造企业融合，改造升级生产模式和应用场景，实现合作企业的价值链攀升。

3. 优先发展高质量服务投入

（1）加大创新服务投入。政府在持续加大教育和人才培养投入的同时，应激活这些创新资源，将其投入融合到制造企业中，则是为本地制造业赋能实现价值链攀升的根本路径。例如湖北提出的产学研项目，例如支持 100 家企业与高校、科研院所通过横向合作开展"订单式""定制式"研发，共同开展重大科技攻关；组织 100 名科创企业家走进实验室促科技成果转化、100 名实验室科学家走进科技型企业促关键技术攻关，实现 1000 家高新技术企业对接 100 家重点实验室等，这些举措对于加大本地创新服务投入都产生了积极的作用。但如果这种服务投入仅限于一次合作研发，一个攻关项目，则缺少持续投入的长效机制。建议政府开展产学研合作机制的创新，鼓励高校科研院所将其创新服务不断注入企业，并能与企业分享创新成果，真正实现湖北创新服务的可持续发展。

（2）深度拓展供应链金融服务。制造企业信息化、智能化、现代化、低碳化，每一项都需要大量资金支持。金融服务投入是生产性服务投入中的重要一环，决定着制造业自身是否能够升级，以及其他服务能否与制造融合发展。政府应创造良好的信贷环境，支持核心企业与金融机构合作，针对上下游中小企业开展供应链金融业务，进一步整合产业链与信息链。积极探索基于区块链的信息技术的多元化的金融工具，创新科技金融服务模式，为制造业价值链攀升助力。

（3）加强数字、信息服务等新服务投入。制造业数字化、信息化是未来的发展趋势，数字、信息服务的嵌入使得企业从研发到制造再到销售全过程可视可控，信息交换畅通无阻，资源配置合理高效，管理决策科学可靠。数字、数据、信息的大量使用，为制造业现有的资产赋能，有利于制造的服务化，延伸制造的价值空间。即使是一些传统的诸如食品、纺织等制造业也能享受数字经济发展的红利，不断提升产品的高附加值，实现从低端制造到高端制造的跃迁。产品和供应链的数字化趋势将进一步助力制造的升级，促进省内制造业结构的优化。数字经济赋能实体经济，数字服务投入生产制造，大数据、云计算、区块链、人工智能、5G 等新一代信息技术的应用，已成为制造企业升级的关键。

4. 提高企业生产效率，加快企业创新速度

生产效率和技术创新是制造业服务投入促进制造企业实现全球价值

链攀升的渠道，这意味着，继续推动企业提高生产效率和技术创新是一项正确的政策措施，以充分发挥制造业服务投入水平对企业全球价值分工地位的提升作用。因此，企业应通过改善自身产业结构，以及产业内部的资源配置来提高生产率。充分发挥企业应对市场变化所做出反应和调整的自主能力，促使企业不断提高资源要素配置的效率和竞争力。此外，企业的技术创新也要加快步伐。一方面，要加大研发投入，在更广泛、更前沿的领域，引导企业和科研单位、其他企业协同创新，培育丰富的智力资本和人力资本；另一方面，要强化以创新思想推动新产品设计、新服务开发，加强创新对制造企业的技术支持，充分发挥服务投入的积极作用，创新需求调研、研发设计、战略咨询、信息系统和维修服务等支撑企业生产的服务体系，充分发挥服务投入对企业的全球价值链攀升的促进作用。

5. 以构建内循环为主导的价值链为目标，不断增强经济发展韧性

政府要尽最大努力，创造和利用国内价值链和全球价值链一体化的重大历史机遇，从客场全球化过渡到主场全球化，打造内循环主导型的价值链体系。从简单的全球价值链网络升级为复杂的全球价值链网络，立足国内庞大市场，发挥产业体系完备、传统和新兴制造企业集聚的优势，深耕国内价值链体系，在站稳内循环的基础上，利用全球价值链的重构，实现在外循环价值链地位的跃升。提升在全球价值链重要节点的地位。国内价值链和全球价值链的一体化，要以制造业和服务业一体化为重点，使之能够与全球价值链相抗衡，能够摆脱对进口服务投入的依赖，从而促进制造业的优质发展。因此，需要全面激发国内循环的市场活力，利用国内价值链和全球价值链进行资源整合、培育国内循环为主体的开放格局，推动国内国际双循环互促共进。

◎ 参考文献

[1]崔岩,刘珊珊.生产性服务业开放与制造业全球价值链升级——来自跨国样本

的经验证据[J].南京财经大学学报,2021(4):86-96.

[2]戴翔.中国制造业出口内涵服务价值演进及因素决定[J].经济研究,2016,51 (9):44-57,174.

[3]戴翔,李洲,张雨.服务投入来源差异、制造业服务投入与价值链攀升[J].财经 研究,2019,45(5):30-43.

[4]戴翔.攀升全球价值链何以"稳出口":机理与实证[J].国际经贸探索,2021,37 (3):31-46.

[5]戴翔.制造业服务投入与价值链攀升:来自中国经验证据[J].西安交通大学学 报(社会科学版),2020,40(5):37-52.

[6]窦大鹏,匡增杰.制造业服务投入与全球价值链位置提升——基于制造业企业 的分析[J].国际商务研究,2022,13(1):46-58.

[7]杜新建.制造业服务投入对全球价值链升级的影响[J].中国科技论坛,2019 (12):75-82,90.

[8]高翔,张敏.全球价值链视角下中国制造业服务要素含量的动态演进研究—— 基于区分贸易类型的国家区域间投入产出表[J].国际贸易问题,2021(1): 126-142.

[9]高照军,张宏如.供给侧结构性改革下制造业服务投入与企业生产率的关系研 究[J].科研管理,2022,43(1):49-60.

[10]郭晴."双循环"新发展格局的现实逻辑与实现路径[J].求索,2020(6): 100-107.

[11]李超,张诚.中国对外直接投资与制造业全球价值链升级[J].经济问题探索, 2017(11):114-126.

[12]廖涵,丛昊,张春雨.内源服务投入能提高企业绩效吗[J].当代财经,2021 (9):113-125.

[13]凌永辉,刘志彪.内需主导型全球价值链的概念、特征与政策启示[J].经济学 家,2020(6):26-34.

[14]刘勇,李丽珍."双循环"新发展格局下企业转型发展的机理、路径与政策建 议[J].河北经贸大学学报,2021,42(1):41-50.

[15]刘斌,王乃嘉.制造业投入服务投入与企业出口的二元边际——基于中国微观 企业数据的经验研究[J].中国工业经济,2016(9):59-74.

[16]刘斌,赵晓斐.制造业投入服务投入、服务贸易壁垒与全球价值链分工[J].经

济研究, 2020, 55(7): 159-174.

[17] 刘斌, 李川川, 李秋静. 新发展格局下消费结构升级与国内价值链循环: 理论逻辑和经验事实[J]. 财贸经济, 2022, 43(3): 5-18.

[18] 刘继国, 李江帆. 国外制造业服务投入问题研究综述[J]. 经济学家, 2007(3): 119-126.

[19] 刘景卿, 车维汉. 国内价值链与全球价值链: 替代还是互补[J]. 中南财经政法大学学报, 2019(1): 86-98, 160.

[20] 刘明宇, 芮明杰, 姚凯. 生产性服务价值链嵌入与制造业升级的协同演进关系研究[J]. 中国工业经济, 2010(8): 66-75.

[21] 刘维刚, 倪红福. 制造业投入服务投入与企业技术进步: 效应及作用机制[J]. 财贸经济, 2018, 39(8): 126-140.

[22] 刘志彪. 重塑中国经济内外循环的新逻辑[J]. 探索与争鸣, 2020(7): 42-49, 157-158.

[23] 吕越, 陈帅, 盛斌. 嵌入全球价值链会导致中国制造的"低端锁定"吗[J]. 管理世界, 2018, 34(8): 11-29.

[24] 江小涓, 孟丽君. 内循环为主、外循环赋能与更高水平双循环——国际经验与中国实践[J]. 管理世界, 2021, 37(1): 1-19.

[25] 欧定余, 侯思瑶. 双循环新格局下东亚区域价值链重构在我国经济外循环中的支撑作用研究[J]. 湘潭大学学报(哲学社会科学版), 2021, 45(3): 87-92.

[26] 欧定余, 易佳慧. RCEP区域价值链重构对双循环新发展格局的促进作用[J]. 消费经济, 2021, 37(4): 20-32.

[27] 潘安, 郝瑞雪, 王迎. 制造业服务投入、技术创新与全球价值链分工地位[J]. 中国科技论坛, 2020(10): 104-113.

[28] 孙湘湘, 周小亮. 服务业开放对制造业价值链攀升效率的影响研究——基于门槛回归的实证分析[J]. 国际贸易问题, 2018(8): 94-107.

[29] 夏秋. 制造业服务投入能否促进产业结构升级——基于技术创新和服务需求的中介效应分析[J]. 中国科技论坛, 2021(7): 66-75.

[30] 许和连, 成丽红, 孙天阳. 制造业投入服务投入对企业出口国内增加值的提升效应——基于中国制造业微观企业的经验研究[J]. 中国工业经济, 2017(10): 62-80.

[31] 印梅, 张二震. 在构建发展格局中重塑全球价值链分工新优势[J]. 江苏行政

学院学报，2022（1）：49-55.

[32]姚树洁，房景.“双循环”发展战略的内在逻辑和理论机制研究[J]. 重庆大学学报（社会科学版），2020，26（6）：10-23.

[33]姚战琪.服务业开放度视角下中国攀升全球价值链研究[J]. 学术论坛，2018，41（4）：92-101.

[34]尹伟华.全球价值链视角下中国制造业出口服务投入水平测度研究[J]. 当代财经，2020（6）：114-125.

[35]喻胜华，李丹，祝树金.生产性服务业集聚促进制造业价值链攀升了吗——基于277个城市微观企业的经验研究[J]. 国际贸易问题，2020（5）：57-71.

[36]袁凯华，李后建，高翔.我国制造企业国内价值链嵌入度的测算与事实[J]. 统计研究，2021，38（8）：83-95.

[37]袁凯华，彭水军，陈泓文.国内价值链推动中国制造业出口价值攀升的事实与解释[J]. 经济学家，2019（9）：93-103.

[38]张昊，王莉静，李庆雪.中国制造业出口服务投入与全球价值链地位的关系[J]. 社会科学战线，2021（3）：254-258.

[39]张建军，孙大尉，赵启兰.基于供应链视域构建“双循环”新发展格局的理论框架及实践路径[J]. 商业经济与管理，2021（8）：5-15.

[40]张杰，陈志远，刘元春.中国出口国内附加值的测算与变化机制[J]. 经济研究，2013，48（10）：124-137.

[41]张晴，于津平.投入数字投入与全球价值链高端攀升——来自中国制造业企业的微观证据.经济评论，2020（6）：72-89.

[42]张晴，于津平.制造业投入数字投入与全球价值链中高端跃升——基于投入来源差异的再检验[J]. 财经研究，2021，47（9）：93-107.

[43]郑玉，王高凤，姜青克.服务价值嵌入对中国制造业全球价值链分工地位的影响研究[J]. 国际商务（对外经济贸易大学学报），2017（6）：43-54.

[44]祝树金，谢煜，段凡.制造业服务投入、技术创新与企业出口产品质量[J]. 经济评论，2019（6）：3-16.

[45]Arnold J, Javorcik B S, Lipscomb M, Mattoo A. Services reform and manufacturing performance：Evidence from India[J]. The Economic Journal, 2016, 126（590）：1-39.

[46]Bustinza O F, Bigdeli A Z, Baines T, Elliot C. Servitization and competitive

advantage the importance of organizational structure and value chain position [J].
Research technology management, 2015, 58(5): 53-60.

[47] Grossman G M, Rossi-Hansberg E. External economies and international trade redux
[J]. The Quarterly Journal of Economics, 2010, 125(2): 829-858.

[48] Kee H L, Tang H. Domestic value added in exports: Theory and firm evidence from
China[J]. American Economic Review, 2016, 106(6): 1402-1436.

[49] Reiskin E D, White A L, Johnson J K, Votta T J. Servicizing the chemical supply
chain[J]. Journal of Industrial Ecology, 1999, 3(2-3): 19-31.

[50] Timmer M P, Los B, Stehrer R et al. Fragmentation, incomes and jobs: An analysis
of European competitiveness[J]. Economic Policy, 2013, 28(76): 613-661.

[51] Upward R, Wang Z, Zheng J. Weighing China's export basket: The domestic content
and technology intensity of Chinese exports [J]. Journal Cpmparative Economics,
2013, 41(2): 527-543.

[52] Wang Z, Wei S J, Zhu K F. Quantifying international production sharing at the
bilateral and sector levels[R]. NBER Working Papers, 2013, 19677.

第 7 章 全球价值链嵌入对制造业产业结构优化的影响
——基于产业层面 GVC 嵌入的测度

本章从全球价值链参与程度和分工地位两个层面,全面测度我国制造业嵌入 GVC 的水平;基于合理化和高度化两个维度,构建制造业产业结构优化指标体系。本章运用 2000—2014 年 17 个制造业行业的面板数据,检验 GVC 参与程度和分工地位对产业结构优化的影响。研究结果表明:制造业细分产业 GVC 参与程度和分工地位的变动趋势并不一致,进一步印证双指标测度 GVC 嵌入的必要性;GVC 参与程度的加深对制造业产业结构优化具有抑制作用,GVC 分工地位与制造业产业结构优化之间存在倒 U 形关系。短期内 GVC 分工地位提升有利于制造业产业结构优化,但长期来看并不利于其结构优化。增加服务投入会缓解 GVC 参与程度对结构优化的抑制作用,但在 "GVC 分工地位与结构优化" 作用中的调节效应并不明显。嵌入 GVC 对不同技术水平制造业产业结构优化的影响存在差异。GVC 参与程度的加深阻碍了不同技术程度制造业的结构优化;GVC 分工地位的提高对中低技术和高技术制造业结构优化具有显著的正向推动作用,且对高技术制造业的促进作用更大。基于行业异质性和服务投入异质性的双视角研究发现,增加不同服务投入带来的制造业服务化可能存在差异。相较于高技术制造业,服务投入在低技术制造业中的调节作用更为显著。经过稳健性检验,以上结论依然成立。

7.1 GVC 嵌入与产业结构优化文献述评

经济全球化的不断发展，促进了国际分工的不断深化，分工模式也形成了由"产业间分工"向"产业内分工"再向"产品内分工"的演化过程。面对国际分工的新形式新机遇，发达国家通过外包、垂直 FDI 等形式将加工组装等低端环节大规模转移到发展中国家，而发展中国家凭借自身廉价的劳动力和丰富的资源优势逐步融入，最终形成由发达国家主导、发展中国家追随的 GVC 分工体系。对此，国内外不少学者认为，中国制造业基于比较优势嵌入 GVC 有效促进了中国制造业发展（林桂军等，2015；潘秋晨，2019；Li et al.，2020；赵冉冉，2021）。但对相关问题的研究也存在争论，一些学者认为 GVC 嵌入可能会使中国等发展中国家面临"结构封锁"效应，从而其抑制技术创新和制造业升级（吕越等，2018；Chen et al.，2019；Li et al.，2020）。嵌入 GVC 会带来技术外溢和技术创新等积极效应，但同时也会带来技术外溢的过度依赖、技术吸收能力的不足以及发达国家的俘获等抑制效应。

当前，贸易保护主义抬头，逆全球化趋势明显，新冠疫情使得全球供应链体系受到一定程度的冲击与破坏，GVC 体系重构已经成为必然趋势。同时，我国制造业长期以低附加值的加工模式嵌入 GVC，面临低端锁定的风险。因此，中国制造业急需实现从价值链低端向中高端的升级，以此维护我国制造业供应链的安全，并实现制造业结构优化。近年来，随着全球经济由工业型经济向服务型经济转变，全球制造业呈现出服务化新趋势。据贸易增加值数据库统计，制造业出口增加值中服务业所占比重已达 30%，服务作为中间投入在制造业中的作用逐渐显现，服务业与制造业价值链的融合在产业界和学术界受到越来越多关注。为了使制造业摆脱低端锁定以及生产成本不断上升的困境，我国需要找到通往 GVC 更高端位置的路径，大多数学者认为制造业服务化是一个可行的选项（杜运苏和彭冬冬，2019；张昊等，2021）。综合以上背景，本章将围绕以下问题展开研究：其一，嵌入 GVC 对我国制造业产业结构优化是否有积极推动作用,是否存在抑制作用?其二,嵌入 GVC 水平不仅体现在 GVC 参与程度,也体现在 GVC 分工地位,这两者对制造业产业结构优化的影响效应是否一致?其三,在加入不同服务作用下,这种影响效应是否得到加强?这些问题的探索对挖掘我国制造业产业结构优化的实现路径具有重要意义。本章不仅以制造业细分行业为视角,考察 GVC 嵌入与制造业产业结构优化的关系,还将不同服务投入纳入研究范畴,深入探讨这些变量间的作用机制。

关于 GVC 嵌入对产业结构影响的研究,学者们获得的结论并不一致,采用的数据大多是国家或者区域省级层面。姚志毅等(2011)建立了产业结构升级衡量标准,提出了高附加值产业的创造能力是衡量产业结构升级的主要指标。在国家层面上,崔焕金和刘传庚(2012)从理论上揭示了 GVC 驱动对各国产业发展的作用机制,提出了实现产业全球化运作的重要途径之一是通过由 GVC 驱动的生产一体化机制,并且进一步分析了该机制虽然可以促进各国产业联动和结构分化,但最后可能导致中国产业结构出现明显的偏离标准形式。张若雪(2016)认为我国产业现阶段虽位于各价值链的低端生产环节,但产业发展表现出从农林牧渔业、制造业向服务业转变升级的趋势。马晓东和何伦志(2018)研究"一带一路"共建国家(地区)GVC 参与程度与产业结构优化之间存在的关系,发现 GVC 参与程度加深并不能有效提升产业结构优化,反而不利于各国产业结构水平提升。理论上学者们认为发展中国家嵌入 GVC 能获得学习机会和技术外溢,有利于推动自身技术进步、生产工艺和管理水平的创新,从而向微笑曲线两端靠拢进入附加值更高的环节,最终实现产业结构优化。但现实中,产业受自身条件的限制以及发达国家的阻挠和封堵,也可能对产业结构优化存在抑制作用(Tschang et al.,2010;Chen,2014;Wang & Wei,2018)。

一些学者也围绕特定产业和企业展开研究,如綦良群和李兴杰(2011)从区域视角分析了区域装备制造业结构升级的过程,并将其与 GVC 理论相结合,提出消费需求、生产供给、核心企业的利益驱动以及国家产业间竞争力是产业结构升级的动因。葛顺奇和罗伟(2015)认为跨国公司进入企业价值链这一趋势也间接影响了制造业结构的发展,通过增加或降低企业被市场淘汰的概率以及调整自身价值链可以影响产业结构。

制造业服务化可以带动产业结构调整(胡昭玲等,2017;夏秋,2021)。制造业服务化是基于制造业的服务和面向服务的制造的融合,即在制造业现有基础上加入服务要素,增强服务功能、优化资源配置、提升核心竞争力,从而实现产业升级。因此,大部分学者都认为制造业升级的重要路径之一是实现将服务要素融入制造业生产过程中(周大鹏,2013;唐国锋和李丹,2020)。但还有不少学者认为制造业为实现服务化会进行大量投资,造成生产以及管理成本上升,短期内不会取得收益(Cenamor et al.,2017;Zhang et al.,2019)。Gebauer 等(2004)称这一现象为"服务化悖论",即制造业在实施服务化过程中,需要投入大量的资源,组织也需要发生重大变革,如果不能很好将服务价值链和产品价值链进行融合,会带来经营成本的上升和管理难度的增加,不利于制造企业发展。

综上所述,虽然学者们对 GVC 嵌入与产业结构的关系展开了大量研究,但围绕 GVC 嵌入与制造业产业结构关系的研究并不多见,围绕制造业细分行业数据展开的研究更不多见。为此,本章以制造业细分行业为视角,从参与程度和分工地位两个层面测度各制造行业的 GVC 嵌入水平,深入分析 GVC 嵌入对制造业产业结构优化的影响机制,揭示不同服务投入在其中的调节作用。这些问题的探索为不同类型服务投入、GVC 嵌入以及制造业产业结构优化三者之间的关系提供了部分经验证据,为推动制造业服务化和产业结构调整提供理论依据。

7.2　GVC 嵌入对产业结构优化的作用机制

GVC 嵌入对制造业产业结构优化的影响具有不确定性,既存在产业转移、产业关联、产业竞争以及技术溢出等促进效应,也存在发达国家的俘获、技术吸收能力的门槛、发展中国家的挤出以及发达国家制造业回流等抑制效应，具体作用结果应依据我国制造业实际情况而定。同时，GVC 参与程度与分工地位在内涵上有本质上的不同，深度参与 GVC 的制造业在 GVC 中的地位不一定高，在 GVC 地位高的制造业参与 GVC 的程度不一定深。因此，GVC 嵌入"量"的程度与"质"的地位的提高对制造业产业结构优化的影响效应是有所差异的，本章从 GVC 参与程度和分工地位两方面展开研究。

7.2.1　GVC 参与程度与制造业产业结构优化

GVC 参与程度主要指制造业参与国际分工的程度，具体表现为参与中间品进口加工以及进口中间品再出口占 GVC 增加值总额的情况。从嵌入路径来看，一些学者研究发现我国制造业参与国际分工主要从进口零部件开始，再进行加工组装和简单生产最终形成产成品。这个模式位于 GVC 中附加值较低的位置，不具有明显的竞争优势，即参与 GVC 程度较深，但仍被锁定在 GVC 低端。吕越等（2018）研究发现 GVC 参与程度的加深会对制造业的研发创新和产品升级起不利影响。主要原因在于进口中间投入品的生产成本低于自主研发，这会促使企业自愿放弃自主研发投入品，最终导致它们之间形成一种替代关系。

GVC 参与程度指标越高，就代表产业对于中间品投入进口的依赖程度越高，最终导致对低附加值的 GVC 嵌入路径形成依赖，阻碍产业进行自主研发。王玉燕（2020）实证检验发现 GVC 参与程度加深不利于制造业高质量发展，其抑制作用主要源于低端嵌入路径。对于长期从事价值链低端生产活动的发展中国家来讲，一方面，低端嵌入带来的诸如俘获效应、挤出效应等均会严重阻碍我国制造业产业结构发展进程。另一方面，我国在实际生产实践中可能不存在向价值链中高端攀升的能力，嵌入 GVC 反而会带来"贫困式增长"困境（马晓东和何伦志，2018），对我国制造业产业结构优化产生的负面影响。因此，本章作出如下假设：

H1：我国基于劳动力成本优势嵌入 GVC，很容易被发达国家低端锁定。因此，GVC 参与程度的加深不利于我国制造业产业结构优化。

7.2.2　GVC 分工地位与制造业产业结构优化

GVC 分工地位主要指制造业参与国际分工的地位，具体表现为制造业在 GVC 中是位于研发设计、品牌、营销等附加值高的中高端位置，还是位于加工制造等附加值较低的低端位置。如果我国制造业一直嵌入 GVC 低端，产业结构会受到负面影响。随着 GVC 分工地位的逐步提升，获取技术等知识的正外部性，有利于实现技术进步与产业结构优化（陈艺毛等，2019）。但 GVC 分工地位越高就代表我国制造业越靠近研发等高附加值位置，这一方面会触及发达国家的利益而使我国遭到结构封锁，另一方面由于我国制造业也无法短期内完成产业结构优化受限于原始创新及突破性创新经验不足。因此，嵌入 GVC 的促进效应可能随着 GVC 分工地位的提升而逐步减弱。GVC 嵌入的抑制效应一直存在，综合之下，使得我国制造业在 GVC 中的分工地位达到某一临界值后，其促进效应会小于抑制效应，GVC 嵌入将使制造业产业结构陷入困境。因此，本章作出如下假设：

H2：我国制造业在 GVC 分工地位提升会促进制造业产业结构优化。但随着 GVC 分工地位的不断提高，促进效应将逐步递减，抑制效应凸显，最终导致 GVC 分工地位与制造业产业结构优化之间呈现出倒 U 形非线性关系。

7.2.3　服务投入的调节作用

服务投入主要包括批发零售服务、物流运输服务、信息通信服务、金融保险服务、研发设计服务五大类，均与生产制造密切相关。具体来讲，批发零售关注渠道畅通，构建高级的商流融通路径。物流运输服务体现在物联网技术、物流的发展和基础设施的建设上，缩短供应链之间的距离，有助于降低制造业企业交易成本。信息通信服务以大数据、物联网、云计算、人工智能等技术提高制造业信息化程度，将制造技术与先进信息技术进行融合，有利于提高制造业生产运作效率。信息通讯产业对于国民经济中的制造业具有联动效应、扩散效应和溢出效应（HEO & LEE，2019），能够推动制造业向高技术产业发展。金融保险服务有效缓解了融资约束，使制造业得到资金支持，有利于加大制造业研发投入水平（Guo et al.，2021）。研发设计服务的技术含量较高，利用附加值较高的研发服务可以为制造业技术创新提供支持。因此，无论是哪种类型的服务投入，都会对我国制造业的发展与升级提供支撑。总而言之，中国制造业在嵌入 GVC 过程中，通过增加服务投入可以减少本国产业对劳动力等传统生产要素的依赖，改善产业绩效。同时，服务要素具有高技术复杂度特性，通过引导知识技术密集型等高级服务要素进入生产过程，促进制造环节与服务环节之间的配合，提高产品附加值。因此，凭借高端要素集聚效应和资金创造效应等优势，制造业服务化可以大幅提高产业研发能力和技术水平，还可以通过关联环节的溢出效应推动产业结构优化（周翮翔等，2020）。因此，本章作出如下假设：

H3：服务投入对 GVC 嵌入与制造业产业结构优化的作用机制中会产生正向调节作用，但不同服务（批发零售、物流运输、金融保险、信息通信和研发设计）投入的调节作用存在差异性。同时在不同制造业细分行业内该调节作用也存在差异性。

7.3　产业层面变量测度及实证设计

7.3.1　模型构建

本章采用多元线性回归方法，对制造业服务化、GVC 嵌入和制造业产业结构优化三者关系及作用进行分析，构建式(7-1)至式(7-5)的计量模型。其中，i 代表行业，t 代表年份，ε 为随机误差项，VSS 代表 GVC 参与程度，DVAS_ INT 代表 GVC 分工地位，Y 代表制造业产业结构优化，Control 代表全体控制变量，包括行业利润率(Profit)、行业集中度(CONCE)、对外开放水平(OPEN)、外商直接投资水平(LnFDI)、经济发展水平(LnAGDP)和政府职能(GOVE)。

为研究 GVC 参与程度对制造业产业结构优化的影响，本章构建模型 7-1：

$$Y_{i,\,t} = \beta_0 + \beta_1\,\mathrm{VSS}_{i,\,t} + \sum \mathrm{Control} + \varepsilon \tag{7-1}$$

为研究 GVC 分工地位对制造业产业结构优化的影响，本章构建模型 7-2：

$$Y_{i,\,t} = \beta_0 + \beta_1\,\mathrm{DVAS\_INT}_{i,\,t} + \sum \mathrm{Control} + \varepsilon \tag{7-2}$$

在模型 7-2 基础上，我们引入 GVC 分工地位的二次项，进一步考察 GVC 分工地位与制造业产业结构优化的非线性关系，实证模型如下：

$$Y_{i,\,t} = \beta_0 + \beta_1\,\mathrm{DVAS\_INT}_{i,\,t} + \beta_2\,\mathrm{DVAS\_INT}_{i,\,t}^2 + \sum \mathrm{Control} + \varepsilon$$
$$\tag{7-3}$$

为考察服务投入的调节作用，模型(7-4)和模型(7-5)分别在模型(7-1)和模型(7-2)的基础上引入制造业投入服务化水平(Ser)这一变量，并在模型(7-4)和模型(7-5)分别加入 GVC 参与程度与投入服务化水平的交互项(VSS * Ser)、GVC 参与分工地位与投入服务化水平的交互项(DVAS_INT * Ser)。因此，模型(7-4)和模型(7-5)研究了服务投入、GVC 嵌入以及制造业产业结构优化三者之间的关系。

$$Y_{i,\,t} = \beta_0 + \beta_1\,\mathrm{VSS}_{i,\,t} + \beta_2\,\mathrm{Ser}_{i,\,t} + \beta_3\,\mathrm{VSS} * \mathrm{Ser}_{i,\,t} + \sum \mathrm{Control} + \varepsilon$$
$$\tag{7-4}$$

$$Y_{i,\,t} = \beta_0 + \beta_1\,\mathrm{DVAS\_INT}_{i,\,t} + \beta_2\,\mathrm{Ser}_{i,\,t} + \beta_3\,\mathrm{DVAS\_INT} * \mathrm{Ser}_{i,\,t} +$$
$$\sum \mathrm{Control} + \varepsilon \tag{7-5}$$

7.3.2　变量测度

1. 被解释变量

GVC 参与程度与分工地位。借鉴 Wang 等(2013)、刘斌等(2016)和郑淑芳等(2020)的研究，将我国出口贸易总额按最终品出口和中间品出口分解为 16 个部分，详见第 3 章。在此基础上，运用出口中间商品的国外附加值(FVA)和重复计算部分(FDC)与总出口(E)占比，即垂直专业化率(VSS)来衡量制造业各细分行业的 GVC 参与程度。对于 GVC 分工地位(DVAS_INT)，采用中间品出口的国内增加值(DVA_INT+DVA_INTrex)占总的国内增加值(DVA)之比来衡量我国制造业在 GVC 体系中所处附加值位置。

$$VSS = \frac{FVA}{E} + \frac{FDC}{E} \tag{7-6}$$

$$DVAS\_INT = \frac{DVA\_INT + DVA\_INTrex}{DVA} \tag{7-7}$$

垂直专业化率(VSS)越高，表示该行业每产出一单位所耗用的进口中间产品越多，即我国该行业 GVC 参与程度就越深。DVAS_INT 越大，代表它主要向其他国家出口中间品来参与国际分工，即我国该产业 GVC 分工地位越高。相反，DVAS_INT 指标比值越小，它会大量进口别国的中间品进行简单组装与加工，最终形成产成品，即我国该产业 GVC 分工地位越低(Wang et al., 2013; 刘斌等, 2015)。

2. 解释变量

制造业产业结构优化水平。本章参考杨丽等(2015)的熵权法，测度制造业细分行业产业结构优化水平。制造业产业结构优化是横向合理化和纵向高度化的有机结合，本章综合考虑制造业产业结构优化的两个维度，对 17 个细分制造业产业结构优化水平进行度量，具体指标如表

7-1 所示。

表 7-1　制造业细分行业产业结构优化指标体系

总体层	目标层	指标名称	计算公式	指标属性
制造业分行业产业结构优化指标体系	A 合理化	A1 市场需求适应系数	C1 行业适应系数计算公式	正向
	B 高度化	B1 产值结构高度化	C2 新产品产值/工业销售产值	正向
		B2 资产结构高度化	C3 固定资产净值/从业人员年平均人数	正向
			C4 资产利润率(利润总额/总资产)	正向
		B3 劳动力结构高度化	C5R＆D 人员数/从业人员年平均人数	正向
			C6 劳动生产率(工业总产值/从业人员年平均人数)	正向
		B4 技术结构高度化	C7 研发投入系数(R＆D 经费内部支出/主营业务收入)	正向
			C8 研发成果系数(拥有发明专利数/从业人员年平均人数)	正向

3. 调节变量

服务投入。借鉴崔兴华(2021)和王厚双、盛新宇(2020)的做法,本章采用完全消耗系数(Ser)作为调节变量,以此衡量我国细分制造业投入服务要素的水平,计算公式如下:

$$\text{Ser}_{ij} = A_{ij} + \sum_{k=1}^{n} A_{ik} A_{kj} + \sum_{s=1}^{n} \sum_{k=1}^{n} A_{is} A_{sk} A_{kj} + \cdots \qquad (7\text{-}8)$$

式(7-8)中的Ser_{ij}是制造业j的投入服务水平,A_{ij}是制造业j直接消耗服务要素投入量(来自服务业 i);右边第二项表示制造业 j 间接消耗第一轮的服务要素投入量(后面依此类推)。

4. 控制变量

为避免其他因素对实证过程造成影响,本章依据行业特征和制造业产业结构优化影响因素的有关研究设定控制变量。(1)行业利润率(Profit):反映行业整体的经济效应,采用利润总额占工业销售产值的比值来衡量(余东华等,2020)。(2)行业集中度(Concentration,CONCE):刻画市场结构,采用大中型工业企业工业总产值占全部工业总产值比重测度(王玉燕等,2015)。(3)对外开放水平(OPEN):参与国际分工会给产业结构变动带来积极的影响,采用出口交货值占工业销售产值的比重来测度(潘秋晨,2019)。(4)外商直接投资水平(LnFDI):外商直接投资可以对一国产业参与跨境生产的规模和结构产生影响,采用分行业实收资本中港澳台地区资本与外商资本之和取对数来反映(余东华等,2020)。(5)经济发展水平(LnAGDP),经济发展水平提高会促进制造业生产多样化以及技术水平、劳动就业率的提升,采用人均 GDP 取对数作为代理变量。(6)政府职能(GOVE):政府可以制定产业发展政策发挥政府职能效应,优化资源配置推动产业结构优化,利用财政数据衡量政府职能变量,即各行业规模以上工业企业 R & D 经费内部支出中政府拨款的占比来度量(冯帆等,2020)。

7.3.3　数据来源

本章测算我国制造业 GVC 参与程度与分工地位、制造业服务投入的数据来自世界投入产出数据库(WIOD)。WIOD 数据库涵盖 2000—2014 年 28 个欧盟国家和世界上其他 15 个主要国家的投入产出数据。参照赵冉冉等(2021)的研究以及国民经济行业分类(GB/T4754—2017)标准,将制造业汇总为 17 个部门(见表 7-2)。制造业产业结构优化综合指标以及控制变量指标的测度数据均来源于《中国统计年鉴》和《中国工业经济统计年鉴》。

表 7-2　制造业细分行业及分类

WIOD	行业名称	GB/T 4754—2017	行业名称	技术类别①
C10-C12	食品，饮料和烟草制品业	13-16	农副食品加工业；食品制造业；酒、饮料和精制茶制造业；烟草制造业	低技术
C13-C15	纺织品，服装和皮革制造业	17-19	纺织业；纺织服装、服饰业；皮革、皮毛、羽毛及其制品和制鞋业	低技术
C16	木材加工、木竹藤、棕草制造业	20	木材加工和木、竹、藤、棕、草制品业	低技术
C17	造纸和纸制品业	22	造纸和纸制品业	低技术
C18	印刷业和记录媒介复制业	23	印刷和记录媒介复制业	低技术
C19	石油、炼焦及核燃料加工业	25	石油、煤炭及其他燃料加工业	中低技术
C20	化学原料及化学品制造业	26	化学原料和化学制品制造业	高技术
C21	医药制造业	27	医药制造业	高技术
C22	橡胶和塑料制品业	29	橡胶和塑料制品业②	中低技术
C23	非金属矿物制造业	30	非金属矿物制品业	中低技术
C24	基础金属制造业	31-32	黑色金属冶炼和压延加工业；有色金属冶炼和压延加工业	中低技术
C25	金属制品业	33	金属制品业	中低技术
C26	计算机、电子和光学仪器制造业	39	计算机、通信和其他电子设备制造业	高技术
C27	电气设备制造业	38	电气机械和器材制造业	高技术

①　OECD 在 NACE1 二分位水平上根据不同技术水平将制造业细分行业分为低技术、中低技术、中高技术及高技术制造业，本章将中高技术和高技术制造业进行了归并统称为高技术制造业。

②　2012 年后将橡胶制造业和塑料制造业合并成橡胶和塑料制品业。

续表

WIOD	行业名称	GB/T 4754—2017	行业名称	技术类别
C28	机械及设备制造业	34-35	通用设备制造业；专用设备制造业	高技术
C29-C30	交通运输设备制造业	36-37	汽车制造业；铁路、船舶、航空航天和其他运输设备制造业	高技术
C31-C32	家具制造业	21	家具制造业	低技术

资料来源：根据 GB/T4754—2017 行业分类和 WIOD 数据库整理所得。

为系统研究服务投入的调节作用，本章参照王厚双和盛新宇 (2020) 做法，重点研究批发零售 (G45、G46)、物流运输 (H49、H50、H51、H53)、信息通讯 (J61、J62_J63)、金融保险 (K64、K65、K66)、研发设计 (M71、M72、M74_M75) 这 5 大类生产性服务的投入，进一步测算不同类型生产性服务对中国制造业细分行业服务化水平的贡献程度。同时，结合行业属性，将五大类服务业按照技术复杂度分为高端服务业和低端服务业 (胡昭玲等，2017)(见表 7-3)。

表 7-3　行业代码、名称及分类对应表

WIOD	行业名称	行业类别	技术复杂度①	技术类别
G45	批发(不含汽车及摩托车)	批发零售服务业	33261.84	
G46	零售(不含汽车及摩托车)			
H49	陆地及管道运输	物流运输服务业	33261.84	低技术服务化
H50	水路运输			
H51	航空运输			
H53	快递邮政业			

---

① 服务技术复杂度的测算数据参考胡昭玲等 (2017)《制造业服务化、技术创新与产业结构转型升级——基于 WIOD 跨国面板数据的实证研究》一文。

续表

WIOD	行业名称	行业类别	技术复杂度	技术类别
J61	电信业	信息通讯服务业	41164.83	中高技术服务化
J62_J63	计算机编程,咨询及相关活动;信息服务活动			
K64	金融服务活动,保险和养老金除外	金融保险服务业	39802.64	
K65	保险,再保险和养老金,强制性社会保障除外			
K66	金融服务和保险活动的辅助活动			
M71	建筑和工程活动;技术测试和分析	研发设计服务业	42963.19	
M72	科研开发			
M74_M75	其他专业,科学和技术活动			

资料来源:根据 WIOD 数据库整理所得。

7.4 实证结果与分析

7.4.1 制造业细分行业 GVC 嵌入水平的统计分析

1. GVC 参与程度分析

图 7-1 显示了 2000 年到 2014 年三类技术制造业的 GVC 参与程度变化趋势,其区间位于 0.1 与 0.35 之间。不同技术密集度的制造业参与 GVC 程度存在差异,我国高技术制造业 GVC 参与程度指数最高,中低技术、低技术制造业参与 GVC 程度指数依次降低。不同技术类别制造

业 GVC 参与程度指数的变动趋势存在着略微差异，具体来看，2004 年到 2007 年间中低技术和高技术制造业的参与指数与制造业整体发展均表现出上升趋势，而低技术制造业却呈下滑趋势。

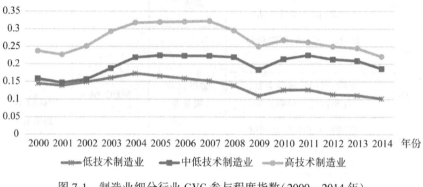

图 7-1　制造业细分行业 GVC 参与程度指数（2000—2014 年）

2. GVC 分工地位分析

图 7-2 显示了 2000 年到 2014 年三类技术制造业的 GVC 分工地位变化趋势，表现出与制造业整体发展走向一致的态势。但不同技术密集度的制造业 GVC 分工地位存在明显差异，具体来看，中低技术制造业 GVC 分工地位指数始终大于高技术和低技术制造业。

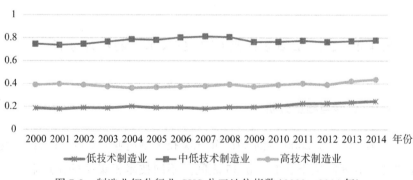

图 7-2　制造业细分行业 GVC 分工地位指数（2000—2014 年）

综上，我国高技术制造业参与 GVC 程度高，但 GVC 分工地位低；而中低技术制造业参与 GVC 程度低，但 GVC 分工地位高；低技术制造业不仅 GVC 参与度低，GVC 分工地位也低。因此，GVC 参与程度与分工地位指数表现并不一致，这也说明本章采用这两个指标分别展开分析的必要性。

3. GVC 参与程度与分工地位的非一致性分析

图 7-3 显示了 2000 年到 2014 年我国制造业细分行业 GVC 参与程度与分工地位指数的变动情况。通过对比各行业 GVC 参与程度与分工地位指数，直观地发现两者变化趋势存在差异。具体来讲，制造业细分行业 GVC 参与程度其变化具有阶段性特点，呈 M 形变动。在此期间，我国大部分制造业 GVC 分工地位指数呈波动性上升趋势。两个指数的非一致性变动也印证了双指标测度制造业嵌入水平的必要性。

表 7-4　制造业细分行业 GVC 参与程度与分工地位趋势图（2000—2014 年）

行业代码	行业名称	行业类别	GVC参与程度	GVC分工地位
C10-C12	食品，饮料和烟草制品业	低技术制造业		
C13-C15	纺织品，服装和皮革制造业			
C16	木材加工和木、竹、藤、棕、草制品业			
C17	造纸和纸制品业			
C18	印刷和记录媒介复制业			
C19	家具制造业			
C20	石油、煤炭及其他燃料加工业	中低技术制造业		
C21	橡胶和塑料制品业			
C22	非金属矿物制品业			
C23	基础金属制造业			
C24	金属制品业			
C25	化学原料和化学制品制造业	高技术制造业		
C26	医药制造业			
C27	计算机、通信和其他电子设备制造业			
C28	电气机械和器材制造业			
C29-C30	机械及设备制造业			
C31-C32	交通运输设备制造业			

7.4.2 基准回归分析

表 7-5 分析了"GVC 嵌入对结构优化"的作用。列（1）和列（2）探讨了"GVC 参与程度对结构优化"的影响，H1 通过检验。其中，行业集中度系数显著为负，可能是由于大中型工业企业的比重越高，越不利于要素市场重新调整，阻碍制造业产业结构发展。列（3）、列（4）和列（5）探讨了"GVC 分工地位对结构优化"的影响，结果显示"GVC 分工地位对结构优化"具有正向促进效果。相比于列（3），列（4）不论在显著性水平上还是相关系数上都存在下降，说明外部因素对其存在干扰作用。在控制变量下，列（5）进一步考虑"GVC 分工地位与结构优化"的非线性关系，结果显示 DVAS_ INT 的一次项系数显著为正，二次项系数显著为负，表明"GVC 分工地位与结构优化"存在倒 U 形关系，H2 通过检验。其中，对外开放水平系数显著为负，可能是由于我国出口扩大市场需求，但并没有带来技术等知识溢出效应，并不能使制造业产业结构有所优化，这也说明制造业不能盲目扩大出口，要保障对外投资的质量。

表 7-5 GVC 参与程度与分工地位对制造业产业结构优化影响的基准回归结果

	（1） Y	（2） Y	（3） Y	（4） Y	（5） Y
VSS	−0.0264 *** (−3.58)	−0.0522 *** (−6.980)			
DVAS_INT			0.0118 *** −3.754	0.0073 ** −2.463	0.0347 *** −3.505
DVAS_INT^2					−0.0200 *** (−2.898)
Profit		0.0246 ** −2.021		0.0456 *** −3.51	0.0518 *** −3.998

续表

	（1）Y	（2）Y	（3）Y	（4）Y	（5）Y
CONCE		-0.0057**		-0.0051*	-0.0050*
		（-2.099）		（-1.718）	（-1.714）
OPEN		-0.0034		-0.0078**	-0.0056*
		（-1.175）		（-2.573）	（-1.803）
LnFDI		0.0010*		0.0013**	0.0011*
		-1.854		-2.26	-1.941
LnAGDP		0.0067***		0.0036***	0.0039***
		-7.341		-4.215	-4.679
GOVE		0.0202***		0.0160***	0.0144***
		-4.641		-3.385	-3.075
Year	YES	YES	YES	YES	YES
_cons	0.0628***	0.0424***	0.0523***	0.0375***	0.0298***
	（51.79）	-10.596	-29.272	-7.723	-5.453
N	255	255	255	255	255
R-squared	0.2686	0.438	0.059	0.331	0.356
F	0.85	8.06	0.94	5.11	5.42
utest 检验（极点值）					0.8668291
Hausman 检验统计量	11.11	61.05	3.85	38.34	53.28

注：*$p<0.1$，**$p<0.05$，***$p<0.01$；t statistics in parentheses。

为了探究服务投入对"GVC 嵌入与结构优化"的调节作用，本章引入调节变量 Ser 进行回归。由于不同技术密集型的制造业发展不尽相同，回归结果可能存在差异，本章也对分样本进行回归。但由于服务投入对"GVC 分工地位与结构优化"的作用不显著，本章只考虑服务投入对"GVC 参与程度与结构优化"的分样本回归，结果见表7-6。

列(1)和列(5)是全部样本的回归结果。列(1)的 VSS * Ser 系数显著为正,"GVC 参与程度对结构优化"的总影响为"−0.0519 + 0.2216Ser"。说明投入服务能够有效缓解"GVC 参与程度对结构优化"的消极作用,即当制造业服务化水平处于较低水平时,GVC 嵌入会抑制制造业结构优化,而随着服务投入的不断提高,这种抑制作用会有所减弱。列(5)的 DVAS_ INT * Ser 系数为负,但不显著,说明服务投入无法显著发挥对"GVC 分工地位与结构优化"调节作用。理由如下:虽然制造业在生产中普遍存在着中高端服务投入增加、低端服务投入下降的趋势,但总体上仍以低端服务投入为主(胡昭玲等,2017)。增加中高端服务投入可以加强制造业与研发设计等高端服务业的互动,从而对"GVC 分工地位与结构优化"起正向作用。但低端服务业发展水平滞后于制造业本身的需要,从而对"GVC 分工地位与结构优化"起负向作用,最终服务投入对其的调节作用不显著。

表 7-6 服务投入的调节作用

	(1) 全部样本 Y	(2) 低技术 Y	(3) 中低技术 Y	(4) 高技术 Y	(5) 全部样本 Y
VSS	−0.0519*** (−6.957)	−0.0207** (−2.036)	−0.0734*** (−6.376)	−0.0582** (−2.309)	
DVAS_INT					0.0076** −2.531
Ser	0.0012 −0.163	0.0014 −0.177	0.0058 −0.501	−0.1040** (−2.463)	−0.0016 (−0.199)
VSS * Ser	0.2216* −1.802	−0.2302 (−1.037)	0.0591 −0.198	0.4670** −2.421	
DVAS_INT * Ser					−0.031 (−1.108)

续表

	（1） 全部样本 Y	（2） 低技术 Y	（3） 中低技术 Y	（4） 高技术 Y	（5） 全部样本 Y
Profit	0.0256 **	0.007	0.0203	−0.0481 *	0.0461 ***
	−2.106	−0.25	−1.499	（−1.983）	−3.54
CONCE	−0.0054 **	−0.0008	0.0153 *	−0.0326 ***	−0.0051 *
	（−1.983）	（−0.289）	−1.758	（−4.632）	（−1.686）
OPEN	−0.0033	0.0033	−0.0222 ***	0.0132	−0.0074 **
	（−1.140）	−1.241	（−2.859）	−1.463	（−2.436）
LnFDI	0.0010 *	0.0012	0.0003	−0.0101 ***	0.0013 **
	−1.856	−1.341	−0.404	（−4.229）	−2.181
LnAGDP	0.0067 ***	0.0053 ***	0.0082 ***	0.0090 ***	0.0036 ***
	−7.344	−2.899	−6.926	−4.683	−4.268
GOVE	0.0210 ***	−0.0008	−0.0045	0.0328 ***	0.0162 ***
	−4.805	（−0.110）	（−0.580）	−5.375	−3.414
Year	YES	YES	YES	YES	YES
_cons	0.0326 ***	0.0305 ***	0.0377 ***	0.1280 ***	0.0417 ***
	−7.701	−4.146	−8.904	−8.739	−9.464
N	255	90	75	90	255
R-squared	0.447	0.489	0.822	0.784	0.335
F	7.54	7.69	9.41	9.62	4.7

注：＊$p<0.1$，＊＊$p<0.05$，＊＊＊$p<0.01$；t statistics in parentheses。

列（2）、列（3）和列（4）是"GVC 参与程度对结构优化"影响的分样本回归结果，发现服务投入对我国 GVC 参与程度与不同技术制造业结构优化的影响具有差异性。低技术和中低技术制造业的 VSS＊Ser 系数均不显著，高技术制造业的 VSS＊Ser 系数显著为正，说明高技术制造业服务投入对"GVC 嵌入与结构优化"存在正向调节效应。因此，增加服务投入不一定有助于优化 GVC 嵌入对制造业结构优化的作用效果，

H3 部分成立。

7.4.3　异质性分析

1. 制造业细分行业嵌入异质性分析

为研究"GVC 嵌入对结构优化"的影响是否因技术密集度差异而存在不同，本章将全体样本分为三组，结果见表 7-7。列(1)和列(4)显示低技术制造业的 VSS 和 DVAS_INT 系数均显著为负。现阶段，我国低技术制造业 GVC 参与程度指数不高，GVC 分工地位指数也不高，说明低技术制造业与 GVC 的生产环节联系不紧密。列(2)和列(3)显示中低技术和高技术制造业的 VSS 系数均为负数，但高技术制造业不显著，这主要是因为高技术制造业不是以成本优势参与分工，抑制效应不明显。列(5)和列(6)显示中低技术和高技术制造业 DVAS_ INT 系数分别显著为正，说明这两类制造业 GVC 分工地位的提高会促进结构优化，且高技术制造业的作用更明显。在技术升级路径中，中低技术制造业通常会选择模仿和学习，而高技术制造业更倾向于自主研发，这对制造业产业结构更具有优化作用(胡亚男等，2021)，H4 通过检验。

表 7-7　不同行业类型嵌入异质性回归结果

	(1) 低技术 Y	(2) 中低技术 Y	(3) 高技术 Y	(4) 低技术 Y	(5) 中低技术 Y	(6) 高技术 Y
VSS	-0.0204^{**} (-2.017)	-0.0743^{***} (-6.643)	-0.0187 (-0.932)			
DVAS_INT				-0.0127^{***} (-4.263)	0.0128^{***} -2.779	0.0204^{***} -3.405
Profit	0.004 -0.148	0.0196 -1.543	-0.0485^{*} (-1.939)	0.0580^{**} -2.155	0.0341^{**} -2.035	-0.0163 (-0.650)

续表

	（1） 低技术 Y	（2） 中低技术 Y	（3） 高技术 Y	（4） 低技术 Y	（5） 中低技术 Y	（6） 高技术 Y
CONCE	-0.0004	0.0148*	-0.0300***	0.0026	0.0251**	-0.0307***
	(-0.149)	-1.748	(-4.189)	-1.094	-2.25	(-5.161)
OPEN	0.0032	-0.0224***	0.0103	-0.0006	-0.0407***	0.0151*
	-1.218	(-2.957)	-1.12	(-0.257)	(-4.625)	-1.765
LnFDI	0.0011	0.0002	-0.0099***	0	0.0012	-0.0071***
	-1.242	-0.382	(-4.032)	-0.029	-1.525	(-2.943)
LnAGDP	0.0054***	0.0082***	0.0091***	0.0032*	0.0082***	0.0079***
	-3.026	-7.109	-4.621	-1.93	-5.529	-5.989
GOVE	0	-0.0044	0.0318***	-0.0042	0.0052	0.0287***
	(-0.000)	(-0.575)	-5.076	(-0.677)	-0.54	-5.093
Year	YES	YES	YES	YES	YES	YES
_cons	0.0334***	0.0389***	0.1168***	0.0467***	0.009	0.0897***
	-4.718	-5.175	-8.16	-6.609	-0.819	-5.736
N	90	75	90	90	75	90
R-squared	0.478	0.821	0.762	0.569	0.705	0.796
F	2.75	10.67	9.61	3.96	5.59	11.73

注：$*p<0.1$，$**p<0.05$，$***p<0.01$；t statistics in parentheses。

2. 不同服务投入异质性分析

为探究不同服务投入的调节作用，本章将服务投入分为五大类，表7-8列示了批发零售（Wsale-ser）和物流运输（Trans-ser）的低技术服务投入以及信息通讯（Infor-ser）、金融保险（Fin-ser）和研发设计（Tech-ser）的中高技术服务投入的回归结果。

表 7-8　服务投入异质性对 GVC 嵌入与制造业结构优化回归结果

	(1) 全部样本 Y	(2) 全部样本 Y	(3) 全部样本 Y	(4) 全部样本 Y	(5) 全部样本 Y	(6) 全部样本 Y	(7) 全部样本 Y	(8) 全部样本 Y	(9) 全部样本 Y	(10) 全部样本 Y
VSS	-0.0445*** (-5.225)	-0.0369*** (-4.405)	-0.0526*** (-7.179)	-0.0547*** (-7.702)	-0.0449*** (-6.139)					
DVAS_INT						0.0064** -2.008	0.0122*** -3.986	0.0068** -2.254	0.0122*** -3.861	0.0061** -2.16
Wsale-ser	0.0415 -1.627					0.0162 -0.714				
Trans-ser		0.1864*** -4.45					0.3666*** -7.719			
Infor-ser			-0.1126** (-2.149)					-0.0402 (-0.662)		
Fin-ser				0.2066*** -4.329					0.2552*** -4.313	
Tech-ser					0.3269*** -4.723					0.5147*** -6.662

续表

	(1) 全部样本 Y	(2) 全部样本 Y	(3) 全部样本 Y	(4) 全部样本 Y	(5) 全部样本 Y	(6) 全部样本 Y	(7) 全部样本 Y	(8) 全部样本 Y	(9) 全部样本 Y	(10) 全部样本 Y
交互项	0.4754*	-0.2346	2.2501***	-1.4589***	-0.89	0.0147	-0.3329***	0.3120*	-0.0247	1.0433***
	-1.73	(-0.554)	-3.476	(-3.053)	(-1.597)	-0.356	(-3.051)	-1.664	(-0.142)	-4.644
Profit	0.0201	0.0271**	0.0182	0.0438***	0.0258**	0.0438***	0.0420***	0.0386**	0.0646***	0.0539***
	-1.612	-2.302	-1.514	-3.543	-2.216	-3.313	-3.568	-2.815	-4.804	-4.522
CONCE	-0.0049*	-0.0035	-0.0098***	-0.0029	-0.0019	-0.0056*	0.0015	-0.0054*	-0.004	0.0014
	(-1.722)	(-1.314)	(-3.402)	(-1.099)	(-0.652)	(-1.819)	-0.512	(-1.824)	(-1.382)	-0.501
OPEN	-0.0035	-0.0035	-0.0026	-0.0009	-0.0065**	-0.0077**	-0.0041	-0.0061*	-0.0072**	-0.0104***
	(-1.209)	(-1.224)	(-0.899)	(-0.318)	(-2.210)	(-2.520)	(-1.525)	(-1.879)	(-2.468)	(-3.516)
LnFDI	0.0009*	0.0004	0.0011**	0.0005	0.0002	0.0012**	0.0005	0.0011*	0.0008	0.0001
	-1.662	-0.83	-2.001	-0.895	-0.427	-1.996	-0.994	-1.798	-1.27	-0.26
LnAGDP	0.0071***	0.0084***	0.0060***	0.0072***	0.0067***	0.0038***	0.0072***	0.0040***	0.0040***	0.0030***
	-7.549	-9.026	-6.519	-8.283	-7.651	-4.236	-8.082	-4.531	-4.215	-3.631
COVE	0.0211***	0.0222***	0.0195***	0.0184***	0.0208***	0.0166***	0.0176***	0.0179***	0.0118**	0.0108**
	-4.816	-5.355	-4.581	-4.404	-4.969	-3.453	-4.117	-3.682	-2.534	-2.411

续表

	(1)	(2)	(3)	(4)	(5)	(6)	(7)	(8)	(9)	(10)
	全部样本	全部样本	全部样本	全部样本	全部样本	全部样本	全部样本	全部样本	全部样本	全部样本
	Y	Y	Y	Y	Y	Y	Y	Y	Y	Y
Year	YES	YES	YES	YES	YES	YES	YES	YES	YES	YES
_cons	-0.0272***	-0.0299***	-0.0220***	-0.0262***	-0.0217***	-0.0172***	-0.0286***	-0.0170***	-0.0153***	-0.0096**
	(-6.351)	(-7.260)	(-5.111)	(-6.427)	(-5.217)	(-3.872)	(-6.992)	(-3.883)	(-3.556)	(-2.311)
N	255	255	255	255	255	255	255	255	255	255
R-squared	0.447	0.499	0.474	0.503	0.491	0.333	0.492	0.339	0.387	0.451
F	7.56	9.32	8.41	9.44	9.02	4.66	9.05	4.8	5.91	7.69

注: * $p<0.1$, ** $p<0.05$, *** $p<0.01$; t statistics in parentheses。

表7-8列(1)—列(5)报告了不同服务投入对"GVC参与程度与结构优化"的回归结果。列(1)和列(3)的交互项系数均显著为正,表明批发零售和信息通讯服务投入增加有利于缓解"GVC参与程度对结构优化"的抑制作用。列(4)的交互项系数显著为负,表明我国制造业较为滞后的知识和薄弱的技术水平难以支撑金融科技的发展,随着金融保险服务投入的提高,会导致较高的运行成本。列(2)和列(5)的交互项系数不显著且为负,表明两者协同效果并未对制造业产业结构产生显著正向作用,原因在于,物流运输是五类服务里技术复杂度最低的,投入该类服务产生的增值能力和技术创新能力较低。同时,我国制造业的研发设计水平滞后于世界平均水平,通过进口中间投入品参与GVC低端环节可以降低本国制造成本,投入越多的研发设计反而增加了成本和风险。

表7-8列(6)—列(10)报告了不同服务投入对"GVC分工地位与结构优化"的回归结果。列(8)和列(10)的交互项系数均显著为正,表明信息通讯和研发设计服务的投入对"GVC分工地位与结构优化"起正向调节作用。列(6)和列(9)的交互项不显著,表明两者协同效果并未对制造业产业结构产生显著作用,可能是由于这两类服务投入并非对所有制造业都具有调节作用。列(7)的交互项系数显著为负,这说明物流运输在生产过程中虽起到很好的辅助作用,但当前我国低技术服务业的发展水平滞后于制造业本身的需要,难以与生产要素进行知识融合、促进创新。

3. 基于不同行业和不同服务投入异质性分析

不同技术密集度行业对不同服务投入形成的制造业服务化的重视程度存在差异,本章针对每个行业进行回归,从行业层面研究不同服务投入对"GVC嵌入与结构优化"的作用,结果见表7-9。

表 7-9　基于行业和服务投入异质性对 GVC 嵌入与制造业产业结构优化回归结果①

部门编号	GVC 参与程度(VSS)					GVC 分工地位(DVAS_INT)				
	Wsale-ser	Trans-ser	Infor-ser	Fin-ser	Tech-ser	Wsale-ser	Trans-ser	Infor-ser	Fin-ser	Tech-ser
C10-C12	2.4958**	4.2203*	14.4499**	−17.9665***	−31.7664***	−0.1037	−0.2748	5.8274*	8.4821**	2.7300
	2.3	1.77	2.39	−2.34	−3.78	−0.12	−0.19	1.75	2.01	0.62
C13-C15	−0.6371	1.9515*	4.7500	4.0193	10.5762*	−0.9579	3.9498**	8.5874***	9.3245***	16.3729***
	−1.37	1.69	1.36	0.81	1.82	−1.55	2.54	3.48	2.5	3.18
C16	−4.3720***	−1.0370	−0.3259	−8.0495	9.5384	−1.5271	1.8091	14.6491**	−6.7742*	−17.6020**
	−3.69	−0.41	−0.04	−0.98	1.14	−1.21	0.87	2.55	−1.7	−1.99
C17	−2.8584***	−1.7747	−3.6393	0.6210	17.9986***	1.4246**	3.3336**	29.6041***	2.6203	−11.0921
	−3.46	−0.97	−0.51	0.15	4.38	2.02	2.32	4.65	0.96	−1.61
C18	−0.2648	0.9035	23.3054***	10.4615**	10.9018	3.1725***	7.8953***	−34.1294***	4.5507**	−5.2694
	−0.24	0.33	3.72	2.36	1.24	7.41	3.78	−4.44	2.21	−0.79

① 回归估计中包含控制变量,限于篇幅不展示控制变量的回归结果,只展示 GVC 嵌入与不同服务投入的交互项。

部门编号	GVC 参与程度（VSS）					GVC 分工地位（DVAS_INT）				
	Wsale-ser	Trans-ser	Infor-ser	Fin-ser	Tech-ser	Wsale-ser	Trans-ser	Infor-ser	Fin-ser	Tech-ser
C19	-1.3769*	-0.1131	-4.7596*	-1.7169	-8.2179***	4.7962***	1.2595	2.0120	0.5906	5.9348
	-1.69	-0.33	-1.69	-0.77	-2.89	6.65	1.49	0.64	0.39	0.87
C20	0.5223	3.3641**	15.8622***	-6.6377**	-5.8138	0.3748	-6.1140***	-23.9046***	16.7031***	8.5795
	0.55	2.35	4.13	-2.08	-1.55	0.49	-3.32	-4.17	4.73	1.15
C21	0.3350	-12.0866***	-22.2253***	3.9109	4.7995	-4.6550***	6.4672***	3.5567	0.3078	5.4950***
	0.26	-3.96	-8.27	1.46	1.51	-4.37	3.71	0.83	0.18	2.73
C22	0.5784	-1.5381	-4.4126*	2.3201	1.9293	-1.0590	-3.1323**	-6.1382	-4.4644**	4.2405
	0.94	-1.29	-1.76	0.91	0.76	-1.64	-2.15	-1.35	-2.5	1.35
C23	-1.9286*	0.6028	5.8639	0.0159	17.3316**	-1.3994***	0.9990	4.2008	0.6900	5.0653
	-1.68	0.55	1.12	0.01	2.17	-3.78	1.46	0.84	0.55	0.88
C24	-0.8858	1.5514	1.4146	-2.8387**	-10.3236	-1.2369**	-3.6754	-6.3723***	3.0039**	38.1678***
	-0.8	1.19	0.34	-2.49	-1.56	-2.29	-1.62	-3	2.2	6.17
C25	0.7484	1.5961	1.3200	4.5846*	-5.7654	0.5991	0.3302	0.4625	-1.0174	-7.0965
	0.65	0.67	0.59	1.87	-1.11	0.48	0.16	0.15	-0.34	-1.16

续表

部门编号	GVC 参与程度（VSS）					GVC 分工地位（DVAS_INT）				
	Wsale-ser	Trans-ser	Infor-ser	Fin-ser	Tech-ser	Wsale-ser	Trans-ser	Infor-ser	Fin-ser	Tech-ser
C26	-4.1731	-3.7329**	6.5950***	0.6030	-0.8253	5.0280***	5.0192**	3.8345	2.2188	3.9666**
	3.46	-2.17	0.02	3.19	2.38	4.03	0.59	1.13	2.87	0.07
C27	2.4764	2.5542	2.6719	-4.4019	-6.4942**	1.0875	0.4025	-7.7286**	0.4302	10.8115***
	2.59	1.59	1.22	-1.54	-2.44	0.99	0.16	-1.99	0.13	3.27
C28	1.4413	9.5849***	9.2568***	-3.4481	-8.9400***	0.5019	-2.3393*	-9.7097***	4.5520*	4.9587***
	1.29	3.86	3.22	-1.04	-3.85	0.7	-1.87	-3.45	1.74	2.78
C29-C30	-0.8301	-4.1451	3.3266	-28.6115***	4.6219*	0.6421	1.8470*	0.5346	-2.0729	-1.4725***
	-0.6	-1.46	1.12	-9.33	1.86	1.14	1.75	0.45	-0.94	-3.05
C31-C32	-2.1433	4.6295*	13.4227***	-20.5211**	1.1224	-0.7016	-0.6967	1.0455	13.1609***	9.6376***
	-1.76	1.74	2.86	-2.55	0.15	-1.04	-0.44	0.46	3.35	2.85

注：* p<0.1，** p<0.05，*** p<0.01；t statistics in parentheses。

基于批发零售服务(Wsale-ser)投入，只有食品，饮料和烟草制品业投入该类服务对"GVC参与程度与结构优化"存在正向调节作用。造纸和纸制品业、印刷业和记录媒介复制业、石油、炼焦及核燃料加工业和计算机、电子和光学仪器制造业，这四个制造业投入该类服务有助于"GVC分工地位对结构优化"的影响。

基于物流运输服务(Trans-ser)投入，食品、饮料和烟草制品业、纺织品、服装和皮革制造业、化学原料及化学品制造业、机械及设备制造业、家具制造业，这五类制造业投入该类服务有助于缓解"GVC参与程度对结构优化"的抑制作用。纺织品、服装和皮革制造业、造纸和纸制品业、印刷业和记录媒介复制业、医药制造业、计算机、电子和光学仪器制造业和交通运输设备制造业，这六类制造业投入该类服务有助于提升"GVC分工地位对结构优化"的影响。

基于信息通讯服务(Infor-ser)投入，食品，饮料和烟草制品业、印刷业和记录媒介复制业、化学原料及化学品制造业、计算机、电子和光学仪器制造业、机械及设备制造业、家具制造业，这六类制造业投入该类服务有助于缓解"GVC参与程度对结构优化"的抑制作用。食品、饮料和烟草制品业、纺织品、服装和皮革制造业、木材加工、木竹藤、棕草制造业、造纸和纸制品业，这四类制造业投入该类服务有助于正向调节"GVC分工地位对结构优化"的作用。

基于金融保险服务(Fin-ser)投入，印刷业和记录媒介复制业、金属制品业，这两类制造业投入该类服务对"GVC参与程度与结构优化"存在正向作用。食品、饮料和烟草制品业、纺织品、服装和皮革制造业、印刷业和记录媒介复制业、化学原料及化学品制造业、基础金属制造业、机械及设备制造业，这六类制造业投入该类服务有助于正向调节"GVC分工地位对结构优化"的作用。

基于研发设计服务(Tech-ser)投入，纺织品，服装和皮革制造业、造纸和纸制品业、非金属矿物制造业、交通运输设备制造业，这四类制造业投入该类服务有助于缓解"GVC参与程度对结构优化"的抑制作用。纺织品、服装和皮革制造业、医药制造业、基础金属制造业、计算机、电子和光学仪器制造业、电气设备制造业、机械及设备制造业和家具制造业，这七类制造业投入该类服务有助于正向调节"GVC 分工地位对结构优化"的作用。

综上所述，更多的低技术制造业增加服务投入正向调节 GVC 嵌入对产业结构优化的作用。主要原因在于，低技术制造业通常是技术水平较低的劳动密集型产业，上述服务投入优化了制造业企业工艺流程以及供应链布局，并为企业的信息化技术和研发技术提供支持。

7.4.4　稳健性检验

本章从解释变量再测度检验、被解释变量再测度检验、解释变量滞后一期检验、工具变量检验以及小样本检验对回归结果进行稳健性分析。

1. GVC 嵌入变量再测度的检验

本章利用 Koopman 等（2010）提出的 GVC 参与程度与分工地位去替代原有解释变量，如式（7-9）和式（7-10）。其中，IV_{ic} 表示我国 i 产业出口中间产品被其他国吸收并用作第三国出口的价值增值。FV_{ic} 表示我国 i 产业出口产品中所包含的他国价值增值。E_{ic} 为我国总出口值。

首先，GVC 参与程度指数为：

$$GVC\_Participation_{ic} = \frac{IV_{ic}}{E_{ic}} + \frac{FV_{ic}}{E_{ic}} = \frac{DVA\_INT_{rex}}{E_{ic}} +$$

$$\frac{FVA\_FIN + FVA\_INT}{E_{ic}} \tag{7-9}$$

其次，GVC 分工地位指数为：

$$GVC\_Position_{ic} = \ln\left(1 + \frac{IV_{ic}}{E_{ic}}\right) - \ln\left(1 + \frac{FV_{ic}}{E_{ic}}\right)$$

$$= \ln\left(1 + \frac{DVA\_INT_{rex}}{E_{ic}}\right) - \ln\left(1 + \frac{FVA\_FIN + FVA\_INT}{E_{ic}}\right) \tag{7-10}$$

从表 7-10 可知，列（1）和列（3）的系数显著性与正负性均与前文结果一致。但列（4）GVC 分工地位的二次项系数不显著，说明制造业嵌入GVC 还没有到达拐点，抑制作用不明显。列（2）和列（5）的调节效应检验具有稳健性。

表 7-10 稳健性检验

	GVC 嵌入变量再测度					产业结构优化变量再测度				
	(1) Y	(2) Y	(3) Y	(4) Y	(5) Y	(6) Y	(7) Y	(8) Y	(9) Y	(10) Y
VSS	-0.0539*** (-6.120)	-0.0534*** (-6.091)				-0.0915*** (-4.285)	-0.1087*** (-4.450)			
DVAS_INT			0.0135*** -4.451	0.0175*** -2.769	0.0137*** -4.513			0.0265*** -3.373	0.0512* -1.911	0.1297*** -7.466
DVAS_INT^2				-0.007 (-0.727)					-0.018 (-0.964)	
Ser		0.0027 -0.363			-0.0005 (-0.058)		-0.0126 (-0.599)			-0.0194 (-0.975)
VSS * Ser		0.3469** -2.039					0.9774** -2.064			
DVAS_INT * Ser					-0.0712 (-1.580)					-0.3486 (-1.133)
Profit	0.0304** -2.47	0.0307** -2.504	0.0399*** -3.181	0.0404*** -3.213	0.0412*** -3.281	0.1306*** -3.748	0.1355*** -3.973	0.1501*** -4.344	0.1556*** -4.443	0.0869*** -2.667
CONCE	-0.0051* (-1.824)	-0.0051* (-1.808)	-0.0037 (-1.257)	-0.0033 (-1.136)	-0.0035 (-1.203)	0.0029 -0.375	0.0049 -0.635	0.0038 -0.482	0.0039 -0.493	0.002 -0.278

续表

	GVC 嵌入变量再测度					产业结构优化变量再测度				
	(1) Y	(2) Y	(3) Y	(4) Y	(5) Y	(6) Y	(7) Y	(8) Y	(9) Y	(10) Y
OPEN	-0.0035	-0.0033	-0.0061**	-0.0051	-0.0056*	-0.0017	-0.0005	-0.0072	-0.0052	0.0046
	(-1.189)	(-1.140)	(-2.054)	(-1.576)	(-1.856)	(-0.202)	(-0.058)	(-0.893)	(-0.622)	(-0.609)
LnFDI	0.0010*	0.0009*	0.0014**	0.0014**	0.0014**	-0.0012	-0.0015	-0.0003	-0.0005	-0.0012
	-1.727	-1.678	-2.506	-2.376	-2.372	(-0.758)	(-0.962)	(-0.210)	(-0.322)	(-0.873)
LnAGDP	0.0058***	0.0057***	0.0043***	0.0045***	0.0044***	0.0026	0.0017	-0.0024	-0.002	0.0043*
	-6.543	-6.49	-5.094	-5.085	-5.192	-0.984	-0.694	(-1.049)	(-0.889)	(-1.891)
GOVE	0.0179***	0.0186***	0.0178***	0.0175***	0.0183***	0.008	0.0064	-0.0008	-0.0022	0.0122
	-4.05	-4.207	-3.88	-3.777	-3.978	-0.645	-0.519	(-0.062)	(-0.176)	-1.07
Year	YES	YES	YES	YES	YES	YES	YES	YES	YES	YES
_cons	0.0435***	0.0364***	0.0345***	0.0337***	0.0374***	0.5213***	0.5088***	0.5028***	0.4959***	0.5027***
	-10.647	-8.646	-7.469	-7.079	-8.51	-45.584	-43.4	-38.913	-33.527	-46.23
N	255	255	255	255	255	255	255	255	255	255
R-squared	0.413	0.424	0.37	0.371	0.377	0.438	0.454	0.42	0.423	0.531
F	7.28	6.89	6.06	5.79	5.65	8.04	7.77	7.49	7.19	10.60

注：* $p<0.1$，** $p<0.05$，*** $p<0.01$；t statistics in parentheses。

2. 产业结构优化变量再测度的检验

本章对制造业产业结构优化综合测度指标的目标层人为赋权重替代原有被解释变量，以[合理化：高度化=0.5：0.5]测度出制造业产业结构优化水平，结果见表7-10。列(6)与列(8)的系数显著性与正负性与前文结果一致。列(9)的 DVAS_INT 二次项系数不显著，该结果不具有稳健性。列(7)和列(10)的调节效应检验具有稳健性。

3. 解释变量滞后一期效应检验

GVC 嵌入带来的制造业产业结构优化效果可能存在滞后，本章把GVC 嵌入指数滞后一期加入模型，2SLS 回归结果见表7-11。列(1)和列(3)检验"GVC 嵌入对结构优化"的影响，其显著性和正负性没有改变。列(2)和列(4)检验服务投入的调节作用，与前文结论一致。

表 7-11　VSS 和 DVAS_INT 滞后一期检验结果

	(1) 全部样本 Y	(2) 全部样本 Y	(3) 全部样本 Y	(4) 全部样本 Y
VSS	-0.0123^{*} (-1.779)	-0.0616^{**} (-2.457)		
DVAS_INT			0.0090^{***} -2.605	0.0136^{***} -2.879
Ser		-0.1071^{**} (-2.231)		0.0373^{**} -1.985
交互项		0.6595^{**} -2.43		-0.0599 (-1.878)
Profit	0.0375^{***} -3.237	0.0412^{***} -3.5	0.0328^{***} -2.833	0.0324^{***} -2.815
CONCE	-0.003 (-1.121)	-0.0026 (-0.966)	-0.0049^{*} (-1.890)	-0.0050^{*} (-1.948)

续表

	（1） 全部样本 Y	（2） 全部样本 Y	（3） 全部样本 Y	（4） 全部样本 Y
OPEN	0.0012	0.0014	−0.002	−0.0017
	−0.319	−0.377	（−0.707）	（−0.615）
LnFDI	−0.0008	−0.0006	−0.0006	−0.0007
	（−1.618）	（−1.241）	（−1.291）	（−1.446）
LnAGDP	0.0011*	0.0010*	0.0005	0.0006
	−1.816	−1.728	−1.046	−1.227
GOVE	0.0179***	0.0195***	0.0154***	0.0161***
	−3.347	−3.566	−2.915	−3.061
Year	YES	YES	YES	YES
N	255	255	255	255
R-squared	0.139	0.115	0.171	0.181
Kleibergen-Paap rk LM statistic	118.166 ［0.0000］	49.386 ［0.0000］	163.647 ［0.0000］	141.064 ［0.0000］
Kleibergen-Paap rk Wald F statistic	245.907 ｛16.38｝	61.008 ｛16.38｝	610.617 ［16.38］	374.121 ［16.38］

注：* $p<0.1$，** $p<0.05$，*** $p<0.01$；t statistics in parentheses。

4. 工具变量检验

"GVC 嵌入与结构优化"可能相互影响，一方面，GVC 嵌入会通过产业关联、技术创新等效应对制造业产业结构优化产生影响，另一方面，制造业产业结构优化水平的高低决定了我国 GVC 嵌入水平。为消除内生性对回归结果的影响，本章选择两个工具变量进行 2SLS 回归。首先，借鉴王玉燕（2015）做法，选择 GVC 嵌入滞后一期（IV1）作为工具变量。IV1 与当期 GVC 嵌入高度相关，而与当期制造业产业结构优化无关。其次，选取出口商品价格指数（IV2）作为工具变量（姚鸿雁，2006）。进出口贸易中的加工贸易与 GVC 紧密相连，特别是进出口商品价格变动能够影响与加工贸易相关的生产活动，从而对 GVC 嵌入产生影响(程惠芳和成蓉，2018)。因此，IV2 与 GVC 嵌入存在联系，而 IV2 与制造业产业结构优化没有直接联系。为此，本章选取出口商品价格指数作为工具变量(数据来源国泰安数据库)。

本章进行不可识别检验、弱工具变量检验和过度识别检验判别工具变量的有效性。见表 7-11，列(1)和列(2)是第一阶段回归结果，均通过 F 值检验。列(3)和列(4)是第二阶段回归结果，两组的 Kleibergen-Paap rk LM 统计量 P-Value 均小于 0.1，拒绝原假设，即工具变量不存在无法识别问题。两组的 Kleibergen-Paap Wald rk F 统计量大于 10%下的 Stock and Yogo 临界值，拒绝原假设，即工具变量与内生变量具有较强相关性。两组的 Hasen J 统计量对应 P-Value 大于 0.1，无法拒绝原假设，即工具变量严格外生与随机扰动项之间不相关。

因此，本章选取的工具变量通过了上述三项检验，满足 2SLS 回归使用。在此基础上，表 7-12 考虑了"GVC 嵌入与结构优化"的基本关系。这一关系即使在控制内生性后的 2SLS 回归中依然稳健。

表 7-12 工具变量检验结果

	第一阶段		第二阶段	
	(1) VSS	(2) DVAS_INT	(3) Y	(4) Y
IV1	0.6359 *** 11.09	0.793 *** 17.29		
IV2	−0.0004 *** −3.25	−0.0001 * −1.81		
VSS			−0.0191 ** (−2.025)	
DVAS_INT				0.0113 ** −2.49
Profit	0.1142 −0.8	−0.0464 (−0.23)	0.0226 * −1.655	0.0258 ** −2.11

续表

	第一阶段		第二阶段	
	(1) VSS	(2) DVAS_INT	(3) Y	(4) Y
CONCE	0.0125	0.0522	−0.0018	0.0002
	−0.26	−1.1	(−0.491)	−0.051
OPEN	0.0833 ***	−0.0039	0.0018	−0.0004
	−2.73	(−0.1)	−0.53	(−0.146)
LnFDI	−0.0186 ***	0.0018	−0.0014 **	−0.0010 *
	(−3.88)	−0.31	(−1.988)	(−1.684)
LnAGDP	−0.0004	0.0030	0.0012 **	0.0007
	(−0.09)	−0.53	−2.02	−1.23
GOVE	0.0224	0.0690	0.0213 ***	0.0136 **
	−0.41	−0.48	−3.035	−1.98
Year	YES	YES	YES	YES
N	255	255	255	255
F	70.30	149.45	5.22	5.77
Kleibergen-Paap rk LM statistic			31.910 [0.0000]	63.783 [0.0000]
Kleibergen-Paap rk Wald F statistic			70.300 {19.93}	149.454 {19.93}
Hansen J statistic			2.480 [0.1153]	0.065 [0.7987]

注: $*p<0.1$, $**p<0.05$, $***p<0.01$; t statistics in parentheses。

[ ]内表示的是对应统计量 P-Value，{ }内表示的是 Kleibergen-Paap rk Wald F 统计量对应的 10% 水平的 Stock and Yogo 临界值。

5. 小样本检验

先进制造业发展是产业结构优化的重要内容，本章将先进制造业从制造业中分离，单独考察先进制造业，① 结果见表 7-13。相较于全体样

---

① 借鉴王如忠和郭澄澄（2018）做法，本章选取石油与化学制品工业、化学原料与化学品制造业、医药制造业、交通运输设备制造业、电器设备制造业、电子及通信设备制造业作为先进制造业的主要构成。

表7-13 小样本检验结果

	(1) 小样本 Y	(2) 小样本 Y	(3) 小样本 Y	(4) 小样本 Y	(5) 小样本 Y	(6) 小样本 Y	(7) 小样本 Y	(8) 小样本 Y	(9) 小样本 Y	(10) 小样本 Y
VSS	-0.0879*** (-5.415)	-0.0883*** (-6.211)	-0.0883*** (-6.929)	-0.0967*** (-7.447)	-0.0624*** (-4.134)					
DVAS_INT						0.0434*** -4.729	0.0298*** -4.041	0.0427*** -6.133	0.0459*** -7.395	0.0272*** -4.305
Wsale-ser	0.1107 -1.355					0.0007 -0.009				
Trans-ser		0.0837 -1.122					0.2549** -2.02			
Infor-ser			-0.2860** (-2.357)					-0.3150* (-1.845)		
Fin-ser				0.3758*** -2.873					0.5003*** -3.532	

续表

	(1) 小样本 Y	(2) 小样本 Y	(3) 小样本 Y	(4) 小样本 Y	(5) 小样本 Y	(6) 小样本 Y	(7) 小样本 Y	(8) 小样本 Y	(9) 小样本 Y	(10) 小样本 Y
Tech-ser	1.0759*				0.6410***					0.8764***
	-1.938				-4.381					-6.427
交互项		-2.7964***	2.2706**	-0.5047	0.6	0.1839	0.0873	-0.393	0.8857*	1.2508***
		(-3.876)	-2.357	(-0.466)	-0.671	-1.163	-0.283	(-0.633)	-1.776	-2.792
Profit	0.0265	0.0157	0.009	0.0228	0.0244	0.0573***	0.0274	0.0554***	0.0596***	0.0456***
	-1.451	-1.006	-0.528	-1.294	-1.485	-2.946	-1.437	-2.74	-3.356	-3.034
CONCE	-0.0092	-0.0169***	-0.0214***	-0.0074	-0.0141*	-0.0267***	-0.0239***	-0.0249***	-0.0128	-0.0085
	(-1.155)	(-2.667)	(-2.842)	(-0.998)	(-1.943)	(-3.007)	(-2.722)	(-3.027)	(-1.518)	(-1.169)
OPEN	0.0192**	0.0012	0.0159*	0.0089	0.0074	0.0182*	0.0163*	0.0226*	0.0083	0.0121
	-2.104	-0.143	-1.696	-0.952	-0.874	-1.689	-1.741	-1.908	-0.82	-1.482
LnFDI	-0.0055**	-0.0085***	-0.0047**	-0.0052**	-0.0080***	0.0003	-0.0029	0.0001	-0.0011	-0.0063***
	(-2.612)	(-4.536)	(-2.348)	(-2.354)	(-3.750)	-0.13	(-1.437)	-0.071	(-0.559)	(-3.292)

续表

	(1) 小样本 Y	(2) 小样本 Y	(3) 小样本 Y	(4) 小样本 Y	(5) 小样本 Y	(6) 小样本 Y	(7) 小样本 Y	(8) 小样本 Y	(9) 小样本 Y	(10) 小样本 Y
LnAGDP	0.0136***	0.0117***	0.0095***	0.0117***	0.0130***	0.0060***	0.0084***	0.0053**	0.0048**	0.0077***
	−6.702	−7.134	−4.536	−6.087	−7.333	−3.368	−5.016	−2.296	−2.624	−4.522
GOVE	0.0487***	0.0401***	0.0475***	0.0344***	0.0512***	0.0269***	0.0323***	0.0286***	0.011	0.0297***
	−5.98	−6.298	−6.434	−4.37	−7.349	−2.776	−3.934	−2.898	−1.302	−3.468
Year	YES	YES	YES	YES	YES	YES	YES	YES	YES	YES
_cons	−0.0218*	0.0094	−0.0022	−0.013	0.0043	−0.0108	−0.0039	−0.0098	−0.0035	0.0143
	(−1.671)	(−0.819)	(−0.172)	(−1.008)	(−0.325)	(−0.780)	(−0.314)	(−0.675)	(−0.271)	(−1.223)
N	90	90	90	90	90	90	90	90	90	90
R-squared	0.76	0.825	0.787	0.776	0.806	0.709	0.766	0.718	0.754	0.822

注: * $p<0.1$, ** $p<0.05$, *** $p<0.01$; t statistics in parentheses。

本，小样本回归结果存在略微差异。列(1)—列(5)结果表明：批发零售和信息通讯服务可以有效缓解 GVC 参与程度对先进制造业结构优化的抑制作用。列(6)—列(10)结果表明：金融保险和研发设计服务对我国 GVC 分工地位与先进制造业结构优化起到正向调节作用。

7.5　结论与政策建议

7.5.1　主要结论

本章构建 GVC 嵌入对制造业产业结构优化的理论基础与实证模型，运用 2000—2014 年 WIOD 数据库、《中国工业经济统计年鉴》等数据，测算 17 个制造业细分行业的 GVC 嵌入指数和产业结构优化水平。在此基础上，本章采用固定效应回归模型检验了 GVC 参与程度和分工地位对制造业产业结构优化的影响，并进一步考虑服务投入在其中的调节作用。基于此，本章实证结果表明：(1)GVC 参与程度与制造业产业结构优化呈显著负相关关系。(2)我国制造业在 GVC 分工地位能够影响制造业结构优化，其促进效应大于抑制效应。但随着 GVC 分工地位的不断提高，促进效应将逐步递减，而抑制效应始终存在，最终导致 GVC 分工地位与制造业产业结构优化之间呈现出倒 U 形关系。(3)通过对比 GVC 参与程度与分工地位的分析发现，增加服务投入会缓解 GVC 参与程度对结构优化的抑制作用，但无法显著发挥对 GVC 分工地位与结构优化的调节作用。(4)在服务投入异质性检验中，不同类型的服务投入带来的调节作用也不相同。通过对批发零售服务、物流运输服务、信息通讯服务、金融保险服务和研发设计服务投入的分析，发现只有信息通讯服务投入对"GVC 嵌入和优化"有显著正向调节作用。(5)基于不同技术密集度对制造业样本进行分类回归，研究发现 GVC 参与程度和分工地位对不同技术水平的制造业产业结构优化的影响具有行业异质性。

一方面，GVC 参与程度的加深阻碍了低技术、中低技术和高技术制造业的产业结构优化，但对低技术和中低技术制造业的抑制作用大于对高技术制造业的。另一方面，GVC 分工地位的提高不利于低技术制造业结构优化，但对中低技术和高技术制造业结构优化具有显著的正向推动作用，且对高技术制造业的促进作用更大。(6)基于行业异质性和服务投入异质性的双视角下，增加不同服务投入带来的制造业服务化可能存在差异，导致产生的调节效应存在不同。相较于高技术制造业，服务投入在低技术制造业中的调节作用更为显著。

7.5.2　政策建议

第一，合理审视 GVC 嵌入所带来的促进效应和抑制效应，理解参与程度加深并非意味着分工地位的提高，需结合产业特性理性嵌入。我国制造业参与 GVC 的程度较深，但仍被锁定在 GVC 低端位置。因此，中国在积极参与全球生产网络时，应转变以往的嵌入方式，要有理性、有选择地承接发达国家转移到我国的产业。

第二，鼓励自主创新，加大研发投入力度，从而实现 GVC 的高端嵌入。技术创新是实现我国制造业整体结构优化以及提高 GVC 分工地位的重要路径，我国需要加强自主创新能力，提高服务质量，形成自己的核心技术优势和品牌优势，使我国技术不在受制于人，最终摆脱低端锁定。

第三，大力发展生产性服务业，实现在不同价值链环节与不同服务的融合机制。在研发环节，核心技术攻关是重中之重，众包、用户参与、协同创新、协同设计等服务模式的参与能为研发注入新的能量，进而提高创新发展能力；在生产环节，信息技术的应用能起到事半功倍的效果。要加快信息基础设施建设，重视数据的价值，使企业生产以智能化、信息化的基础设施为依托，将生产与"5G""大数据"等信息服务相融合，真正踏入高质高量生产的工业 4.0 时代；在销售环节，批发零售、物流运输服务确保企业销路畅通的作用凸显，要建设高水平的综合服务平台，构建完善的批发零售、物流运输服务体系，才能打通企业与顾客之间的障碍，让产品顺利交付到顾客手中。服务作为中间投入要素对制造业结构优化的作用越来越大，目前制造业结构发展整体水平较低且结构不够合理，通过大力发展服务业产生的产业关联效应可以带动制造业发展。

第四，把握服务要素培育重点，适当鼓励各制造业加大对不同服务（批发零售、物流运输、信息通讯、金融保险以及研发技术）投入，并通过服务外包的形式释放需求，在提高制造生产效率的同时与服务业实现更深更广的融合。制造业服务外包具有节能减排、提高产能、增加产品附加值等优势，孵化一批高端、优质的服务外包企业，提高服务外包业的市场化、专业化程度，有助于促进制造业与服务业协调促进，相辅相成。应重点发展计算机、商务服务业等知识密集型服务业，优化服务业结构，均衡服务业层次、地域分布，建设可靠的服务外包平台，构建制造商与服务商的有效连接，以服务外包为制造业发展赋能。增加不同服务要素的投入对嵌入 GVC 过程中的细分制造业具有不同的作用效果，导致细分制造业所培育的服务要素内容存在差异。因此，根据制造业的实际情况，适当鼓励有条件的制造业加大对批发零售、信息通讯和研发设计等服务的投入，利用不同服务投入促进湖北嵌入 GVC 过程中的制造业实现产业结构优化。

第五，发挥数字、信息服务等新服务对产业结构优化的带动力。数字、信息服务作为发展迅猛的服务之一，在制造业产业转型、优化升级方面起到了至关重要的作用。制造业数字化、信息化是未来的发展趋势，数字、信息服务的嵌入使得企业从研发到制造再到销售全过程可视可控，信息交换畅通无阻，资源配置合理高效，管理决策科学可靠。数字、数据、信息的大量使用，为制造业现有的资产赋能，有利于制造的服务化，延伸制造的价值空间。即使是一些传统的诸如食品、纺织等制造业也能享受数字经济发展的红利，不断提升产品的高附加值，实现从低端制造到高端制造的跃迁。产品和供应链的数字化趋势将进一步助力制造的升级，促进省内制造业结构的优化。

第六，构建外循环与内循环的互动机制。构建本地价值链系统，延伸价值链的深度和广度，运用本地内需市场虹吸外循环优质资源，畅通外循环节点，带动本地供应链资源。例如，汽车制造业是湖北省的龙头产业，但本地供应链薄弱、汽车产业链韧性不足是当前的一大难题。在武汉市经济技术开发区，区内整车配套零部件的需求约六成依赖于华东地区企业，整车组装生产本地化率不足25%。内需市场依赖于外地供应链企业，不利于本地配套供应链协同发展，也制约了本地供应链的整合升级。湖北应在内需和外需引进上进一步下工夫，要进一步加大吸引来自海内外的优质资本在湖北扎根，丰富湖北制造的优质客户群，整合省域产业优势和供应链资源，提升湖北产业配套能力。通过内需和外需之间的互补，分担供应链不确定性风险；通过需求和本地供给的配套，延伸价值链环节和空间，塑造湖北本地供应链系统，塑造自主可控、安全高效、畅通坚韧的供应链产业链。

◎ 参考文献

[1]陈艺毛，李春艳，杨文爽. 我国制造业国际分工地位与产业升级分析——基于增加值贸易视角[J]. 经济问题，2019(5)：105-114.

[2]程惠芳，成蓉. 全球价值链中的汇率价格传递效应、生产率调节效应与贸易增长——基于WIOD和PWT匹配数据的研究[J]. 国际贸易问题，2018(5)：78-91.

[3]崔焕金，刘传庚. 全球价值链驱动型产业结构演进机理研究[J]. 经济学家，2012(10)：88-96.

[4]崔兴华. 国外中间服务投入与制造业全球价值链分工地位——基于WIOD投入产出数据的分析[J]. 经济管理，2021，43(3)：26-42.

[5]杜运苏，彭冬冬. 制造业服务化与全球增加值贸易网络地位提升——基于2000—2014年世界投入产出表[J]. 财贸经济，2018，39(2)：102-117.

[6]冯帆，张璐. 国内价值链与地区产业结构升级——基于增加值视角的实证研究[J]. 现代经济探讨，2020(12)：91-99.

[7]葛顺奇，罗伟. 跨国公司进入与中国制造业产业结构——基于全球价值链视角的研究[J]. 经济研究，2015，50(11)：34-48.

[8]胡昭玲，夏秋，孙广宇.制造业服务化、技术创新与产业结构转型升级——基于WIOD跨国面板数据的实证研究[J].国际经贸探索，2017，33(12)：4-21.

[9]林桂军，何武.中国装备制造业在全球价值链的地位及升级趋势[J].国际贸易问题，2015(4)：3-15.

[10]刘斌，王杰，魏倩.对外直接投资与价值链参与：分工地位与升级模式[J].数量经济技术经济研究，2015，32(12)：39-56.

[11]吕越，陈帅，盛斌.嵌入全球价值链会导致中国制造的"低端锁定"吗？[J].管理世界，2018，34(8)：11-29.

[12]马晓东，何伦志.融入全球价值链能促进本国产业结构升级吗——基于"一带一路"共建国家数据的实证研究[J].国际贸易问题，2018(7)：95-107.

[13]潘秋晨.全球价值链嵌入对中国装备制造业转型升级的影响研究[J].世界经济研究，2019(9)：78-96，135-136.

[14]綦良群，李兴杰.区域装备制造业产业结构升级机理及影响因素研究[J].中国软科学，2011(5)：138-147.

[15]唐国锋，李丹.服务化对制造业转型升级的影响——基于重庆制造行业面板数据的实证分析[J].科技管理研究，2020，40(19)：130-139.

[16]王厚双，盛新宇.中日制造业服务化水平测度及其特征研究[J].现代日本经济，2020，39(3)：14-27.

[17]王玉燕，林汉川.全球价值链嵌入能提升工业转型升级效果吗——基于中国工业面板数据的实证检验[J].国际贸易问题，2015(11)：51-61.

[18]王玉燕，王婉.GVC嵌入、创新型人力资本与制造业高质量发展——基于"新发展理念"的影响机制分析与效应检验[J].商业研究，2020(5)：67-76.

[19]杨丽，孙之淳.基于熵值法的西部新型城镇化发展水平测评[J].经济问题，2015(3)：115-119.

[20]姚鸿雁，朱启贵，叶连松.我国装备制造产品国际竞争力分析——基于价格指数[J].价格理论与实践，2006(5)：70-71.

[21]姚志毅，张亚斌.全球生产网络下对产业结构升级的测度[J].南开经济研究，2011(6)：55-65.

[22]余东华，张昆.要素市场分割、产业结构趋同与制造业高级化[J].经济与管理研究，2020，41(1)：36-47.

[23]张若雪.全球价值链下我国产业结构升级研究[J].现代管理科学，2016(2)：

45-47.

[24]赵冉冉，闫东升.全球价值链嵌入对中国工业升级影响的异质性研究——基于中国工业面板数据的实证研究[J].现代经济探讨，2021(3)：79-86.

[25]郑淑芳，谢会强，刘冬冬.经济政策不确定性对中国制造业价值链嵌入的影响研究[J].国际贸易问题，2020(4)：69-85.

[26]周大鹏.制造业服务化对产业转型升级的影响[J].世界经济研究，2013(9)：17-22，48，87.

[27]周翮翔，卢浩田，朱力超，邓陈旭.信息化驱动装备制造业转型升级机理研究[J].信息系统工程，2020(9)：103-104.

[28]Cenamor J, Sjodin D R, Parida V. Adopting a platform approach in servitization: Leveraging the value of digitalization [J]. International Journal of Poduction Economics, 2017, 192: 54-65.

[29]Chen L. Varieties of global capital and the paradox of local upgrading in China[J]. Politics & Society, 2014, 42(2): 223-252.

[30]Chen L, Luo S, Zhao T. Financial constraints, trade mode transition, and global value chain upgrading of Chinese firms[J]. Sustainability, 2019, 11: 4527.

[31]Gebauer H, Fleisch E, Friedli T. Overcoming the service paradox in manufacturing companies[J]. European Management Journal, 2005, 23(1): 14-26.

[32]Guo L, Long W Y, Dai Z M. Manufacturing R & D investment efficiency and financing constraints: Evidence from China[J]. Applied Economics, 2021, 53(6): 676-687.

[33]HEO P S, DH L E E. Evolution of the linkage structure of ICT industry and its role in the economic system: The case of Korea[J]. Information Technology for Development, 2019, 25(3): 424-454.

[34]Li Y, Sun H Y, Huang J C, Huang Q B. Low-end lock-in of Chinese equipment manufacturing industry and the global value chain [J]. Sustainability, 2020, 12(7): 2981.

[35]Li Y, Zhang H Y, Liu Y H, Huang Q B. Impact of embedded global value chain on technical complexity of industry export-an empirical study based on China's equipment manufacturing industry panel[J]. Sustainability, 2020, 12(7): 2694.

[36]Tschang F T, Goldstein A. The outsourcing of "Creative" work and the limits of

capability：The case of the Philippines' animation industry［J］. IEEE Transactions on Engineering Management, 2010, 57(1)：132-143.

［37］Wang L, Wei L. Low-end locking or crowding-out effects-an empirical analysis of China's manufacturing industry embedded in GVCS［J］. Transformations in Business and Economics, 2018, 17(1)：216-236.

［38］Zhang Y, Wang L W, Gao J, Li X. Servitization and business performance：The moderating effects of environmental uncertainty［J］. Journal of Business & Industrial Marketing, 2019, 35(5)：803-815.